JN447119

코로나 시대의 여가 담론

이 저서는 2021년 대한민국 교육부와 한국연구재단의 저술출판지원사업의 지원을 받아 수행된 연구임 (NRF-2021S1A6A4046289).

코로나 시대의 여가 담론

이철원 지음

청송미디어

일러두기

1. 단행본은 《 》으로 표기하였습니다.
2. 잡지, 신문기사, 음반 등은 < >으로 표기했습니다.

프롤로그

코로나가 우리 일상에 침투한 지 벌써 3년이 넘었다. 코로나는 우리 삶의 양식을 많이 바꾸었다. 인류는 그동안 많은 바이러스들과 싸워왔다. 우리는 페스트, 스페인 독감, 사스, 메르스 등을 경험하며 인간사를 만들어왔다. 인간은 다른 질병들과 마찬가지로 코로나 바이러스와의 대결에서도 멋진 승리를 할 것이다. 나는 오래 전 부터 코로나에서 벗어난 삶을 꿈꾸며 이 텍스트를 기술해 나갔다.

본 저서는 부지불식간에 나, 너, 그리고 우리 생활 전체를 뒤흔들었던 코로나와 그 대응을 다루고 있다. 2020년부터 전쟁과 같은 시간이 우리 시공간을 잠식하였다. 적은 과거에 경험하지 못했던 병마(病魔)이었다. 나는 그 적과 항쟁하는 전투병이자 연구자로 글을 써내려갔다. 이 책은 그 싸움을 경험한 이의 소견 모음이다.

코로나 시대 삶의 커다란 제약 중 하나는 여가 경험의 박탈이다. 코로나 이전과 다른 여가를 경험한다는 것은 어떤 의미인가? 이는 자유로운 행동에 대한 규제를 경험한다는 것이다. 사회적 거리두기, 방역 강화와 같은 조치는 우리의 여가 자유권을 옭아매었다. 여가는 대면적, 사회 관계적, 소속적, 상호작용적인 행위를 중심으로 구성된다. 코로나는 우리의 관계를 단절시키며 기본적인 여가 자유권에 위협을 가하였다. 코로나는 기존의 여가 욕구에 대한 강제, 제약과 협상에 대한 게임 룰을 완전히 바꾸었다. 이에 본 텍스트는 세 가지 방향에서 여가에 관한 질문을 던졌다.

첫째, '개인'이 코로나로 어떠한 여가 참여에서 어려움을 경험하고, 극복해나가는가에 대한 이슈이다. 개인의 차원에서 코로나 초기 사회적 거리두기 강화 조치는 우리의 여가 공간 향유권을 통제하였다. 관계와 공간 제약은 여가 경험을 상실하게 한다. 원하는 여가를 사회적 조치로 즐길 수 없다는 것은 삶을 어렵고, 힘들고, 수고스럽고, 귀찮게 하고, 스트레스 받게 하고, 슬프게 하고, 애환이 묻어나게 하고, 허무하게 만든다.

여가를 제대로 즐길 수 없으면 신체적 그리고 정신적 건강에 악영향을 미친다. 글을 쓰는 동안 목격한 코로나 확진자들은 일주일 이상을 격리하면서 고립된 시간과 공간 속에서 속이 타는 시간을 보냈다. 그들은 자가 격리라는 틀 속에서 배달 음식, 넷플릭스, 줌(zoom)과 동거하였다. 일주일이 넘는 시간 동안의 여가 제약은 확진자와 가족의 삶을 힘들고 고통스럽게 하였다. 나는 그들의 이야기를 듣고, 정리하고, 글로 옮기면서 코로나의 무서움에 대하여 다시 한 번 깨달았다.

코로나 팬데믹 시간을 기술하면서 가장 많이 떠오른 단어는 '불안'이었다. 그 불안은 '불확실성'에서 기인(起因)했다. 언제 종식될지 모르는 질병이 내 곁에 있다는 사실만으로 우리를 위축시킨다. 한때 마스크 품귀 대란 사건은 불안이라는 기름에 불을 붙인 일이기도 했다. 나는 사회구성원들의 불안과 스트레스가 그 어느 때 보다 높다는 것을 발견하였다. 개인은 코로나 초기 비대면으로 일이나 학업이 전환되어 비대면 학습, 재택근무, 아이 돌봄, 공동 육아 등의 기존과 다른 생활양식에서 많은 스트레스를 경험하고 있었기 때문이다. 불안과 스트레스와 동거하는 시간이 길어지면서 사회 속 개인 여가의 중요성은 더욱 증가하고 있다.

둘째, '사회'는 코로나 시대에 맞는 여가 준비를 어떻게 하고 있는 가이다.

나는 사회의 측면에서 여가에 대하여 세 가지로 기록해 나갔다. 첫 번째는 팬데믹 이후 사회적으로 '공간'에 대한 관심을 적고자 하였다. 자유, 자율, 주관성, 창작, 편안함, 고유성 등을 내포하는 여가 공간이 코로나 이후에 더욱 중요해지고 있다. 이 공간 경험의 가치를 인식하는 사람들도 늘고 있다. 여가 공간에 대한 관심이 고유한 실내 공간의 창출이나, 야외 공간 경험으로 뻗어 나가고 있다. 서울의 몇 몇 호텔들은 일과 여가가 가능한 공간으로 바뀌었다. MZ 세대들은 야외 공간 경험의 욕구 분출로 골프와 캠핑에 엄청난 관심을 보였다. 두 번째는 코로나 이전에 크게 인기를 얻었던 프로스포츠의 변화에 대하여 진단하고자 하였다. 코로나 초기 세계적으로 프로스포츠의 경기가 없어지거나, 또는 리그가 조기에 중단하였다. 2020년 같은 경우에는 프로스포츠 전체가 암흑기였다. 이후 프로스포츠 산업은 '디지털 트랜스포메이션'의 영향으로 새로운 형태로 탈바꿈하게 되었다. 이 과정에서 프로스포츠 산업은 과학적 분석의 접목, 코로나 상황에 따른 경기장 구축 및 운영,

그리고 스포츠 중계의 변화가 이루어졌다. 세 번째는 학교 교육의 변모에 대하여 다루어 보고자 하였다. 우리의 교육 체제는 팬데믹 이후 비대면 학습으로 인한 여러 가지 문제들이 발생하였다. 사회 내의 '교육격차'도 심화되었다. 사회는 학교가 수행했던 양육 기능을 어떻게 해야 하는지에 대한 문제 해결의 숙제를 갖고 있다. 학교 교육의 중요 담론으로 '여가 교육'의 필요성이 증가하고 있다. 코로나 이전보다 학생들에게 여가 경험을 충분히 교육시켜야 한다. 이 책에서는 사회적 거리두기와 방역 체제 속에서 학생들을 위한 여가 교육의 내용과 실행 방법을 다루고자 하였다.

셋째, '국가' 차원에서 코로나 시대에 국민의 여가에 대한 대응을 알아보고자 하였다. 나는 레저산업, 여가 소외 계층의 증가 그리고 여가 정책 이슈들은 국가가 풀어야할 중요 과제라고 보았다. 첫 번째로 레저 산업은 국가 경제 성장에서 중요한 자원이 된다. 코로나 초기에 전반적으로 레저 산업은 하향세로 돌아섰다. 이는 국가 경제 성장에 부정적 영향을 미쳤다. 예를 들어, 코로나 초기의 국내외 여행객 감소, 국제행사의 축소, 스포츠 이벤트 미개최, 공공 레저 시설 관리 등은 경제적으로 마이너스가 되었다. 이에 레저 산업을 성장시키는 방안을 다루고자 하였다. 두 번째로 여가 참여 소외를 '디지털 정보격차'의 차원에서 다루고자 하였다. 글을 쓰는 동안 이 정보격차를 경험하는 많은 이들을 만났다. 그들은 갑자기 바뀐 디지털 환경 속에서 생활의 제약을 주로 언급하였다. 문장을 다듬어 나가면서 느낀 점은 디지털 정보격차는 경제적 차이에서 비롯된다는 것이다. 정부는 다양한 정보화 교육을 하고 이를 통하여 여가를 잘 즐길 수 있는 시스템 구축이 필요하다. 세 번째로 코로나는 새로운 여가 정책의 필요성을 제기하였다. 코로나 이전과 이후의 여가 정책은 달라야 한다. 2015년에 '국민여가활성화기본법'이 제정이 되었고, 2018년에 '제 1차 국민여가활성화기본법 계획'이 시행되었다. 이제 '제 2차 국민여가활성화기본법 계획'이 시행될 때이다. 이러한 맥락에서, 본 글에서는 팬데믹 시대에 맞는 여가 정책 방향에 대하여 소개했다.

이 텍스트를 작성하는 약 2년 동안 많은 변화가 있었다. 나는 원고를 쓰는 초창기부터 글의 내용을 위해 많은 사람을 만났다. 자영업자, 스포츠업 종사자, 레저산업 종사자, 교사, 교수, 학생, 유튜버 등과 만나면서 코로나 시대 여가의 의미에 대하여 논하였다. 그 경험에서 나는 많은 것들을 배웠다. 코로나는 우리에게 오만과 편견을 벗어날 기회를 주었다. 좀 더 주위를 살피고, 환경을 생각하고, 더불어 살고, 타자를 위한 이타적인 삶을 생각해 볼 수 있는 기회가 되었다고 생각한다.

책 작업을 마무리 지으며 행복한 삶에 대한 화두가 머릿속에서 떠나지 않는다. 여가학자의 관점에서는 행복하기 위해서 여가가 중요하다. 코로나 팬데믹 또는 엔데믹 시대에도 여가 향유는 행복의 전제 조건이 된다.

본 작업 동안 많은 조언을 주신 많은 교수님들과 학술지와 자료들을 함께 읽으며 피드백을 주었던 대학원 선생님들에게 감사의 말을 전하고 싶다.

작은 희망은 이 책을 읽는 독자들이 코로나 시대 삶의 여백인 여가를 이해할 수 있는 작은 실마리를 여기에서 발견했으면 하는 것이다.

신촌 연구실에서

이철원

목차

제2부 사회의 여가

제3부 국가의 여가

제1부

개인의 여가

Beethoven
DIESES DEM URSPRÜNGLICHEN GRABMALE BEETHOVENS
AUF DEM WÄHRINGER ORTSFRIEDHOFE GETREU NACHGEBILDETE DENKMAL
WURDE MIT BEITRÄGEN
DES K.K. STADTERWEITERUNGSFONDES DER GEMEINDE WIEN
UND DES VEREINES DER PHILHARMONIKER
VON DER GESELLSCHAFT DER MUSIKFREUNDE WIEN
IM JAHRE 1888 ERRICHTET.

제 1장

여가 상실의 시대

코로나 19는 우리 시대의 새로운 길을 제시하였다. 우리는 늘상 가던 길이 아닌, 새로운 길을 찾아야 한다. 코로나 팬데믹은 우리의 삶의 양식도 바꾸었다. 대면 중심에서 비대면 또는 언컨택트로 가는 상황 속에서 우리는 어떻게 살아야 하는지에 대한 고민을 해야한다. 팬데믹 시대에 우리는 어떻게 살아야하나? 이 화두는 위드 코로나 시대 그리고 포스트 코로나 시대에 우리의 정체성을 확립할 수 있는 길이다.

사회적 거리두기를 통한 관계의 절단은 우리 삶에서 기존에 못 느끼던 여가 제약을 경험하게 하였다. 접해 보지 못한 그러한 여가제약은 우리를 여가 상실의 시대로 인도한다. 코로나가 아무리 창궐해도 우리는 우리의 삶의 터전인 일상 속에서 여가를 향유해야 한다.

黒門市場
大丸白衣
雲南米線

코로나와 삶의 변화

코로나 19(이하 코로나와 혼용되어 사용)는 우리에게 선택의 길을 제시하였다. 코로나는 우리에게 과거와는 다른 삶을 요구하고 있기도 하다. 우리는 코로나 시대를 어떻게 현명하게 살아갈 수 있나? 이와 같은 질문이 지금을 살아가는 사회구성원의 화두로 등장하고 있다. 바이러스의 위협은 지구에서 어제오늘의 이야기는 아니다. 페스트, 스페인 독감, 사스 등으로 인하여 바이러스가 얼마나 지구에 위협적인지 알고 있다. 코로나 이전 비교적 최근에 발생한 사스 바이러스는 중국 광저우와 홍콩을 중심으로 1,800여 명을 감염시키고, 300여 명의 사망자를 발생시켰다. 전 세계로 8,000여 명이 감염되었고 900여 명이 사망했지만 사스는 코로나만큼 위협적이지 않았다. 감염 및 피해 정도에 따라 우리는 이를 지엽적 감염병으로 인지할 수 있었기 때문이다. 그러나 코로나는 달랐다. 세계 유수 제약회사들이 백신을 개발하고 접종을 하고 있지만 변이 바이러스가 계속 등장하면서 그 끝을 예측하기 어렵다. 인간이 가장 불안한 때는 예측이 불가능한 상태이다. 코로나는 우리 사회를 예측 불가능한 사회로 이동시키고 있다. 그래서 무서운 것이다. 김성일은 그 불안의 원인으로 비가시성을 이야기한다.

“위험과 안전거리가 확보되지 않았다는 것은 불안과 공포를 배가시킨다. 하이데거의 논의를 각색해 본다면, 불안은 위협하는 존재의 부재로 인해, 공포는 그 존재의 현존 때문에 느껴지는 심리상태이다. 가령,

영화 <괴물>에서 나오는 괴생명체는 눈으로 볼 수 있기에 공포를 느끼게 하지만 끊임없이 자기 착취를 해야 하는 성과주체는 신자유주의가 강제한 보이지 않는 (제도적)폭력 앞에서 불안을 안고 산다. 코로나 19 팬데믹은 바이러스라는 감염원의 비가시성으로 인해, 확진자라는 현존으로 인해 불안과 공포를 동시에 느끼도록 한다."[1]

많은 사회비평가들은 현재의 인류가 코로나 전(before corona)와 코로나 이후(after corona)로 나뉠 것으로 진단한다. 우리의 여가(餘暇)도 마찬가지이다. 코로나 이전과 이후로 우리의 삶의 양식인 여가 문화도 대거 바뀔 수밖에 없다. 기존의 여가는 일반적으로 세 가지 관점에서 이해되어졌다. 첫 번째는 시간으로의 여가이다. 객관적인 시간이 아닌, 자유재량(自由裁量)적 시간을 말한다. 스스로가 원하는 대로 온전하게 즐길 수 있는 시간을 말한다. 객관적으로 1시간의 여유 보다는 30분의 내가 원하는 대로 쓸 수 있는 재량 시간이 시간적 관점의 여가이다. 이 개념에서 여가 참여자의 참여 정도는 시간 활용 상황으로 측정할 수 있다. 두 번째는 활동으로의 여가이다. 일반적으로 레크리에이션이나 스포츠 참여와 같은 활동을 여가로 간주한다. 세 번째는 마음의 상태로의 여가이다. 이 개념은 여가를 규정지을 때에 객관적인 측면보다는 주관성을 우선시한다. 우리는 같은 시간이나 활동을 해도 즐거운 경험으로 인지할 수도, 혹은 불편한 일도 생각할 수 있다. 그 이유는 인간의 복잡함에 기인한다. 우리는 같은 행동을 해도 그 행동과 관련된 다양한 기억이나 느낌을 가지고 있다. 어떤 이에게는 술자리가 항시 즐거운 여가이지만, 누군가에게는 술을 마시고 수다를 떠는 자리는 자리가 불안하기만 하다.

이렇듯 여가는 상대적(相對的)이다. 코로나 이후 여가에 대한 관점에서 주체적이고 자기중심적 상태가 중요해졌다. 남을 의식하지 않고 여가에 참여하는 사람이 증가했다. 코로나는 여가 문화를 바꾸는 동인으로 작용하고 있다.

코로나는 세계 질서와 시스템의 붕괴를 야기했다. 우리 일상의 루틴은 무너지고 일상 속의 중요성을 재구성하게 만들었다. 이 시대에 우리는 외형적인 것 보다 내면적인것이 중요하게 되었다. 코로나는 우리가 믿는 서구 시스템에 대한 맹신이 얼마나 허구였나를 증명해주었다. 임영묵은 코로나의 확산은 서구 문화와 파워에 대한 변화를 가져왔다고 말한다. "서구 국가들이 팬데믹에 의해 초토화되는 동안 동아시아 국가들은 짧은 위기를 견뎌내고 훨씬 빠른 속도로 상대적 안정을 되찾았다. 미국, 캐나다, 영국, 프랑스, 독일이라는 이름에 굉장한 권위를 신곤 했던 사람들은 자신의 믿음을 대대적으로 수정하지 않을 수 없었다. 최종 해결책인 백신을 개발하는데 있어서 서구 국가들은 여전히 그들의 역량이 대단함을 과시했지만, 한국인을 포함한 동아시아인들은 공공선을 창출해내는 그들이 독특한 사회 관리와 통제 방법론, 집단의식에 대하여 무언가 생각을 달리하게 되었다."[2]

코로나 19는 처음에는 '우한 폐렴'이라고 불렸다. 그러다가 2020년 2월 11일부터 세계보건기구(WHO)는 이 폐렴 증상에 정식 명칭을 'Novel Coronavirus' 라고 칭하고, Covid-19로 줄여서 명명하였다. 한국에서는 2020년 1월 20일 처음으로 우한 폐렴 환자가 발생하였다. 첫 번째 환자는 한국을 찾은 중국인 여성이었다. 우한 폐렴 초기 중국 당국은 감염자에 대한 공식적 발표를 미루었다. 그 이유는 중국의 설이라고 불리는 춘제 연휴 기간 동안 수천만 명이 고향으로 이동하기로 예정되었기 때문이었다. 춘제 전에 중국 정부는 우한 폐렴 발병에 대해서 공식적 입장을 내놓지 않았다. 이 시점에 홍콩의 여러 언론들은 우한 폐렴에 대해서 우려를 나타내기 시작하였다. 홍콩은 사스 감염병에서 이미 사회적 피해에 대한 학습효과를 인지하고 있었다. 홍콩의 언론들은 우한 폐렴, 또는 원인 불명의 폐렴을 중간 숙주로 박쥐와 천산갑 등을 지목하기도 했다. 우한은 1월 23일부터 도시 전체가 봉쇄되었다. 비행기, 철도, 버스를 비롯한 모든 교통수단은 이동이 철저히 막혔다. 이후 우한 시민들은 모두 집에서 머물면서 강제 자택격리에 들어갔다. 우한의 봉쇄를 시작으로 중국 인구의 절반이 넘는 7억 6천만 명 이상이 자가 격리 상태로 들어갔다.

한국 사회의 초기 코로나 사태는 종교 단체를 중심으로 대대적 확산이 이루어졌다. 신천지의 예배는 대면 접촉이 빈번하기에 이 곳 예배에서 코로나 초기의 환자들이 많이 발생하였다. 신천지를 통한 확산은 주로 대구 및 경북 지역에서 발생하였다. 초기 코로나 확산에서 한국 정부는 대구를 봉쇄 하지는 않았다. 중국의 우한 사례처럼, 시민들의 여가 활동을 억누르거나 혹은 이동 제한 조치 없이 방역을 진행하였다. 당시 한국정부가 확진자 동선 공개 및 적극적 검사 체제를 가동하였다. 한국은 세계적으로 알려진 IT 강국이기에 확진자가 다녀간 곳에 휴대폰으로 바로 알려주는 서비스를 실시할 수 있었다. 한국정부는 스마트폰을 이용한 방역 시스템을 구축하여 초기에 확진자를 적절하게 통제하였다. 코로나는 다른 바이러스와 다르게 증상이 시작되기 이틀 전에도 바이러스가 배출되는 특징이 무서운 점이다. 이에 따라 코로나 감염 환자는 스스로가 감염되었는지도 모른 채 사회생활을 하다가 다른 사람들한테 감염시킬 수 있다. 질병관리본부는 코로나가 확산되면서 접촉자의 범위를 확대하기 시작하였다. 질병관리본부는 "초기에는 증상이 시작된 후에 만난 사람만 격리 했지만 이후 증상 발생 하루 전 만난 사람까지 확대"[3]하라는 지침을 일선 방역 센터에 내려보냈다. 코로나 초기에 질병관리본부를 중심으로 한국 사회는 전천후로 방역 대책에 신경을 쓰기 시작하였다.

초기 코로나 대응에서 한국과 중국 정부 모두 성공할 수 있는 동인은 스마트폰을 통한 통제 시스템의 구축에 있었다. 중국의 경우에는 스마트폰을 통하여 주민의 모든 정보를 당이 접근하고 이용할 수 있는 체제를 만들었다. 예를 들어, 개인이나 환경의 통제, 그리고 발열을 확인하는 드론, 주민들에게 부여한 건강 코드를 통한 출입 확인 등으로 바이러스 확산을 막았다. 이와 같은 중앙 시스템에서의 주민의 삶을 통제하는 시스템은 바이러스 확산 방지에는 효과적이었다. 중국이 어느 정도 안정을 찾는 동안 서구 국가들의 확산세는 엄청나게 커졌다. 중국 정부는 확진자를 통제하면서 나름대로의 정치적 위상도 살 릴 수 있었다. 이에 대하여 임영묵은 다음과 같이 논평 한다.

"코로나 19는 사스나 메르스처럼 '먼 곳에서 잠깐 발생했다 마는' 그런 질병의 수준을 한참 넘어섰다는 게 문제였다. 코로나 19는 100년만의 팬데믹으로 각국에게 자신들의 국가체제를 시험하게 강제하는 새로운 도전이었다. 이 국가들은 100년 전에는 발전한 국가 행정력으로 공중보건 시스템을 구축한 선도국 이었음에도, 아니 오히려 그랬기 때문에 새로운 전염병에는 효율적으로 대체할 수 없었다. 선발주자의 보수성 때문인지, 자유주의적 감수성 때문인지 그들은 추적-격리에 필요한 정보 인프라와 사회적 합의를 갖추지 못했기 때문이다. 감염자 수로 입증되는 명확한 성적표는 중국에서도 집권 세력의 정치적 위상을 크게 높여준 것은 당연지사였다."[4]

코로나 시기는 우리에게 삶과 행복에 대하여 생각할 여백을 주었다. 우리는 행복을 어디에서 찾을 수 있나? 행복전문가들은 행복하기 위해서 일상을 '재미'로 채우라고 한다. 행복전문연구가인 최인철 교수는 "직장인의 행복에 영향을 주는 가장 강력한 요인은 좋은 인간 관계였고, 그 뒤를 바짝 따르는 요인이 재미있는 일이었다. 여행이 행복한 이유는 재미있는 것들이 가득하기 때문이다. 호기심을 자극하는 새로운 풍경, 낯선 음식, 생경한 음악과 그림들이 곳곳에 가득하기에 여행은 행복하다"[5] 고 말한다. 직장인들에게 있어서 재미는 행복을 주는 원천이다. 코로나 시기에 규제가 심한 상황에서 직장인들은 어디서 희열(喜悅)을 느낄 수 있나? 그렇기에 최인철 교수는 다시 이렇게 말한다.

"코로나가 잠잠해지면 우리 모두가 달려가야 할 곳이 야구장이다. 꼭 야구장뿐이겠는가. 축구장도, 농구장도, 콘서트장도, 극장도 우리 뇌에는 모두 야구장이다. 열광하는 것 하나쯤 가슴에 품고 사는 것이 행복하다."[6]

코로나 시대에 우리는 새로운 환경을 구축해야 한다. 그 환경의 구성에는 세 가지가 고려되어야 한다. 첫째, 인간다움이 항시 고려되는 사회체제를 만들어야 한다. 코로나 시기 이후로 우리는 절망적인 모습을 너무나 많이 보게 되었다. 나, 너, 그리고 우리 모두가 행복하게 잘 살 수 있는 건강한 공동체 구성이 중요하다.

둘째, 환경 보호에 대한 새로운 시각을 가져야 한다. 우한에서 처음으로 코로나 바이러스가 발견되었다고 할 때에 여러 가지 설왕설래가 있었다. 박쥐 또는 천산갑이 중간 숙주라는 말이 돌았다. 환경 보존은 이제 우리가 건강할 때 살 수 있는 기본 조건이 되었다.

셋째, 코로나 이후에 질병 예방의 차원에서의 '건강'에 대하여 신경 쓸 때가 되었다. 코로나는 우리 삶에서 신체적, 정신적 그리고 사회적 건강의 중요성을 일깨워 주었다. 우리는 이 세 가지 건강 영역이 서로 연결되어있다는 생각을 인지하게 되었다. 코로나 확진자는 열흘이 넘는 시간 동안 특정 장소에 격리되며 바이러스와 싸움을 하게 된다. 격리 기간 동안에 사회적인 단절을 경험한다. 확진자만이 아니다. 확진자와 접촉한 사람들은 자가 격리를 하면 일상에서 벗어난 시공간에 머물게 된다. 이와 같은 자의적 혹은 타의적인 격리는 확진자와 그 주변사람 모두를 힘들게 한다.

철학자 이진우는 현 시대에서 코로나 위기가 왜 새로운지에 대하여 빠른 감염 속도와 우리가 실시간으로 확인하고 있다는 점을 들었다. 이러한 위기는 피상적으로는 보건 체계의 위기로 보이지만 궁극적으로는 사회 전체의 문제이자 우리가 풀어야할 역사적인 숙제를 제공한다고 이야기한다. 그의 말을 들어보자.

"코로나가 단순한 보건의 위기가 아니라 거대한 경제적, 정치적 위기를 초래하는 것은 바로 이 때문이다. 우리가 코로나 위기에 대해 어떤 태도를 취하느냐에 따라 우리의 사회와 정치가 변화한다면, 코로나보다 더 위험한 것은 사실 코로나 위기에 대한 우리의 태도이다. 사람들은 타인을 가해자로 보기 시작하고 위기의 원인을 타인에게 돌리는 온갖 음모론을 제기한다. 국가들은 코로나 위기를 극복하기 위해 국제적으로 협력하는 대신에 자국 우선에 이기적 정책을 시행하고, 기업들은 위기를 이익 극대화의 기회로 삼는다. 이러한 변화의 중심에서 무엇보다 가치의 충돌이 발견된다. 안전인가? 아니면 자유인가?"[7]

일상 속에 파고든 사회적 거리두기

2021년 들어 한국 정부는 새로운 도전에 봉착하게 되었다. 백신 수급이 제대로 이루어지지 않아 한국 사회 구성원들은 힘든 시간을 보냈다. 다른 선진국보다 우리는 백신 확보에 문제가 있었다. 이 문제의 근본적 원인에 대하여 《K-를 생각한다》의 저자 임명묵은 두 가지로 진단하였다. 첫째, "자국의 생산능력에 대한 과신" 때문이다. 정부는 국산 치료제가 코로나 시대의 중요한 '게임 체인저'가 될 것으로 믿었다. 치료제에 대하여 맹신을 하다 보니까 백신 수급과 개발을 등한시하였다.

치료제를 자체 수급하리라는 과신이 '백신 선구매'타이밍을 놓치고 말았다. 둘째, 한국 정부는 코백스에 대한 과도한 믿음이 있었다. 정부는 K 방역을 자유주의 국가의 중요한 방역 원칙으로 삼고자 했다. 아울러 국제적 공조를 통하여 모든 나라가 평등하게 백신을 나누고자 하는 코백스에 한국 정부는 과도한 믿음을 가졌다.[8] 사회 구성원들의 백신 접종이 늦어지자 확진자 수가 크게 늘어날 수밖에 없었다.

코로나 초기 백신 접종이 늦어질 때에 한국사회에서의 '사회적 거리두기'는 필연적 선택이었다. 기침이나 재채기를 하면 비말이 날아가는 거리는 대략 1미터에서 2미터 정도이다. 기침을 하게 되면 약 3,000개 정도의 침방울이 시속 80킬로미터 이상으로 분사가 되고, 재채기를 할 때에는 침방울이 4만개 정도가 발사된다. 일반적으로 재채기로 인한 비말은 대략 2미터 이상까지 도달한다. 비말은 직선 방향이 아니라 사방으로 튀어 주위 모두를 오염시킨다. 비말이 묻어 있는 다양한 생활집기를 잡고 타인과 신체적 접촉을 하면 비말은 자연스럽게 옮겨진다. 사회적 거리두기의 기본적 거리는 2미터 정도이다.[9] 김성일은 이와 같은 사회적 거리두기가 일으킬 수 있는 '사회적 파장'에 대하여 이렇게 언급한다.

"'사회적 거리두기'란 감염병 확산을 방지하기 위해 사람 사이의 접촉을 최소화하는 예방 방법으로서 '물리적 거리두기'라고도 한다. 여기서 '거리'란 기침이나 재채기를 할 때 공중으로 배출된 체액의 작은 입자가 떠다니는 거리를 말하며 대략 2-3 m정도다. 이에 사회적 거리두기는 사람 사이에 2-3미터 간격을 두는 것을 의미하겠지만, 일상생활에서 타인과 접촉할 기회 자체를 줄이는 것으로 통용되고 있다. 한마디로 여러 사람과 얽힌 관계망을 의도적으로 줄이는 것인데, 의학적 측면에서야 방역 효과가 크겠지만 사회적 측면에서는 많은 문제를 일으킬 소지가 있다. 왜냐하면 공개된 확진자 이동 경로에서 알 수 있듯 소소한 일상이라도 그 안에는 다양한 사람들과의 만남이 촘촘히 채워져 있기 때문이다."[10]

한국 사회의 사회적 거리두기로 인한 최고의 히트 상품은'드라이브 스루 선별 진료소'이다. 맥도날드나 스타벅스와 같은 드라이브 스루 주문 형태를 본떠서 만든 드라이브 스루 선별 진료소는 세계적으로 이슈가 되었다. 드라이브 스루 선별 진료소의 인기 비결은 "거리두기가 가능하기 때문이다. 햄버거 세트나 콘샐러드 따위를 운전석에 앉아서 주문하고 받을 수 있는 패스트푸드점의 드라이브스루처럼 드라이브 스루 선별 진료소도 차 안에서 코로나 19 검사가 가능하다."[11]

정부는 사회적 거리를 강조하며 언론을 통하여 개인위생을 잘 지킬 것을 강조했다. 손 씻기에 대한 중요성이 사회적으로 알려지기 시작했다. 코로나 사태 초기에 알코올이 75% 정도가 포함된 손세정제는 금세 품절 되었다. 사람 손에 묻은 바이러스는 일반적으로 3시간이 넘게 생존한다. 우리의 손에 묻은 바이러스는 인체의 눈, 입, 코 등을 통하여 몸속으로 들어온다. 실제 얼굴을 자주 만지는 사람이 코로나 감염에 취약하다. 대한 의사협회 등의 자료에 따르면, 코로나 바이러스는 에어로졸에서 3시간 이상, 구리 표면에서 4시간, 마분지에서 24시간, 그리고 플라스틱이나 스테인리스 표면에서는 2일 또는 3일간 감염력을 갖고 있다.[12] 사회구성원들은 사회적 거리두기와 개인위생에 대한 자각이 코로나 시기를 이겨내는 근본 환경으로 인지하기 시작하였다.

이화여대 최재천 교수는 코로나 상황에서 백신보다 사회적 거리두기가 중요하다고 강조한다. 백신을 만들려면 최소한 1년 이상이 걸리고 실질적으로는 2년 또는 3년 정도의 시간이 필요하다. 변이 바이러스가 우리 사회에 침투하는 속도를 백신 개발로 맞추기 힘들다. 1년에 몇만 명, 또는 몇 십만 명이 죽은 뒤에 백신이 유통되면 이것이야말로 사회적인 효용성이 떨어지는 일이다. 이러한 측면에서, 그는 '행동백신'과 '생태백신'이 중요하다고 말한다.

"사회적 거리두기가 바로 행동백신의 일종입니다. 옮겨가지 못하게만 하면 바이러스는 아무 힘이 없거든요. 그리고 숲 속에서 우리에게 건너오지 못하게 하는 게 생태백신입니다. 우리가 행동만 확실하게 하면 옮아가지 않습니다. 그게 훨씬 더 좋은 방법이죠. 바이러스가 번번이 나타날 때 마다 백신을 개발한다고 1년이나 3년을 허덕이다가 대충 넘어가게 되거든요. 바이러스의 창궐 시기가 점점 짧아져 3 - 5년마다 한 번씩 인류를 덮친다면 우리는 늘 뒷북을 칠 수 밖에 없습니다. 백신의 안정성과 효과를 검증하려면 바이러스가 계속 유행하고 있어야 하는데, 수십만 명이 죽어나가고 세계 경제가 나락으로 떨어지는 무렵이면 바이러스는 저절로 한풀 꺾이기 마련입니다."[13]

팬데믹 시기 안전은 사회 전체적인 화두였다. "안전은 죽을 수 밖에 없는 유한한 존재인 인간의 근본 문제이다."[14] 국가적으로 안전이 흔들린다는 것은 불안이 우리의 의식을 지배하게 된다. 불안은 사회가 정상화되어서야 소멸된다. 코로나 초기의 안전을 확보하는 중요 행위는 사회적 거리두기이다 이를 통하여 기본적인 안전한 생활을 기대하게 된다.

2021년 7월 10일부터 수도권에서 사회적 거리두기가 최고 단계인 4단계로 격상되었다. 신규 확진자가 기하급수적으로 늘어나고 델타 변이바이러스의 파급력 때문에 정부는 초강수를 두었다. 사회적 거리두기로 인해서 중요한 사회적 변화는 재택근무, 비대면 수업, 비대면 회의가 보편화되기 시작하였다.

한국 정부의 사회적 거리 시행은 사회구성원들의 여가 문화에도 변화를 가져왔다. 첫째, 직장인들의 회식, 동아리나 동호회의 스포츠 활동 후 회식, 대학생들의 술자리, 가족 모임 등은 사회적 거리두기에 의하여 제약을 맞게 되었다. 사회적 거리두기 4단계 하에서 저녁 2인까지만 허용하는 모임은 타인과의 식사를 거의 못하게 한 조치였다. 4단계 이후에 '혼밥'이 주류 식사 형태로 등장하기도 했다.[15] 과거 혼밥은 외톨이, 또는 타자와 적응을 할 수 없는 사람의 선택이라는 이미지가 강했다. 일본사회의 경우, 혼자 식사하는 문화가 1990년대부터 활성화되었다. 예를 들어, 1997년 일본의 후쿠오카에서 시작된 라면 체인인, '이치란'은 식사 공간을 마치 도서관의 칸막이처럼 만들었다. 혼자 와서 식사할 수 있는 이 좌석은 일본에서 빠르게 인기를 얻었고, 이치란 이후에 야키니쿠에서도 1인용 식사 공간이 등장하였고, 노래방에서도 1인용이 인기를 얻었다. 일본의 대학가에서는 2012년 교토대학교, 2013년 고베대학교에서 학생 식당에 칸막이가 등장하기도 했다. 일본은 경제호황 이후 소위, 잃어버린 10년을 보낸 후에 혼자서 여가를 즐기는 문화가 자리 잡게 되었다. 이러한 흐름 속에서 '오타쿠'와 '히키코모리' 와 같은 사회 현상도 등장하였다. 일본 사회는 타인에게 피해를 입히지 않고자 하는 성향, 개인주의 양식에 따라 혼밥 문화가 빠르게 자리 잡았다.[16] 한국 사회도 코로나 이후 혼밥 문화가 새로운 여가 양식으로 떠오르고 있다.

둘째, 사회적 거리두기에 따라 스포츠 경기에서도 '무관중' 경기가 보편화 되기 시작하였다. 2020년 2월 메이저리그에 템파베이 구단은 코로나 상황에서 감염을 막기 위하여 선수단 모두가 하이파이브와 악수를 할 수 없도록 하였다. 야구 경기는 타자가 홈런을 치거나, 또는 희생 번트를 성공하여 상대편 수비를 교란하였을 때에 하이파이브를 자주한다. 경기가 끝나고 난 후에는 선수단은 팬들과 악수나 하이파이를 통해서 승리의 즐거움을 나누는데 구단은 이러한 행위를 금지시켰다. 미국에서는 '피스트 범프'가 보편화되었다. 피스트 범프는 주로 전 미국 대통령이었던 버락 오바마가 사람을 만날 때 하는 인사법으로 알려졌다. 이 피스트 범프가 코로나 시대에 선수간이나 팬들과도 손인사가 필요할 때에 적용되어졌다.

셋째, 한국 사회의 사회적 거리두기는 모바일 쇼핑을 성장시키는 배경이 되었다. 여가 시간에 대형마트나 백화점을 찾는 사람들이 급격히 줄었다. 몇몇 백화점에서는 확진자가 대대적으로 발생하며 백화점 손님들이 대거 줄었다. 코로나 이후 온라인 쇼핑 규모는 급성장하였다. 주목할 점은 '새벽 배송' 시장의 성장이었다. 2015년에 100억 정도의 머물렀던 새벽 배송 시장에서 돌풍을 일으킨 주역은 '마켓컬리' 였다. 시장규모는 2016년에는 340억 정도가 되었다. 쿠팡의 로켓프레시와 대기업들이 새벽 배송 시장에 들어오며 시장이 커졌다. 2017년에는 1,900억 원, 2018년에는 4,000억 원, 그리고 2019년부터는 1조 시장이 되었다. 2020년부터는 코로나로 인해서 새벽 배송 시장은 크게 성장하였다.[17]

2021년 이후에 사회적 거리두기가 강화 되면 사회 구성원들의 가장 큰 문제는 정신적인 측면에 있다. 코로나가 상륙한지 2년이 되면서 한국사회에서 코로나로 인한 우울증이 증가하고 있다. 2021년 1월부터 2월 18일까지 코로나 19 통합심리지원단에서 시행된 심리상담은 136만 1,403건으로 나타났다. 2020년 정부에서 파악한 자살 위험군은 1만 9,471명으로 2019년 대비 13.4%가 증가하였다. 전년도 대비 5배 가량이 증가하였다.[18]

코로나 이후 서울시민들은 우울한 감정을 많이 느끼는 것으로 나타났다. 2021년 4월 5일 서울시와 서울관광재단에 따르면, 시민의 33.2%가 코로나 블루를 경험한 것으로 나타났다. 평소 경미한 우울감을 갖고 있던 시민의 44.1%는 코로나 이후 우울감이 더 심화되었고, 중증 우울감을 느끼던 시민 42.6%는 증세가 더 심해졌다.[19] 이에 따라 시민들의 여가 활동의 빈도는 감소한 것으로 나타났다. 공연, 박물관, 미술관 등의 문화예술관람 활동을 참여한 시민은 코로나 이전 90.8%에서 이후에는 41.7%로 줄었다고 보고된다. 사회적 거리두기는 자영업자들에게도 힘든 시간을 보내게 하고 있다. 4단계에서 2인 이상이 식사 모임을 하지 못하면서 식당은 영업 난에 봉착하게 되었다. 종업원 인건비나 월세를 내지 못하여 폐업이 이어졌다.

MBN 신용식 기자는 본인이 취재한 레스토랑 사장님의 사례를 들으며 코로나 초기에 자영업자들이 얼마나 힘든 시간을 보내고 그리고 지금도 힘든 상황을 이겨내기 위해 노력하는지를 이렇게 이야기한다.

"30년째 라이브펍을 운영 중이신 한 사장님을 만나 직접 가게까지 찾아가 인터뷰를 하게 됐는데 그 때 들었던 이야기가 유독 기억에 남습니다. 계속 버티다 더는 힘들어 죽을 생각으로 홍제천에 가봤더니 당신처럼 죽으러 온 자영업자 네 명이 더 있더랍니다. 대낮에 중년 남자 다섯이 모여 있는 꼴이 얼마나 웃긴지 한바탕 웃다가 신세 한탄 하며 울기도 하고, 그렇게 늘그막에 친구가 생겨 지금도 안부를 묻고 지내는 사이가 됐답니다. "장난 같지만 진짜 문자 안부로 죽었는지 물어봐요. 서로 안 챙기면 정말 죽을지도 모르거든."[20]

김하영은 2002년부터 18년 동안 기자로 일했다. 그는 2020년 코로나가 시작되는 즈음에 배달 전선에서 일을 시작하게 된다. 그가 배달 전선에서 일을 시작한 이유는 두 가지이다. 첫째는 전직 기자의 궁금증이 발동해서이다. 2018년부터 택배기사들이 억대 연봉을 받는다는 기사들이 나오기 시작하면서 그리고 배달 라이더들의 고수익이 보장된다는 언론매체에 보도들이 있었다. 그는 실제적으로 배달 업무에 종사하는 사람들이 많은 돈을 받을 수 있는지에 대해서 궁금증을 갖고 배달 전선에 뛰어들게 된다. 배달의 민족, 쿠팡, 요기요 등으로 배달 앱은 코로나 이후 크게 성장한 업체로 평가받는다. 2016년부터 카카오가 대리 운전 시장에 진출하였다. 대리운전에 한국 시장 규모는 3조까지 성장하였다. 둘째는 2019년 한국 사회의 '타다 갈등' 대하여 기술의 발전과 소비자의 편리함 사이에서의 여러 가지 투쟁하는 모습을 기자로서 실제 현장에서 취재하고 싶다는 욕구가 있었기 때문이라고 한다. 코로나 시국에 배달 전선에서 일하면서 그는 다음과 같은 소회를 말한다.

"18년을 기자로 살았습니다. 택배 기사들과 배달 라이더들과 대리기사들을 만나 취재를 하는 게 더 편하고 익숙한 방식이었겠지만 이번에는 제가 직접 당사자가 되고 싶었습니다. 관찰자가 아닌 당사자가 됐을 때 보이는 것은 다를 것이라 생각했습니다. 막상 일을 시작하자마자 아주 큰 변화가 닥쳤습니다. 코로나 19입니다. 음식 배달과 택배가 폭증했습니다. 라이더 부족 현상이 일어났고 택배 기사들이 과로로 쓰러져 갔습니다. 우리 사회는 또 다시 목숨이라는 대가를 치르고서야 문제를 들여다보고 있습니다. 그러는 사이 모임이 줄고 비대면을 강조하면서 대리기사는 수입이 반 토막이 되어 버렸습니다."[21]

김하영은 쿠팡의 코로나 확진 사태를 구조적 문제에서 진단한다. 작업장 내에서의 안전화와 안전 조끼 등의 작업 물품을 근로자들이 서로 나누어 쓰는 것이 문제라고 지적한다. 쿠팡 물류 센터 작업자의 97% 정도가 비정규직이다. 3교대로 24시간 업무가 진행되는 물류센터에는 한 타임에 일하는 사람들이 500명 정도로 전체 1,500명 정도가 쿠팡 물류 센터에서 일한다. 안전화 등의 작업 용품을 1,500명 모두에게 지급 하기는 어렵다. 쿠팡은 작업 용품의 공유화를 시도하였다. 코로나 이후 "수많은 이들이 생필품을 문 앞 까지 신속하게 배달해 주는 쿠팡맨들을 영웅이라고 칭송했다. "쿠팡이 없었으면 어쩔 뻔 했어." 그러나 쿠팡 안에서 일하는 근로자들은 위험에 노출된 채 하루하루를 불안하게 살아가고 있다."[22]

코로나는 우리에게 일상에서의 변화를 요구한다. 사회적 거리두기는 어쩌면 우리가 생각한 것 보다 훨씬 오래 지속될지 모른다. 사회적 거리두기 시기에 우리는 스스로의 건강을 지키고 여가 참여를 통하여 일상에서의 재미를 추구해 나가야 한다. 힘든 시기에 재미를 추구하며 지혜롭게 보내야 한다.

정신 건강의 적신호

코로나 이후 사람들의 불안감이 커졌다. 불안이란, 자기 보호에 대한 본능적인 감정이다. 코로나 시대에 불안은 확대 재생산되기에 위험하다. 불안은 인간 스스로가 위험에 대하여 자각하여 생기는 심리적인 반응이다. 불안은 "자아가 지르는 비명"[23]이다. 사회생활에서 갈등이 있으면 불안을 느끼고 불안은 불편한 감정을 양산한다. 이런 상황에서 인간은 심리적 방어기제를 만들어서 불안을 처리하고자 한다. 심리적 억압이라는 방어기제를 통해 불안한 느낌을 무의식의 세계로 돌려보내고자 한다. 정신과 의사인 최주연은 불안은 위험에 대한 인지를 통하여 생성된다고 말한다.

"불안이라는 감정은 위험이라는 인지를 통해 작동되고 그 결과로 위험에 대한 대비를 하게 만듭니다. 마치 차들이 빠른 속도로 질주하는 도로 위에 빨간 신호등처럼 사람들에게 위험을 경고하고 위험에 대비하게 만듭니다. 물론 빨간 신호등은 우리를 불편하게 만들기도 합니다. 빨간 신호일 때는 속도를 줄여야 하고 갑자기 속도를 줄일 때는 차가 덜렁거려서 타고 있는 사람을 짜증나게도 만듭니다. 차가 다니지 않는 한적한 도로에서는 번거로운 존재가 되기도 합니다. 그렇다고 해서 도로 위에 빨간 신호등이 없는 것을 상상할 수 없습니다. 신호등이 주는 불편함 보다 이로움이 훨씬 크기 때문입니다."[24]

불안은 빨간 신호등과 같다. 우리는 빨간 신호등을 통하여 위험을 인지하여 조심스럽게 운전을 하거나, 보행시에는 파란불을 확인하고 조심스럽게 길을 건너게 된다. 도로에 신호등이 적당하게 있다면 문제가 안 된다. 빨간 신호등이 많게 되면 우리 스스로가 운전을 하다가 지칠 수 있다. 코로나 이후 많은 사람들이 과도한 불안을 느끼고 있다. 불안으로 인해서 여러 가지 신체적 문제를 호소하기도 한다. 호흡이 거칠어지거나, 소화가 잘 되지 않고, 두통을 경험하는 등의 불쾌한 신체적 증상을 느낀다고 한다. 이와 같은 신체적 증상이 축적되면 공격적인 행동 양상을 보일 수도 있다. 지하철에서의 마스크 착용 시비로 인하여 오르는 사람들 사이의 싸움도 불안으로 인한 공격 본능의 표출로 볼 수 있다.

캐나다 밴쿠버에 있는 카필라노 구름다리는 계곡 위 약 75미터 높이에 위치한다. 이 다리는 끈으로 만들어져서 걸을 때마다 심하게 요동친다. 이 다리를 건너는 사람들은 불안함에 손과 발을 심하게 떤다. 어떤 이는 진땀을 흘리기도 한다. 1974년에 이 다리에서 재미있는 실험이 이루어졌다. 다리를 건너는 피험자 남성들에게 젊은 여성이 다가 왔다. 이 여성은 남성들에게 조사를 위해서 그림을 보여주며 무엇이 생각나는지를 말해 달라고 부탁을 한다. 혹시나 궁금한 점 있으면 전화해 달라고 여성 본인의 전화번호를 건네었다. 동시에 유사한 실험을 카필라노 구름다리 근처의 아주 안전한 시멘트 다리에서도 진행을 하였다. 실험 결과는 구름다리 위에서 그림을 본 남성 피험자들은 성적 측면에 대한 이야기를 많이 하였고, 젊은 여성 조사원에게 전화하는 비율이 시멘트 다리 쪽보다 높게 나왔다.[25] 이 실험 결과는 '환경'에 따른 신체의 변화가 눈앞에 있는 여성에 대해 착각반응을 일으킨다는 것을 의미한다. 코로나는 이 실험과 유사한 일상에서의 착각을 양상하고 있다. 코로나는 코로나 이전과 다른 일상에서의 많은 착각을 일으킨다. 불안한 신체 상황에서 야기된 감정은 우리를 예민하게 만들고 있다.

포스트 코로나 이후에 사회구성원들의 심리적인 상처가 제대로 치유되지 않으면 '외상 후 스트레스증후군'으로 자리 잡을 가능성이 농후하다. 이를 방지할 사회적인 해결 담론이 지금 필요한 이유이다. 심리학자인 브레네 브라운은 현재도 우리 사회 전체가 '외상 후 스트레스증후군'을 앓고 있다고 진단한다.

"늘 뭔가 부족하다는 걱정은 우리 사회가 집단적으로 앓고 있는 외상 후 스트레스증후군이다. 외상 후 스트레스란, 사람이 심각한 손상이나 생명의 위협을 경험한 뒤에 나타나는 증상이다. 그런데 우리는 치유하기 위해 힘을 합치는 대신 겁먹은 상태에서 서로에게 화를 내고 피 터지게 싸운다. 문제는 사회에만 있지 않다. 내가 발견한 바에 따르면 우리의 가족문화, 직장문화, 학교문화, 그리고 지역사회문화도 다르지 않다. 수치심, 비교, 참여의 부재라는 공식이 어디에나 적용된다. 늘 뭔가 부족하다는 느낌은 이런 상황을 거품처럼 확대하고 영속화 한다. 그래서 나중에는 상당수 사람들이 주류 문화에서 이탈해 자신이 진정 소속되기를 원하는 소수문화 집단을 새로 만든다."[26]

코로나 블루는 코로나로 인한 우울한 상태를 말한다. 코로나 이후 우울한 사람들이 많이 증가했다. 특히, 젊은 층에서 코로나 블루를 더 겪는다는 언론 보도가 나온다. 젊은 세대는 직장, 학교, 학원 등에서 갑자기 일어나는 변화에 대처하는 능력을 학습하지 못했기 때문이다. 코로나 이후 불확실성의 증가는 사람들에게 불안을 가중시켰다. 코로나 시대에 질병으로 인한 거리두기의 통제 외에 경제지표 악화, 주택 가격 상승 현상은 사회구성원들의 불안감을 배가시켰다.

코로나 이후 사회구성원들은 두 가지 사회 구조적 문제에 대하여 고민을 하고 있다. 첫째는 코로나 이후 급상승한 집값이다. 코로나 초기부터 집값 상승은 사회구성원들의 우울감을 가중시켰다. 2020년부터 한국 사회에 많이 회자되던 단어가 '영끌'이었다. 영끌이라는 단어는 젊은 세대의 불안한 심리의 발로가 아니었을까 싶다. PIR(Price Income

Ratio)은 '소득 대비 주택 가격 비율' 이다. 연봉이 1억 5천 원이고 집값이 15억이면 PIR은 10이 된다. 2000년에 PIR은 8 정도였고, 2019년에는 11.7 이었다. 현재 한국 사회는 월급 보다 집값이 오르는 속도가 빠르다. PIR 11은 엄청난 수치이다. 만약 집 장만을 위해 직장인이 월급의 절반을 저축한다면 20년이 걸린다는 것이다. 여기에서의 전제는 집값이 오르는 만큼 우리가 받는 급여도 상승하는 것이 깔려 있다. 수치적으로 2030 세대가 취업해서 월급을 모으며 서울에서 집을 사기는 거의 불가능하다. 이 수치의 기본 가정도 직장에서 상무급 이상의 임원으로 승진하여 많은 연봉을 받고 월급 대부분을 저축할 수 있을 때를 기본으로 한다. 코로나 시기에 서울을 위시한 전국적인 집값 상승은 MZ세대의 불안감을 높이고 있다. 한국 사회에서 '집'이 가지는 의미는 다차원적이다. 안락함을 의미하는 집, 건물을 의미하는 집, 부동산으로의 집, 가족을 지칭하는 집의 개념도 있다. "무엇보다 집을 소유한다는 것은 내가 무장 해제될 수 있는 공간이 생겼다는 것"[27]을 말한다. 한국 사회에서 집을 소유한다는 것은 사회의 주류임을 증명할 수 있는 길이기도 하다. 그래서 강남에 자가 소유 주택을 가진 사람을 다시 한 번 보게 되지 않는가?

둘째는 직장과 관련된 사회구조의 변화이다. 한 때 유행하던 '워라벨' 대신에 'N잡러'라는 용어가 사회적으로 부상하였다. 직장인들이 퇴근 후에 대리운전을 하거나, 배달 업무를 수행하는 식으로 여러 가지 일을 하는 경향이 두드러지고 있다. 코로나 이후 배달은 N잡러의 인기를 얻고 있다. 음식과 B마트 배달을 하는 '배민커넥트', 자기 차로 택배를 하는 '쿠팡 플렉스'가 인기를 얻고 있다. 김하영은 워라벨과 N잡러의 사회학적 뿌리는 동일하다고 진단한다.

"점점 궁핍해지지는 삶을 개선시키려는 몸부림일 것이다. 워라벨 해봤더니 "가난에서 벗어나지 못한 삶은 결코 자유로울 수 없다"는 현타가 왔다. 미니멀 라이프를 즐겨 보려 했으나 갖고 싶은 것이 생겼을 때에 내가 살 수 있는데 안 사는 것과 살 수 없어 못 사는 것의 차이가 어떤 건지 느끼게 됐다. 소확행이라고 하는데 소소한 건 그냥 소소한 것일 뿐이다. 그러면 차라리 아둥바둥 돈 한번 제대로 벌어 보자는 것이다."[28]

N잡러는 코로나 이후에 감염 노출을 무릅쓰고 일을 하고 있다. 쿠팡에서 확진자가 처음 나온 것은 2020년 5월 26일 부천 물류센터에서였다. 일용직 근로자가 코로나에 먼저 확진이 되었으며 확진자 수는 금세 백 명을 넘어서게 되었다. 당시 쿠팡의 초기 대응은 많은 문제점을 야기하였다. 오전 근무 조에서 확진자가 발생하였는데도 1시에 셧다운을 교체하지 않고 오후 조를 출근 시켜 물류센터를 계속 가동하였다. 이에 이재명 경기도지사는 쿠팡 측에 책임을 물어 2주간 부천물류센터를 폐쇄하는 행정명령을 내리기도 하였다.

새라 케슬러는 미국 노동자 세 명 중 한 명이 '프리랜서'라고 말한다. 그녀는 독립 계약자, 프리랜서, 그리고 임시직 등의 정규직이 아닌 근로 형태가 주류를 이루는 경제 시스템을 '긱 경제(gig economy)'라고 규정지었다. 그녀는 2005년 고등학교 2학년부터 장차 기자가 되기로 마음을 먹었다. 2007년이 되자 미국 사회에 경제적 침체기가 도래하였고, 언론사의 주 무대도 온라인으로 바뀌었다. 그녀가 대학교 4학년이던 2010

년에는 미국의 실업률이 두 자리를 기록할 정도로 직장을 얻기가 상당히 어려웠다. 당시 컴퓨터 프로그래밍을 전공하는 출신들이 직장을 얻었다. 이때 그녀는 미국 사회의 임시직과 계약직 노동자, 프리랜서, 한철 노동자, 파트타임 노동자들이 대거 늘어나는 상황을 목격하게 된다. 이후 직장이 없는 시대가 온다는 주장을 하였다.

우버는 기사들을 '독립 계약자'로 규정지었다. 이에 따라 대부분의 국가에서 기업에 부가하는 책임으로부터 면제 될 수 있고, 미국에서 세금에 대한 책임으로부터 면죄부를 얻는다. 만약 우버가 직원으로 기사들을 분류하면 이들에 대한 보장의 책임이 있고 세금을 내야한다. 이렇게 되면 기사들은 고용주로 부터 퇴직급여나 실업 급여를 받을 수 있다. 정부의 사회안전망에도 회사는 일정 금액을 납부해야 한다. 독립계약의 경우, 이와 같은 세금이나 고용을 보장하는 의무조항을 이행하지 않아도 된다. 독립 계약자로 등록한 기사는 차량과 연료는 물론이고 쓰는 모든 물품을 자비로 조달해야 한다. 동시에 건강보험료도 본인이 납부해야만 한다. 코로나로 대면 중심의 독립 계약자들은 일하기 상당히 어려워졌다. 미국에서는 우버가 등장하기 전부터 실리콘밸리에 많은 기업들은 임시 노동자들로 회사를 운영해 왔다. 2016년 미국과 유럽연합의 경제활동인구 중에서 대략 20에서 30퍼센트가 프리랜서였다.[29]

우리나라에서의 배달 라이더들도 고충이 많다. 기본적으로 주휴 수당이 존재하지 않기 때문에 코로나 상황이라도 이들은 쉴 수 없다. 오히려 코로나로 인해서 배달 업무가 더 늘어났다. 김하영은 배달 라이더의 삶을 이렇게 말한다.

"내가 만난 배달 대행 라이더들, 대리기사들 대부분 1주일에 6일, 심지어는 7일을 일하는 경우도 많다. 주휴 수당이 없기 때문에 주말까지 일해야 소득을 보존할 수 있어서, 1주일에 6일 일해야 한다는 암묵적 계약 조건 때문에, 조금이라도 더 벌기 위해 등등 이유는 다양하다. 쿠팡 물류 센터에 이틀 나오는 일용직도 쿠팡에는 주말에만 나오지만 역시 주 7일 일한다. '투잡'이기 때문이다."[30]

사회적 거리두기를 통해서 자영업자들은 엄청난 피해를 입었다. 자영업자들은 IMF 이후로 가장 힘든 시기를 보내고 있다고 이구동성으로 말한다. 한국 사회가 IMF 관리 체제가 종결된 것은 2001년 8월이다. 그로부터 약 19년 후에 자영업자들은 뜻하지 않게 코로나로 인한 피해를 받게 되었다. 1998년 GDP가 3,461억 달러였는데, 2017년에는 1조 5297억 달러로 4배 이상 높아졌다. 당시 외화보유액은 39억 달러였고, 2017년에는 3848억 달러로 세계 9위가 되었다.[31] 이러한 성장 속에서 우리는 뜻하지 않은 복병을 만났다. 2020년 들어오면서부터 시작된 코로나 영향은 자영업자들의 사업을 피폐하게 만들었다. 코로나는 "금융 축적의 논리가 사회를 지배하고 신자유주의가 삶의 영역마저 잠식"[32]하도록 하였다.

코로나와 같은 질병의 창궐은 사회구성원들의 삶을 피폐화시킨다. 코로나가 우리 사회 구성원들에게 왜 정신적으로 힘들게 하는가? 이에 대하여 네 가지 측면으로 해석이 가능하다. 첫째, 코로나 상황은 우리에게 같은 사건을 실제 보다 확대 해석하게 만든다. 우리는 비행기 사고로 죽을 확률이 서울에서 교통사고로 죽을 확률 보다 낮음을 인식하지 못하고 비행기 사고 자체에 대해서 더 많은 두려움을 갖는다. 이를 심리학에서는 '가용성 방략(availability heuristic)' 이라고 부른다. 인간은 잘 모르는 상황에 대해서 판단을 내려야 할 때에 특정 사건이 일어날 실제 확률보다는 오히려 자기 머릿속에서 생각나는 부분에 크게 의존하는 경향이 있다. 서울에서 많은 교통사고가 일어나고 이로 인하여 많은 사람이 부상을 당하지만, 오히려 비행기 사고를 훨씬 강한 기억으로 인지한다. 우리는 운전하고 가다가 차에서 알람이 울리거나, 혹은 계기판에 시그널이 뜨면 걱정하지 않고 퇴근 후에 또는 주말에 정비소에 맡기면 된다고 생각한다. 이에 반해 우리가 비행기를 타고 가다가 난기류에 의해서 비행기 동체가 흔들리면 크게 동요하게 된다. 가용성 방략은 불확실한 상황일수록 잘못된 정보나 강렬한 기억들이 일상을 지배하게 된다는 것을 말한다.[33]

코로나 백신 접종에서도 가용성 방략이 적용되기도 했다. 세계적으로 일부 접종 사건으로 인하여 접종 거부 운동이 일어나기도 했다. 실제 미국에서는 한해 독감이나 감기로 인하여 많은 사망 사고가 보고된다. 코로나라는 처음 경험하는 미지의 세계에 우리는 코로나와 관련된 가용성 방략에 빠져들기도 한다.

둘째, 코로나 이후 비대면 업무와 수업이 증가하다 보니 온라인상의 과도한 정보를 수용하게 되었다. 텔레비전을 보면 하루 수백 명 씩 코로나 확진자가 늘어나고 있다. 확진된 사람들의 고통, 돌파 감염, 백신 접종 후 사고 등의 뉴스가 우리에게 많은 생각을 하게 한다. "우리는 언제부터 이렇게 생각이 많아졌을까? 생각이 많아진 이유 중 하나는 정보의 과잉이다. 우리는 스마트폰을 통해 쓸데없는 정보를 너무 많이 알게 되었다. 몰라도 좋고 알 필요도 없으며 알면 별로 좋지도 않은 걸 너무 많이 알게 된 것이다. 잘 알지도 못하는 사람이 하와이 여행 가는 걸 내가 알아야 하나? 사돈의 팔촌이 맛집에서 올린 사진을 봐야 할 이유가 있는가?"[34] 코로나시기에 외부 자극에 자주 노출되기 보다는 내 안에 더 집중하는 삶의 자세가 필요하다. 과다한 정보 노출은 우리에게 생각을 많이 하게하고, 불안을 잉태하게 한다.

셋째, 코로나는 사회적 관계를 단절시켜 정신적인 어려움을 주고 있다. 코로나는 '사회적 자본(social capital)'을 빈약하게 만들었다. '사회적 자본'은 하버드 대학교의 사회학자인 로버트 퍼트남(Robert Putnam) 교수가 주창한 개념이다. 이는 사회구성원이 사회에 대한 신뢰 정도를 의미하는 것이다. 사회적 자본이 풍성한 사회는 사회 구성원들 사이에 신뢰가 높고, 그런 신뢰를 바탕으로 사회, 경제 그리고 문화가 잘 돌아간다. 사회구성원들 서로 간 신뢰가 높으면 사회는 발전할 수밖에 없다. 반대로 사회에 대한 신뢰도가 떨어지면 그 사회는 갈등과 반목이 판을 친다.[35] 코로나 이후 한국 사회는 사회적 자본이 빈약하게 되었다. 사회적 거리두기를 통하여 서로가 대면 접촉을 꺼리고 타자가 어려움에 처해도 도와줄 생각을 못하게 되었다. 비대면의 증가는 사회적 자본을 빈약하게 바꾸고 있다.

넷째, 코로나는 우리에게 행동과 생각의 관계를 변화하게 한다. 코로나 블루나 코로나 레드가 발생한 이유 중 하나는 '사회적 거리두기'

로 일상에서 제약이 많아지고 야외 활동의 금지로 인해 여가 욕구가 제한되기 때문이다. 여가 제약이 높은 상황에서 많은 사람들은 실내 또는 집에서 홈트레이닝을 하면서 심리적 위안을 삼는다. 하지만 홈트레이닝이 야외에서 하는 운동보다 재미있을 수는 없다. 골프존이 아무리 재미있어도 실제 라운딩을 뛰어 넘을 수는 없다. 그럼에도 주변을 보면 코로나 상황을 잘 적응한 사람들은 홈트레이닝에 대해서 각별한 애정을 갖는다.

이와 같은 현상은 '인지부조화 이론(cognitive dissonance theory)'으로 설명이 가능하다. 심리학자 레온 페스팅거(Leon Festinger)는 인간의 행동과 마음의 관계에 대한 실험을 하였다. 사람들에게 아주 지루한 과제(예를 들어, 연필 돌리기)를 지속적으로 반복하게 한다. 대략 1시간 정도 지루한 반복 과제를 하게 하여 권태감을 느끼게 만든다. 실험이 끝나고 피험자들이 나갈 때에 부탁 하나를 한다. 대기실에서 실험을 기다리는 다른 사람들에게는 본 과제가 아주 재미있는 과제라는 거짓말을 해달라고 요청한다. 두 집단으로 나누어 A 집단은 거짓말 대가로 1천원을 지불한다. B 집단에게는 2만 원을 지불한다. A집단과 B집단에게 후에 그 과제가 어땠는지를 물어보면, B집단 사람들이 A집단 사람들보다도 그 지루한 과제에 대해서 긍정적으로 이야기를 하였다. 심지어 추후 이 과제에 다시 참여할 의사가 있다는 이야기까지 한다. 이 실험 결과가 의미하는 것은 사람들은 자신의 생각과 행동이 일치하기를 바란다는 것이다. 자신의 행동을 합리화하고 싶어 하는 욕구는 인간의 보편적인 욕구라는 것이 증명되었다. 인간은 돈을 받고 거짓말을 하지만 자신의 행동을 합리화하기 위해서 노력한다.[36] 코로나로 인해 야외 활동에 대한 욕망이 제한되자 홈트레이닝을 통해서 자신의 생각과 행동을 일치시키기 원하는 사람들이 증가한다. 이들은 집에서 하는 운동에 의미를 크게 부여한다.

코로나 시대에 불안을 극복하기 위해서 어떻게 해야 하나? 첫째, 불안을 극복하는 좋은 방법은 불안의 기본 개념들을 '가나다순'으로 순서를 매겨본다. 이를 '개념의 개념화'라고 한다. 자신이 무엇을 생각하는지에 대하여 생각할 수 있는 이러한 사고 과정을 통하여 불안을 상대화하면 불안의 실체가 명확해진다. 이렇게 되면 우리는 크게 심리적인 위협을 받지 않는다. 불안이 정리된다는 것, 또는 불안이 개념으로 순서화되었을 때에 불안은 없어진다.[37] 불안한 개념들에 대해서 실체를 들여다보고 종이에 적어 볼 수만 있다면, 불안을 극복할 수 있다. 우리의 걱정거리는 실제로 일어날 가능성이 없다. 그럼에도 불구하고 너무나 깊은 고민이 우리의 삶을 힘들게 한다.

"우리의 걱정거리 가운데 정말 진지하게 걱정해야 할 일은 고작 4퍼센트에 불과하다고 한다. 결코 일어나지 않을 일이나 이미 일어난 일, 또는 아주 사소하거나 전혀 손 쓸 수 없는 일이 96퍼센트라는 이야기다."[38]

둘째, 욕심을 버리고 사는 연습을 해야 한다. 노자는 '위무위 칙무불치(爲無爲 則無不治)'라고 말했다. '무위'는 아무것도 안 하는 것이 아니다. 그것은 오히려 우주의 법칙에 순응하며 사는 일이다. 배철현은 '안하기'를 이렇게 말한다. "의식적이며 무의식적이다. 일찍 일어나서는 늦게 잠자리에 들지 않아야 하고, 요가 수련을 위해서는 불필요한 행동이나 말을 하지 않아야 하고, 내가 성취하고 싶은 삶을 위해서는 그릇된 습관을 버리거나 하지 않아야 한다. '안하기'는 분명 '하기'보다 힘들다."[39]

'안하기' 위해서는 일상을 많이 비워야 한다. 일상에서 자동적으로 처리해야 하는 영역에서의 안하기를 습관화하는 것이다. 심리학자 허태균은 일상의 많은 일들은 무의식적으로 처리된다고 말한다. "우리가 일상에서 처리해야 하는 정보는 어마어마하게 많고 그 중 일부분은 매우 익숙한 정보들이므로 별로 신경 쓰지 않아도 처리할 수 있다. 그래서 대부분의 정보들은 바로 자동적 사고과정을 통해 처리된다."[40] 코로나 이후로 나는 이와 같은 '자동적 사고과정'에 주목하였다. 우리가 자동적으로 사고할 때에 무엇을 하기 보다는, 안하기를 연습한다. 이 연습은 우리를 불안에서 벗어나게 한다.

심리학자들은 마음이 불안할 때에는 종이에다 무엇인가를 쓰면 마음이 편안해진다고 한다. 말은 글보다 훨씬 속도가 빠르다. 마음이 급하면 급할수록 말이 더 빨라진다. 불안하고 긴장하는 사람이 그 상황에서 극복하는 방법은 의도적으로 천천히 말하거나, 행동하는 것이다. 글을 써보는 작업을 통하여 나 스스로에 대해서 반성하게 되면 생각의 속도가 조절이 가능 가능하다. "그 다음에는 어떻게 하나?", "내가 해야 할 일은 무엇인가?" 등과 같은 생각을 천천히 적용하고 확장함으로 머릿속에 어지러운 일들은 정리할 수 있다.[41]

손시은은 불안이 우리의 의식에 침투할 때에 글쓰기는 좋은 해결 방안이라고 제안한다.

"글쓰기는 나에 대한 성찰과 삶에 대한 통찰적 안목을 키워 줌으로

써, 당면한 코로나 팬데믹 사태를 새로운 삶을 향한 전환점으로 삼을 수 있게 해준다. 우리는 글쓰기라는 창조적 행위로 자신의 실존적 자아를 확인하고, 타인에게 주체로서 자신의 존재를 표현한다. 다시 말해 글쓰기는 세계 속에서 내가 어떤 존재인가를 스스로 인식하도록 해 준다."[42]

불안을 개념화하고, 글로 자아를 표현하는 일은 코로나 시대의 강력한 면역 시스템이다.

코로나 시대의 여가 향유 법칙

코로나는 우리 일상에서 불안감을 가중시켰다. 불안이 심해지는 때는 바로 불확실하고 상황이 모호한 상황이다. 심리학자들은 모르핀 계열의 진통제가 불안한 상황에서 최대의 효과가 발휘한다는 연구 결과를 발표했다. 전쟁터에서 모르핀 계열의 진통제는 환자들에게 많이 쓰인다. 치명적인 부상을 당한 사람들한테 모르핀 계열의 약을 주사해야 그들의 통증이 제어될 수가 있다. 심리학자들이 주목한 점은 과연 언제 전쟁에서 부상을 당한 사람들의 불안과 공포가 누그러질 수 있는가 이다. 전쟁터에서의 치명상을 당한 환자들을 앰뷸런스가 도착하여 병원으로 옮기면 제대로 된 치료가 이루어지지 않았는데도 불구하고 이들에게 모르핀을 투여하는 양은 확 줄어든다. 부상을 당하고 병원으로 이동하는 순간에 통증이 악화되었어도 앰뷸런스에 타는 순간에 이들은 불확실성에서 부터 해소된 자유감을 맛본다. 이들은 다시 전쟁터에 나갈 확률이 없고 병원에서 치료를 받는다는 그와 같은 안정적 심리 상태를 갖게 되어 불안 및 공포 수위가 낮아지게 된다.[43] 이와 같은 심리학적 발견은 코로나 시대 일상에서도 그대로 적용된다. 우리가 코로나로부터 자유로울 수 있다는 믿음이 생길 때에, 그리고 일상으로 돌아갈 수 있는 윤곽이 보이게 될 때에 우리의 코로나에 대한 공포와 불안감은 낮아질 수 있다.

코로나 팬데믹 시기에 격리해 본 사람은 자신도 모르게 느꼈던 불안과 공포감에 대한 이야기를 많이 한다. 격리되어 사회로부터 떨어져 있다는 생각은 불안과 공포를 키운다. 이에 대하여 김성일은 격리자의 관점에서의 불안과 공포심 발원에 대하여 이렇게 이야기한다.

"불안과 공포가 사회적 감정이라는 점에서 사회로부터 개인이 격리된 상황은 코로나 19를 온전히 홀로 대응하게 만듦으로써 새로운 불안과 공포를 자아낸다. 즉 나를 지켜 줄 국가나 사회 혹은 이웃이 부재한 상황은 비바람을 막아줄 안식처 하나 없이 혼자 우산 하나로 버티게 만드는 셈이다. 특정집단에 소속되어 있다는 느낌은 심리적 안정 외에 정체성 확립이 중요하다. 이에 우리는 소속감을 느끼기 위해 혹은 구성원으로 인정받기 위해 자신에게 부여된 역할과 책임을 성실히 수행한다. 그런데 자신을 확인시켜줄 집단이 없다는 것은 무인도에 내팽개쳐지는 상황이기에, 자신이 유배 됐다는 생각은 불안과 공포로 바로 이어진다."[44]

코로나에 대한 불안과 공포심은 우리에게 현명하게 사는 법에 대한 화두를 던지고 있다. 코로나 시대에 잘 사는 방법은 무엇인가? 내가 생각하는 잘 사는 방법은 무리하지 않고 사는 것이다. 심리학자인 김경일은 이와 같은 생활 형태를 "적당한 삶"이라고 하였다. 적당한 삶은 최상을 추구하는 삶이 아니다. 최상만을 추구하는 삶은 끝없는 욕망에 기대고 사는 것이다. 우리 욕망은 끝이 없다. 코로나 시대 욕망을 실현하고자 노력하기 보다는 개인이 삶에 대한 '적당한 기준'을 갖고 살아야 한다. 심리학자 김경일은 적당한 삶을 추구해야 하는 이유를 이렇게 말한다.

"인간의 수명은 길어졌다. 만족감을 느끼지 못하고 하나의 목표를 위하여 달려가기만 하면 안 되는 세상이다. 짧은 생애에 결론을 내려야 했던 시대에는 만족감을 못 느낄수록 생존에 유리했을지도 모른다. 그러나 수명과 삶은 눈에 띄게 달라지고 있다. 적정한 만족감과 적정한 멈춤이 없으면 길 잃은 인생을 살게 된다. 새로운 자아의 발견이 삶의 변화에 도움이 될 것이다."[45]

코로나 이후 한국 사회의 성인 남녀의 여가 시간 '자체'는 증가 한 것으로 보고되고 있다. 2020년 6월 취업 포털 잡코리아가 성인남녀 676명을 대상으로 여가 실태에 대하여 조사한 결과, 67.5%가 코로나 이후 여가 시간이 증가한 것으로 나타났다. 특히 20대 응답자들 중 69.6%가 여가 시간이 증가했다고 답했다. 30대는 67.6%, 40대는 59%로 나타났다. 이렇듯 여가시간이 증가했음에도 코로나 이후 여가 제약을 느끼는 사람이 많은 이유는 무엇인가? 이는 여가 시간이 늘어도 과거와 같은 본인이 좋아하는 여가 활동을 할 수 없기 때문이다. 여가 시간 동안에 무엇을 했는지에 대한 응답 결과에 따르면, '집에서 TV 나 영화를 시청한다.'는 응답자가 70.1%로 가장 많았다. 다음으로 잠이나 휴식을 취한다는 응답자가 45.4%였다.[46] 많은 사회구성원들이 여가 제약을 느끼는 이유는 여가 시간 동안에 주도적으로 무엇인가를 하기에 힘들다고 느끼기 때문이다. 이에 코로나 이전보다 텔레비전이나 영화를 시청하는 비율이 훨씬 증가하고 있다.

이 시대에 적당한 삶을 지향하기 위하여 여가를 어떻게 향유해야 하나? 첫째, 몸의 가치를 새롭게 인식해야 한다. 몸이 중요한 이유는 사람은 몸을 통하여 자신감을 얻을 수 있기 때문이다. "사실 몸과 머리는 밀접하게 연결되어 서로에게 영향을 주고받기 때문에 구분하는 것 자체는 큰 의미가 없다. 몸이 아프면 머리가 건강할 수 없고 반대로 마음이 아프면 몸도 아프다."[47] 코로나 시대 자신감 향상의 시작은 몸에 대한 재인식에서 부터 시작해야 한다. 한근태는 몸으로 주변 변화를 제대로 느낄 수 있어야 건강해진다고 말한다.

"먼저 몸을 변화시켜라. 살을 빼고, 근육을 만들고, 건강한 몸을 만들어라. 그리고 내면에서 어떤 일이 일어나는지 관찰하고 느껴 보라. 시작의 출발은 몸이어야 한다. 몸이 변하면 모든 것이 변한다. 몸이 변하는 것이 진짜 변화다. 몸이 변하지 않으면 아무것도 변화시킬 수 없다. 몸이 변하지 않는데 다른 게 변하면 그게 더 이상하다. 자기 몸 하나 변화시키지 못하는 사람이 어떤 변화를 만들어 낼 수 있겠는가. 몸을 바꾸는데 실패했다면 아무 말 하지 말고 지금처럼 살아라."[48]

코로나 시대에 맞게 몸이 바뀌기 위해서는 여가 경험이 중요하다. 몸의 변화를 감지할 수 있는 운동을 즐겨해야 한다. 집에서 하는 홈트레이닝이나 야외에서 운동 등을 통하여 내 몸이 변화해 나가는 것을 음미해야 한다. 적당한 삶을 위해서 기본적인 조건은 강건한 몸 만들기이다.

코로나 시대에 운동은 세로토닌 활성화 역할을 한다. 우리 몸의 심신 건강을 지켜주는 체제는 '세로토닌 신경'이다. 정신과 전문의 이시형은 21세기형 인간을 "세로토닌형 인간"으로 규정지었다. 세로토닌 기능이 원활히 분비되는 사람은 창의적인 생각을 하게 되고, 스트레스에 대처하는 방법을 갖는다. 이시영은 세로토닌이 분비되는 가장 좋은 상황으로 걷기를 말한다. 걷기는 일상 공간을 떠나서 새로운 환경에서 자극을 받는 적극적인 행동이다.[49]

둘째, 나의 삶에서 "예술적인 체험"의 빈도를 높여야 한다. 여가 시간에 음악을 듣기를 좋아하는 사람은 직접 피아노나 바이올린 연주를 배워보는 것이 좋다. 요즘에는 유튜브를 비롯해서 비대면 상황으로도 악기를 배울 수 있는 시공간들이 많이 증가하였다. 스스로가 연주를 하면 자기의 성취감이 높아진다. 우리가 행복감을 강하게 느끼게 되는 것은 스스로가 문화적 경험에 적극적으로 뛰어들 때이다. "내가 직접 써 보고, 직접 그려 보고, 직접 연주해 보는 예술 체험. 앞으로 펼쳐질 삶에서 이런 체험은 아주 중요하게 작용할 것이다. 내가 하는 문화적 체험이 내 감탄의 원천이 되어 주기 때문이다. 이와 같은 자원으로도 훨씬 더 나를 풍부하고 풍요롭게 만드는 삶의 안전장치이자 행복의 지향점이다."[50]

예술적인 체험은 나에 대한 성찰을 가능하게 해준다. 코로나 시기에 자의 반, 타의 반으로 집에 있는 시간이 늘게 된다. 이 때에 예술 활동을 배우고, 연마하는 가운데에 나와의 대화를 할 수 있다. 이와 같은 체험 과정은 심리적인 내성을 길러주는 데에도 긍정적이다. 손시은은 팬데믹 상황에서 우리는 다음과 같은 선택을 하게 된다고 말한다.

“개인적 또는 사회적으로 극심한 위기에 직면했을 때 사람들의 반응은 크게 둘로 나뉜다. 절망과 좌절 그리고 무력감과 냉소주의에 침잠하는 사람이 있는가 하면, 위기 속에서 자신의 삶을 근원적으로 돌아보고, 자기 삶의 방향과 가치관을 재정립하는 사람도 있다. 그런데 이 양 측의 상반된 모습 사이에서 어느 쪽을 택할 것인가는 오롯이 나에게 달려 있다. 선택의 기로에서 현명한 판단을 하려면 나에게 진정으로 소중한 것이 무엇인가에 대한 진지한 탐색이 필요하다. 나의 삶에서 정녕 부여잡아야 하는 것이 무엇이며, 과감히 끊어 버려야 하는 것은 무엇인가 하는 근원적인 질문에 대해서 스스로 답을 찾아가야 한다.”[51]

나에게 근원적인 답을 찾아가는 길에 예술적인 체험은 도움을 준다. 이를 통하여 나의 삶을 되돌아보고 현명한 결정에 대하여 생각을 하게 되는 것이다.

셋째, 좋아하는 스포츠 종목에 관전하며 몰입해 본다. 특히나 느긋하게 스포츠를 관전해 보는 여유를 즐겨야 한다. 위드 코로나 시대에 가능하면 야구장에 직접 가서 야구 경기를 느긋하게 즐겨 본다. 혹은 집에서 텔레비전을 통해 야구를 보면서 스포츠 안으로 몰입하는 가운데 자신만의 스트레스를 해결한다. 내가 야구 경기를 관전을 좋아하는 이유는 야구 경기 중간 중간에는 ‘여백’이 있기 때문이다. 그 여백을 통하여 나는 여러 가지 생각을 하면서 나 나름대로의 릴렉스 시간을 갖는다. 무라카미 하루키는 《일인칭 단수》에서 젊은 시절에 야구 경기를 관전하면서 작가 활동을 시작할 수 있었다며 이렇게 말한다.

"긴 터널을 빠져나가듯 어둡게 했던 그 세월, 나는 홀로 진구구장 외야석에 앉아 경기를 관전하면서, 심심풀이로 시 비슷한 것을 노트에 끼적였다. 소재는 야구다. 야구는 축구와 달리 플레이와 플레이 사이에 수시로 틈이 생기고, 잠깐 그라운드에서 눈을 떼고 볼펜으로 종이에 뭘 쓰는 사이에 골이 들어가 버리거나 하는 일도 없다. 상당히 느긋한 스포츠인 셈이다. 그리고 내가 글을 쓰던 때는 대개 유난히 투수교체가 많은, 지루하게 지는 경기일 때였다.[52]

넷째, 스스로가 마음의 평화를 찾는 연습을 많이 해야 한다. 그 대표적인 여가 활동이 명상이다. 명상은 코로나 시대에 인간에게 평정을 준다. 코로나 이후 나는 과도한 생각으로 괴로워하는 사람들을 자주 보았다. 자신도 모르게 머릿속에서 떠오르는 잡생각을 '침습적 사고'라고 한다. 사람은 누구나 하루에 몇 번씩 침습적 사고를 경험한다. 안 좋은 생각이나, 기분 좋지 않은 경험들이 머리에서 간혹 떠오르기도 한다. 코로나 이후 많은 이들이 침습적 사고로 좋지 않은 생각들이 자주 떠오른다고 토로한다. 불안한 생각에 사로잡혀 있을 때에 이를 해결하는 방법으로 명상은 적절하다. 명상을 통하여 "과도한 감정이나 생각을 배출하는 상상"[53]을 해본다.

불안감이 높을 때에 명상을 하며 자신을 마치 제 3자처럼 인식하는 연습을 한다. 정신과 전문의 박용철은 이와 같은 '자기 관찰의 힘'의 효과에 대하여 이렇게 말한다.

"마치 제 3자가 된 것처럼 자신을 관찰하세요. 그리고 관찰한 것을 자신에게 이야기 해주세요. '내 심장이 두근대고 있구나.' '얼굴이 달아오르고 팔다리가 긴장되고 있다.' 이런 과정을 통해 나의 상태를 객관적으로 바라볼 수 있습니다. 평소 알아 두었던 신체 증상과 감정의 관계를 통해 자신의 감정도 역으로 추적해 볼 수 있습니다. '근육들이 긴장하고 있고 숨이 빨라진 걸 보니 나도 모르게 불안감에 빠져 있구나.' 하고 바라볼 수 있는 것입니다."[54]

코로나 초기에 SKT는 인공지능 스피커 '누구(NUGU)'전용 명상 서비스인 '누구 마음보기'를 제공하였다. 이는 고객들의 마음 안정에 많은 도움을 주었다. 디지털 기기를 통한 명상 서비스 접목은 코로나로 인한 불안과 공포심이 높은 사람들의 정신 건강을 지켜주고 있다.

코로나 시대에 여가를 적극적으로 경험하는 사람들이 관심을 갖는 영역으로는 야외 여가 활동, 골프, 나 홀로 여행 등이다. 특히 여행 산업은 크게 성장하였다. 숙박 여가 플랫폼 회사인, '야놀자'는 코로나 시대 이후 한국 사회의 여가 트렌드를 "SUPER"라는 키워드로 제시하였다. 야놀자는 2020년 3월부터 5월에 소비자 이용 형태를 분석한 후에 호텔의 인기(Supreme), 언컨택트 트렌드의 등장(Untact), 개인화적 여가 선호(Private), 체험형 여가의 증가(Experience), 여행 심리 반등(Rebound)의 키워드가 핵심적으로 등장하였다고 하였다. 야놀자 측에 따르면, 국내 4성급 이상의 호텔 예약 건수는 2020년이 2019년 보다 102% 증가하였다. 코로나로 인하여 해외여행이 불가능한 상황에서 특급 호텔에 대한 수요는 계속 증가하고 있다. 야놀자 측이 자체 개발한 '호텔 셀프 체크인 키오스크' 을 통한 체크인 비율도 전체 예약의 50%를 초과하였다. 코로나가 장기화됨에 따라서 호텔을 비롯한 레저비즈니스 업계에서 언택트 서비스와 비즈니스가 대세가 되고 있다. 개인화된 여가 선호 현상으로 독채형 펜션 이용자건 수도 전년 대비 93%가 증가하였다. 야놀자 측은 코로나 이후 여가 활동에 제약을 받았던 많은 사람들이 타인들이 오지 않는 장소로의 여행을 지속적으로 추구하는 경향이 나타나고 있다고 하였다.[55]

코로나 이후 실제 운동에 관심을 갖는 사람들이 대거 늘어났다. 김난도 교수는 그 추이를 이렇게 진단한다.

"코로나 19가 기폭제가 되어 운동에 대한 관심의 '속도'가 폭발적으로 빨라졌다. 코로나 19 사태를 장기간 견디면서 건강관리의 필요성이 높아진 동시에 야외 활동에 대한 갈등이 커지면서 타인과의 접촉을 줄이면서도 여가를 즐길 수 있는 방법으로 등산과 같은 운동이 떠오른 것이다. 전문가들은 코로나 19로 여행업계는 유례없는 침체기를 맞이했지만 야외 액티비티의 예약률은 늘어나는 추세라고 말한다. 특히 코로나 19로 인해 자연, 아날로그, 가족과 같은 보다 본질적인 것을 향한 갈망이 사람들을 운동으로 이끄는 유인이 된다는 것이다."[56]

위드 코로나의 국면에 들어서면서 국내 및 국외 관광 상품이 동나기 시작했다. 사이판 여행 상품 같은 경우, 상품 출시 하루 만에 매진이 되기도 했다. 스위스 일주일 투어 상품의 경우, 중년 부부들의 신청이 물밀듯이 밀려들어 코로나로 힘들었던 여행업계가 즐거운 비명을 지르기도 하였다. 코로나 시대에는 '손실회피' 성향을 공략한 레저 상품들이 성공하고 있다. 인간은 같은 정도의 이익과 손실을 비교해서 손실의 영향력을 이익의 강도 보다 대략 2배 정도 더 느낀다. 예를 들어, 주린이가 한 달 동안의 주식투자로 10만 원을 이익을 봤을 때의 행복감이 1이라면, 10만 원을 손해 보았을 때에 느끼는 고통은 2가 된다. 레저 상품 업체들은 손실회피 성향을 판매에 적극적으로 이용하기 시작하였다. 위드 코로나 시대에 접어들면서 지금 상품을 구입해야 이익을 받을 수 있고, 그렇지 않으면 손해라는 광고를 계속적으로 한다. 홈쇼핑 광고에서도 특정 여행 상품을 홍보하면서 "지금 재고가 얼마 남지 않았다."라는 멘트를 계속적으로 고객들에게 이야기한다.[57]

코로나 시대가 되면서 여가를 향유하기 위한 사회적인 혹은 개인적인 준비가 부각되었다. 그것은 사회구성원의 디지털 기술 이용 가능성이다. 코로나 이후 디지털 기술은 사회 전체적으로 확산되고 있다. 언택트 기술이 일상생활에서 중요함에 따라 '디지털 문맹'이라고 할 수 있는 노인층 및 농어촌 지역 주민들이 디지털 정보 수용에 대한 문제가 사회적인 문제로 부상하고 있다. 한국정보화진흥원(NIA)는 디지털 격차는 "사회적 불평등"[58]으로 볼 수 있으며, 사회 구성원들의 디지털 이용 정도는 경제적, 사회적, 문화적 자본에 의하여 정해진다고 규정을 짓는다. 한국 소비자원의 조사에 따르면, 최근 1년간 전자 상거래 또는 키오스크(Kiosk)를 통한 비대면 상거래의 거래 경험이 있는 65세 이상의 고령 소비자 300명을 대상으로 한 연구 결과, 대부분의 고령 소비자들은 비대면 상거래의 이용 시에 어려움이 있다는 결과가 나타났다. 키오스크 이용 경험이 있는 고령소비자들은 업종별 키오스크 이용 난이도를 평가하는 항목에서 '유통 점포'의 키오스크가 가장 어렵다고 언급하였다. 그 다음으로, 병원, 외식업, 대중교통, 문화 시설, 관공서 등이 나타났다. 고령층이 키오스크를 이용하면서 어렵다고 느끼는 이유는 이용 단계의 복잡성, 다음 단계로 넘어가기 어려움, 글씨나 그림이 잘 안보임 등이 나타났다.[59]

코로나는 사회 시스템 전반을 바꾸었다. 이 시스템 상에서 여가를 잘 즐기기 위한 여러가지 준비를 해야 한다. 코로나 전과 다르게 여가 향유의 목적이나 철학을 명확하게 하고 활동에 임해야 한다. 코로나가 제공하는 제약 상황을 슬기롭게 극복하게 위한 사회적 그리고 개인적인 준비 또한 필요하다. 예를 들어, 디지털 소외 현상을 극복할 수 있는 사회적인 지원과 개인의 적극적인 노력이 필요하다.

SAMSUNG
SAMSUNG

제2장

새로운 여가가 온다

코로나 팬데믹 이후 '언컨택트'는 보편적 현상이 되었다. 언컨택트 시대 이후 디지털 문화가 급속하게 우리 일상으로 들어오고 있다. 이 시대에 행복하기 위하여 어떻게 여가를 향유할 것인지가 중요한 개인적 그리고 사회적 과제로 떠오른다. 디지털 문화와 여가의 동거가 우리 사회의 한 단면을 이루기도 한다.

코로나 이후 레저 비즈니스 세계가 급격하게 변모하고 있다. 코로나 이전과 다른 레저 소비자의 등장은 관련 업계의 변화를 초래하였다. 팬데믹 이후에 예민해진 레저 소비자들은 레저 상품에서 진정성을 추구하기도 한다. 단기적인 이익보다 인간을 위하는 회사들이 인정받는 시대가 된 것이다.

레저 회사들은 코로나 시대를 통과하며 새로운 전략을 구사하기도 한다. 회사 대표의 파격적인 변신, 언택트 영역으로의 공격적 진출, 유연성 있는 확장을 통하여 고객과의 소통의 장을 개척해 나가고 있다.

팬데믹 이후에 레저 소비에서 각광을 받는 세대인 MZ 세대는 공유경제를 창출하고, 리셀 시장을 구축하고, 골프와 같은 기성세대가 즐기던 운동 영역에 적극적으로 뛰어들고 있다. 코로나 이후에 사회 핵심 세력으로 등장한 MZ 세대가 우리 시대의 위드 코로나 식 여가 문화를 만들고 있는 중이다.

언컨택트 문화 속 여가

코로나 이후 인류학자인 제러드 다이아몬드의 세계적 불평등 심화에 대한 예언이 맞아 떨어지고 있다. 제러드 다이아몬드는 불평등과 관련된 사안 세 가지를 지적하였다. 첫째, 국가 간 불평등의 속도가 과거 어느 때 보다 빠르게 진행된다는 점이다. 코로나 이후 국가 간의 불평등의 속도가 빨라졌다. 이에 백신이 민족주의의 수단으로 쓰이는 양상도 보였다. 둘째, 환경오염으로 인해 자원 공급에서 불균형이 증가하고 있다. 예를 들어, 국가 간의 물 자원의 차이가 계속 발생하고 있다. 셋째, 기후 변화의 문제가 나타나고 있다. 극단적인 기후 변화는 폭풍, 해일, 쓰나미, 해수면 상승과 같은 문제들을 야기 시킨다. 이와 같은 국가 간 불평등 문제가 지속되고 있음에도 이러한 문제를 해결할 수 있는 조직이 부족하다. 코로나 이후 경제적인 부는 소수 국가에 집중될 확률이 많다. 미국과 중국에서 배출하는 이산화탄소의 양은 전체의 41%이다. 조금 더 확장해서 미국, 중국, 인도, 일본 그리고 유럽연합을 더한다면, 이산화탄소 배출량은 60%를 넘어선다. 코로나 시대에 선진국들은 세계화의 문제를 해결해야 한다. 그렇지 못하면 코로나는 세계적인 불평등으로 인한 재앙을 잉태하는 계기가 될 수 있다.[60]

뉴욕 줄리어드 음대에서 예술교육을 가르치는 에릭 부스는 매 강의 첫 수업 때에 수강생들에게 다음과 같은 질문을 던진다. "줄리아드에서 얼마 안 떨어진 빈민가 지역의 아이들이 고전음악에 관심을 가져야 하는 이유는 무엇인가?" 이 질문에 대하여 많은 학생들은 이렇게 답한다. "고전 음악이 아름다워서", 또는 "음악 자체의 신비함 때문에"라는 추상적인 답을 주로 한다. 줄리어드 음대에 다니는 학생들은 빈민가 아이들의 관점에서 이 답변을 낼 수 없다. 에릭 부스는 빈민가 아이들이 음악 교육을 받아야 하는 이유로 "예술 행위"를 지적한다. 그는 예술은 우리 삶에 반드시 필요하다고 주장한다. 예술 행위를 직접 경험 하게 되면 참여자 스스로가 예술의 중요성을 깨달을 수가 있고, 음악이 내 삶에 어떤 변화를 수행하는지를 몸으로 알 수가 있다. 예술행위는 직접 참여하는 사람에게 예술의 가치를 인식하게 한다.[61] 코로나 시대 이후 우리는 이와 같은 예술 행위에 많은 제약을 느끼고 있다. 이는 우리 삶을 풍요롭게 해 준다. 이렇듯 삶에 멋을 더하는 체험의 불평등이 코로나 이후에 더욱 심해지고 있다.

사회적 거리두기 상황에서 본인이 여가를 향유하기 위해서는 스스로의 "영역을 규정짓는 일"이 필요하다. 사회적 거리두기가 일방적인 제약이 아니라, 비대면 상황 속에서 여가를 새롭게 가져다주어야 할 상황이라는 인식이 필요하다. 혼자 있는 시간을 적절하게 보낼 수 있을 때에 인간은 성장한다. 사회적 거리두기는 나의 가치를 재발견하며 성장할 수 있는 기회이기도 하다.

"사회적 거리두기에서 나의 영역과 우리의 영역을 조화롭게 유지하는 지혜가 필요하다. 혼자 살든, 셋이 살든, 사회적 거리 안에서 소통 능력을 키워야 한다. 혼자 있는 시간에는 독서, 동영상 감상, 포털 검색 등을 즐기며 나를 살찌운다. 그러나 나의 가치를 관계의 단절이나 사회적 격리에서 찾는다면, 오히려 나의 에너지를 잃어버리게 된다. 기혼자는 혼자의 영역을 가능한 한 30% 확보하고, 거꾸로 비혼자는 사람과 대면하는 능력을 30% 확보해야 한다."[62]

사회적 거리두기 이후에 혼자, 또는 소수가 자신들만의 거리를 찾아다니는 여가 활동도 인기를 얻고 있다. 주말에 혼자 과거 유명 지역을 방문하는 여가도 늘고 있다. 이에 서울의 허름한 골목길이나 노포 식당이 인기 플레이스로 부상하였다. 우리는 이제 을지로를 '힙지로'로 부른다.

문화심리학자 김정운은 인간이 공간을 갖지 못할 때에 '퇴행적 행동'이 일어날 수 있다고 하였다. 그는 심리학자 브루노 베텔하임(Bruno Betelheim)의 견해를 근거로 하여 공간의 중요성에 대하여 말한다. 브루노 베텔하임은 1938년에 오스트리아 빈 대학에서 칸트를 연구해서 박사학위를 받았다. 1939년에 그는 나치 수용소에서 약 1년 정도 생활하였다. 수용소에서 풀려난 후에 미국에 건너가게 되었다. 베텔하임은 자신의 수용소 경험을 바탕으로 하여 인간의 삶에서 공간이 얼마나 중요한지를 발견했다. 그는 아우슈비츠에 끌려온 사람들 중 자존심이 강한 유대인들은 이송 및 수용소에 억류되는 과정에서 대부분 죽음을 맞이했다고 하였다. 자살하는 사람도 많았다고 설명했다. 그 이유는 무엇이었나? 수용소 생활은 '자존심'을 버려야 살 수가 있기 때문이었다. 불행한 죽음을 맞이한 이들은 나치 친위대에 끌려온 후에 삶에 대한 결정성이 없었기에 가스실에 들어가도 전혀 저항할 수가 없었다. 반면에 살아남은 수감자들은 아주 퇴행적인 태도를 보였다. 이들은 나치에게 아부하고, 수용소 내에서 마치 그들과 동일한 행동을 했다. 이렇게 스스로가 바뀌어야만 수용소 생활을 견딜 수가 있었다. 베텔하임은 퇴행적 행동이 일어난 이유로 공간의 부재를 든다. 여기서 말하는 공간이 바로 "슈필라움"이다.[63] 김정운 교수가 말하는 슈필라움은 물리적 공간이자 심리적인 공간을 의미한다. 그는 인간은 물리적 공간이 박탈되면 어린아이와 같은 퇴행적 행동을 보이거나, 아니면 스스로 목숨을 끊는 수밖에 없다고 말한다. 코로나 시대에 건강한 삶은 자신만의 여가 공간을 철저하게 확보하는 데에 있다. 김정운의 말대로 삶은 "지극히 구체적인 공간 경험들의 앙상블"[64]이다. 공간 소유는 공간을 경험하게 한다.

언컨택트 시대의 여가 공간은 물리적 공간에만 존재하지 않는다. 한국의 '디지털 세대'는 1980년대 이후 태어난 디지털 계층에서부터 시작되었다. 이들은 '디지털 내러티브'라고 불리는 계층으로, 태어날 때부터 디지털 기기들을 쉽게 접하며 성장하였다. 이들의 부모들은 아이들 옆에 디지털 관련 기기들을 놓았다. 예를 들어, 이들은 아이패드를 통하여 만화 영화, 노래, 댄스 등을 학습하였다. 이들과 같은 디지털 내러티브가 존재한다면, 반대되는 계층은 '디지털 이주민(digital immigrants)'이다. 디지털 이주민은 누구인가? 이들은 1980년대 이전에 태어난 계층이다. 성인이 된 후에 디지털 기기를 접하면서 삶을 영위하는 세대이다. 이들의 대부분은 어린 시절부터 텔레비전 앞에서 시간을 보내고, 유선 전화를 사용하며 아날로그와 친숙하다. 디지털 이주민은 정체성이 어느 정도 형성된 후에 디지털을 학습했기 때문에 그 친숙도가 디지털 내러티브만큼 강하지는 않다. 코로나 시대에 여가 공간은 디지털 영역으로 빠르게 이동하고 있다.[65]

비대면 여가 활성화 시대 이후 디지털 문화는 급격하게 발전하였다. 데카르트의 유명한 명제인, "생각한다, 고로 나는 존재한다."가 바뀌고 있다. "이거 올린다. 고로 나는 존재한다." SNS에 콘텐츠를 올림으로 본인의 존재 양식이 규정되는 시대이다. 이에 '인스타워시(Insta-worthy)'라는 용어도 생겨났다. 이 말은 인스타그램과 어떠한 자격이 있다 라는 뜻의 'wothy'가 결합된 말이다.[66]

코로나 시대에 '틱톡(Tik ToK)' 10대들의 중요한 플랫폼으로 등장하였다. 틱톡은 소셜 기반의 동영상 앱이다. 틱톡을 이용하면 누구나 손쉽게 동영상을 찍고, 만들어 탑재할 수 있다. 이는 별도의 편집 프로그램을 사용할 필요 없다. 영상 속도, 배경음악 첨부 등이 간단하게 터치 한두 번으로 가능하다. 10대들이 좋아하는 영상을 업그레이드 해주는 특수 효과도 간단하게 할 수 있다. 이제 15초짜리 뮤직비디오를 간단하게 만들어서 공유할 수 있는 서비스에 환호하고 있다. 코로나 시대에 10대들은 콘텐츠를 이용하기보다는 자신의 독자적 콘텐츠를 생성하고 공유하기를 원한다. 일반적으로 유튜브 영상을 올리기 위해서는 3분짜리라고 해도 편집에 많은 시간이 소요된다. 그러나 틱톡은 음악에 맞춰서 15초짜리 동영상을 간단하게 제작 및 탑재 가능하다. 이와 같은 간편성으로 현재 10대들에게 인기를 얻고 있다.[67]

2020년 대한민국에서 많은 인기를 얻은 노래 중 하나는 지코의 '아무노래'였다. 이 노래는 틱톡을 통하여 순식간에 인기를 얻었다. 이는 '아무노래 틱톡 챌린지'를 통하여 급속도로 퍼져 나갔다. 아무노래의 안무는 별로 어렵지 않아서 언제든지, 누구나 쉽게 따라 할 수 있는 장점이 있다. 아무노래 챌린지에 이효리, 화사, 송민호 등의 유명 연예인들이 참여했다. K-팝을 좋아하는 세계 팬들이 틱톡에 올려서 아무노래 틱톡 영상은 8억뷰를 돌파하기도 하였다. 이렇듯 여가 활동으로 틱톡이 대세가 된 이유는 무엇인가?

"틱톡은 몇 번의 클릭만으로 쉽게 만들 수 있으며, 배경음악이나 화면 효과 등을 자유롭게 영상 편집할 수 있다. 그러면서 다른 콘텐츠를 모방하고 재창조하는 밈 현상이 주축이 되는 순간 핵인싸가 될 수 있다."[68]

언컨택트 시대에 인기가 급상승한 여가 공급자가 바로 '넷플릭스'이다. 2021년 한국에서 제작한 '오징어 게임'은 전 세계에서 선풍적인 인기를 끌었다. 이는 넷플릭스 오리지널 작품으로 오랫동안 세계 시청률 1위를 기록했다. 코로나 시대 집에 있는 시간이 늘어난 사람들은 넷플릭스를 통하여 다양한 영화를 보았다. 넷플릭스 인기의 견인차는 '오리지널 시리즈'때문이다. 송민정은 이 오리지널 시리즈에 대하여 이렇게 전망한다.

"코로나 이후 OTT 오리지널 제작은 더욱 증가할 것이다. 2011년 6개(전체의 2.3%)에 불과하던 OTT 자체 제작물은 2018년 160개(32.3%)로 크게 증가했다. OTT 간 경쟁이 심화되면서 각 사업자들이 기존에 타 OTT에 제공하던 보유 IP들을 회수하고 있으며, 이에 기존 라이센스 가격은 더 상승하며, 아예 더 이상 공급하지 못하는 상황이 되면서 넷플릭스는 오리지널 콘텐츠 투자를 확대하고 시작하였는데, 코로나 이후에 이러한 현상은 더욱 심화될 것이다. 실제로 넷플릭스는 이미 오리지널로 성공하면서 라이브러리 수보다 퀄리티에 더 집중하는 모습이다. 2020년 전체 라이브러리 수는 5,833개로 2010년 7,285개 대비 감소했지만 자체제작 콘텐츠에 대한 투자는 크게 늘고 있다."[69]

이렇듯 코로나 시대에 여가 활동으로 넷플릭스 시청이 인기를 얻는 이유는 무엇일까?[70] 첫째, 넷플릭스의 콘텐츠 제작 방식의 독특함 때문이다. 넷플릭스는 이용자의 시청 패턴을 분석하여 그들이 좋아할 수 있는 콘텐츠를 직접 제작한다. 중요한 점은 고객의 반응에 기반하여 콘텐츠를 만든다. 타겟 고객의 선호와 취향을 확실하게 이용하여 영상을 제작 및 배포한다. 둘째, 넷플릭스는 알고리즘을 통해서 소비자가 좋아할 만한 콘텐츠를 첫 화면에서 보여 주고 시청했던 콘텐츠는 보이지 않게 한다. 알고리즘을 통해서 좋아할 만한 콘텐츠를 지속적으로 소개한다. 시청자들의 입장에서 콘텐츠 선택이 수월하다. 셋째, 넷플릭스는 다른 스트리밍 서비스 업체가 선택하고 있는 '페이 퍼 뷰' 방식을 선택하지 않는다. 페이 퍼 뷰는 콘텐츠를 개별적으로 구입하여 돈을 지불해야 한다. 넷플릭스는 별도로 구매할 필요가 없다. 넷째, 넷플릭스에는 광고가 없다. IPTV나 유튜브 등에는 스트리밍 서비스에서 광고를 자주 보여준다. 다섯째, 넷플릭스는 하나의 계정으로 여러 명이 사용 가능하다. 가족 중 한 명만 계정이 있으면 가족 구성원 모두가 별도의 개정을 통하여 넷플릭스를 이용할 수 있다. 이와 같이 공유가 가능한 형태의 콘텐츠 서비스는 넷플릭스에 인기를 더하게 만들었다.

넷플릭스는 한국 시장에서 오리지널 시리즈를 계속 제작하면서 한국 시장에서도 구독 인구를 늘려가고 있다. 이러한 넷플릭스의 마케팅에 대하여 송민정은 이렇게 전망한다.

"OTT들이 코로나 19 사태로 급감한 광고 시장 타격에서 전통미디어에 비해 상대적으로 자유로운 이유 중 하나는 구독 모델 때문이다. 2020년 4월 21일 발표한 넷플릭스의 1분기 글로벌 실적을 보면, 매출은 57억 7천만 달러였으며 신규 유료가입자 수는 1577만 명을 기록했다. 또 다른 코로나로 생긴 변수는 당초 목표했던 드라마 제작에 차질이다. 넷플릭스에 한국 투자가 더 상승하는 이유 중 하나가 코로나 19로 제작 가능한 국가가 한국, 아이슬란드, 스웨덴, 노르웨이라는 점 때문이다. 한국의 넷플릭스 오리지널은 2019년 4편에서 2020년 8편, 2021년에는 최소 11편(확정 기준)까지 확대되는 상황인데, 글로벌 제작 차질이 장기화되어 한국에 대한 투자가 더 빨리 진행될 가능성이 높다."[71]

여가 공간은 이제는 메타버스로 확장되어 간다. 메타버스는 코로나 이후에 생긴 것은 아니다. 코로나 이전부터 존재한 언택트의 가상 세계를 말한다. 이는 스마트폰, 태블릿 PC, 컴퓨터 인터넷 등의 디지털 세계에 담긴 새로운 세상을 의미한다. 인간은 디지털 기술을 통하여 현실 세계 밖 또 다른 세계를 만들었다. 이를 바로 메타버스라 부른다. 메타버스는 코로나 이전에도 존재하였지만, 코로나 이후 급격하게 우리에게 다가왔다. "크기가 100나노미터도 안 되는 작은 코로나 19 바이러스가 세계 인류를 거대한 메타버스 속으로 강제 이주"[72] 시켰다.

코로나 이후 메타버스 세계에 익숙한 젊은 세대들은 언택트 여가 문화에 비교적 쉽게 적응하였다. 메타버스는 이제 일상, 사회, 교육, 문화, 예술의 모든 영역에서 중요한 역할을 수행한다. 증강현실, 라이프 로깅 세계, 거울 세계, 가상 세계에 메타버스가 등장하였다. 이 중에서 가상 세계 영역이 가장 빠르게 발전하였다. 가상 세계의 대표적 사례로 온라인 게임이다. 온라인 게임은 젊은 세대의 주요한 여가 활동으로 자리 잡고 있다.

코로나 이후에 디지털 문화에 익숙하지 못한 세대의 '여가 소외'도 문제로 부상하고 있다. 베이비부머 세대를 중심으로 한 중장년층은 디지털 격차를 통해 여가 소외를 자주 경험하고 있다. 여가 소외는 자존심을 약화시킨다. 자존심이 약해지면 우울증에 빠지기 쉽고, 성격 장애를 경험할 확률도 높다. 자존심이 강한 사람들은 스스로가 남과의 관계에서도 독립적인 상황을 유지하려 노력한다. 정신과 전문의 정도언은 자존심을 이렇게 표현한다.

"자존심이란 남에게 굽히지 않고 자신의 품위를 스스로 지키는 마음입니다. 자존심은 정신분석학에서 자주 거론되는 주제입니다. 그만큼 인간 마음에 중요한 자양분이라는 뜻입니다. 남들 앞에서 무언가 잘하고 싶은 것은 자존심을 살리고 싶은 욕구입니다. 그래서 한밤에도 지친 몸을 이끌고 테니스나 스쿼시를 연습합니다. 노래방에서 어떤 사람에게 멋있게 보이고 싶어 악보를 찾고 노래 파일을 구해 열심히 따라 불러 봅니다."[73]

코로나는 여가 격차를 더욱 벌렸다. 계층 간의 차이, 소득에 따른 차이, 지역 간의 차이를 발생시키고 있다.

나를 포함한 주위의 중년들은 스스로가 외톨이라고 자주 느낀다. 코로나 이후에 중년들은 더욱 예민해졌다. 심리학자 롤프 젤린(2018)은 이렇듯 예민해지면 타인과의 관계에서 힘들다고 말한다.

"예민한 사람들이 주변 사람들에게 맞추고자 하는 행동은 장기적으로는 걸림돌에 부딪힌다. 시간이 흐르면서 원래 본성이 자꾸 방해하기 때문이다. 그것도 가장 곤란한 순간에 본성이 고개를 든다. 그러고 나면 힘들게 획득한 소속감은 한순간에 물거품이 되어버린다. 실수를 저지르고 나면 예민한 사람들은 대부분 이런 행동을 많이 하고 스스로를 포장하고자 더욱 더 애쓰게 된다."[74]

비단 중년층이 아니더라도 코로나로 인하여 예민해진 사람들은 밖으로 나가서 신체를 움직이는 자신만의 리추얼을 만들어야 한다. 심리학자인 대니얼 카너먼에 의하면, 사람은 특정 사건을 경험하면 경험 속에서 강한 임팩트를 주었던 경험과 그 사건이 마무리 되는 시점에 대해서 강하게 기억한다.[75] 카너먼은 이를 '정점-종결의 법칙'으로 설명하였다. 이 법칙에 따르면, 산모가 아이를 낳기 위하여 많은 고생을 하게 된다. 산모는 분만 직후부터 며칠 동안 코르티솔과 베타 엔돌핀을 몸에서 분비한다. 이 호르몬들에 의해서 산모는 즐거운 느낌을 갖는다. 이 행복한 기억으로 산모는 다음번에도 아이를 갖고 출산 고통을 잊는다. 코로나 시대에 예민해진 사람들은 행복한 여가 경험을 갖기 위해서 몰입할 수 있는 여가에 빠져야 한다.

언컨택트 시대에 건강한 정신을 유지하기 위해서 육체를 꾸준히 움직여야 한다. 내가 생각하는 코로나 시대의 최고의 여가는 '걷기'이다. 남에 치이지 않고 혼자 걷는 행위는 사색의 길을 가게 한다. 걷기는 단순한 공간 이동이 아닌, 자기 스스로가 이야기할 수 있는 중요한 체험의 장이다.

코로나 이후 걷기와 환경 보호 활동을 접목한 '플로깅'이 뜨고 있다. 이는 원래 스웨덴에서부터 시작했다. 북유럽에서 인기를 얻기 시작한 플러깅은 '조깅'과 이삭줍기를 뜻하는 'plocka upp'의 합성어이다. 이는 걷거나 뛰면서 길가에 버려진 쓰레기를 줍는 일을 여가로 한다. 쓰레기를 담는 봉투를 들고 뛰고, 쓰레기를 줍기 위하여 앉았다 일어서야 하기에, 일반 달리기보다 칼로리 소모가 상당히 많다. 환경보호를 할 수 있는 레저활동으로 선진국에서 각광을 받고 있다. 코로나 시대 환경에 대한 문제가 중요시 여겨지면서 플로깅에 대한 인기도 커지고 있다. 코로나 이후로 환경을 생각하는 사람들이 많아지고 많은 사람들은 선한 영향력에 대하여 많은 관심을 갖는다. 우리나라에서는 플로깅을 '줍깅'이라는 캠페인으로 이루어지고 있다. 여러 아웃도어 브랜드들이 줍깅 행사를 열고 있다. 코오롱스포츠는 '쓰담쓰담 솟솟' 프로그램으로 쓰레기를 담는 런닝 프로그램을 개최하였다. 블랙야크는 산에서 쓰레기를 줍는 '클린마운틴 365' 캠페인을 개최하기도 하였다.[76]

이 시대에 진정한 적은 코로나가 아니라 우리 자신이다. 우리가 삶에 대한 어떠한 태도를 갖느냐에 따라 삶의 방향과 행복 정도가 달라지게 된다.《다윗과 골리앗》의 저자인 말콤 글래드웰은 우리가 느끼는 '거인'의 제약에 대하여 말한다. 그가 말하는 거인은 막강한 군대, 힘센 전사, 제약, 장애, 관습, 나약함 등 우리를 둘러싼 발전을 가로 막는 장애를 의미한다. 코로나 시대에 우리 주위에 많은 '거인'들이 등장하였다. 말콤 글래드웰 거인과의 충돌을 피하지 말라고 이야기한다.

"우리는 충돌을 잘못 읽고, 잘못 해석하고 있다. 거인은 우리가 생각하는 그런 존재가 아니다. 거인에게 힘을 주는 원천인 것처럼 보이는 요소는 종종 커다란 약점을 낳는 원천이기도 하다. 그리고 자신이 약자라는 사실은 때때로 우리가 인식하지 못하는 방식으로 사람들을 바꿔 놓을 수도 있다. 약자로 존재한다는 것은 문을 열어 기회를 만들어 내고, 자신을 가르치고 일깨우며, 그런 처지가 아니었다면 생각할 수 없었던 것을 가능하게 만들 수 있다."[77]

코로나 시대에 새로운 문을 열고 기회를 창출해 내는 기회를 엿보아야 한다. 모든 것이 비대면화 되어 있지만 지금은 최고의 기회이기도 하다.

코로나 시대의 신종 레저 비즈니스의 등장

코로나 이후 많은 사람들이 일상생활에서 위험감을 느끼고 살고 있다. 이와 같은 위험 요인들의 출처는 어디인가? 코로나로 인하여 많은 사람들은 '통제할 수 없는 위험'에 대하여 불안감을 느꼈다. 코로나 바이러스는 우리가 통제할 수 없다. 우리는 철저한 방역과 더불어 여러 시스템을 만들었지만 세계적으로 코로나 바이러스로 인한 간염은 기하급수적으로 증가하였다. 백신 접종을 선도적으로 했던 국가에서도 돌파 간염이 속출하고 있다. 코로나는 우리가 통제하기 힘든 위험이기에 불안감을 준다. 우리는 통제할 수 없는 위험에 대하여 과대평가를 한다. 신문 헤드라인에 나오는 뉴스, 들어보지 못한 그런 DNA 조작과 같은 소식을 과대평가한다. 제레드 다이아몬드는 "우리는 테러리스트의 공격, 원자력 발전소 사고, 항공기 추락, 유전자 조작 테크놀로지의 위험을 과대평가"[78] 하고 있다고 말한다. 그 이유는 이러한 위험은 부지불식중에 우리에게 다가올 수 있으며 문제 자체를 우리가 통제할 수 없기 때문이다.

많은 학자들이 인간의 여가를 주도적으로 참여하는 시점에 대하여 주목하였다. 내가 보기에 인간의 여가 참여의 주요 동인 중 하나는 '현실 도피적인 성향'이다. 우리는 통제할 수 없는 위험 속에서 있을 때에도 선호하는 여가를 찾는다. 현실 도피적 성향은 여가 참여만이 아니라 여가 소비에도 영향을 미친다. 여가 소비자의 소비성향에 영향을 미치는 심리 요인으로 '준거 의존성'이 있다. '준거 의존성'의 대표적 예는 백화점 명품 매장의 1층에 위치한 데에서 찾을 수 있다. 백화점 1층에 명품 매장을 놓는 이유는 백화점을 방문한 고객들의 심리적 준거 가격을 높이기 위해서이다. 백화점에 들어오면서부터 심리적 준거 가격이 높게 설정이 되면, 다른 매장에 가서 낮은 가격대의 물건에 대한 구매 의사가 높아지게 된다. 우리는 재래시장에 가서 쓰는 5만 원과 백화점에서 지출하는 5만 원에 대해서 다른 가치를 갖는다. 같은 돈이지만 장소에 따라서 가치는 다르게 인식된다. 우리는 신촌 대학가에 있는 이탈리안 레스토랑의 파스타 가격과 청담동 이탈리안 레스토랑의 가격에 대해 다른 가치를 갖는다. 미쉘링 원스타 청담동 레스토랑에서의 음식에 비싼 가격을 지불하는 것을 당연하게 여긴다. 현실 도피적 성향이 극대화될 때에 우리는 이성적인 소비가 불가능하다. 가격에 대하여 무감각해지기도 한다.

코로나 시대에 레저 서비스가 성공하기 위해서는 두 가지 요건이 충족되어야 한다. 첫 번째는 신규고객을 창출해야 한다. 오디오북 시장은 레저 시장에서 신규고객을 창출한 사례로 꼽힌다. 오디오북은 듣는 즐거움을 제공하는 지식 콘텐츠 플랫폼이다. 국내 대표적 오디오 플랫폼인 '윌라'는 출시 2년 만에 80만 다운로드, 그리고 가입자 51만 명을 기록했다. 윌라가 선풍적 인기를 얻는 이유는 들으면서 다른 것을 할 수 있는 '멀티태스킹' 때문이다. 멀티태스킹을 선호하는 신규 고객들은 윌라 서비스에 높은 고객 만족도를 갖고 있다. 현재 국내 오디오북 시장의 규모는 200억 원 수준이다. 매년 25%씩 성장하고 있다. 윌라는 강연 전문 회사인 인플루엔셜을 운영한다. 인플루엔셜은 2018년 시작하였다. 좋은 강사의 강연이 콘텐츠가 된다는 것에 착안하여 강연을 디지털 콘텐츠로 만들어 오디오북 시장에 출사표를 던졌다. 윌라의 특징 중 하나는 배우, 성우, 전문 낭독가 들의 녹음이 들어가서 소비자들의 만족도를 높인다는 것이다.[79]

두 번째는 기존 고객의 충성도를 유지해야 한다. 많은 레저 기업들은 신규 고객 유치를 위하여 다양한 행사를 진행한다. 기존 고객들의 충성도 유지를 위해서 고객들을 대상으로 한 선호 서비스를 제공하여 고객 만족을 높이고자 한다. 브랜드 구성 전략이 신규 고객 창출에 대한 것이라면, 고객 만족은 기존 고객의 충성도를 유지하도록 하는 노력이다. 레저 서비스 시장에서는 브랜딩 보다 더 중요한 것은 고객의 만족이다.[80] 고객들이 의사결정과정이 복잡하고, 소비자의 관여도가 높아야 성공하는 제품에서는 고객 만족이 일어나야 성공한다. 코로나 시대에 신제품에 대한 출시가 줄어들고, 제품 간의 차이가 별로 나지 않는 시장 상황이 이어졌다. 이럴 때에 중요한 것은 고객들의 만족이다. 레저 비즈니스 회사들은 기존 고객들이 만족할 만한 제품과 시스템을 계속 고안해야 한다.

코로나 이후 비대면 상거래를 자주 이용하는 소비자들은 코로나 이전보다 훨씬 똑똑해졌다. 한국 사회의 소비자를 지칭하는 용어 중, 재미있는 단어가 '호갱'이다. 호갱은 이용 잘 당하는 사람이라는 말의 '호구'와 고객님에 대한 자음동화 현상으로 인터넷 은어인 '고갱'이 합쳐진

단어이다. 원래 호갱이라는 단어는 통신사 대리점, 또는 휴대폰 판매점에서 소비자들에게 할부원금을 많이 적용하는 계약에 속은 고객을 가리켰다. 호갱은 2010년을 기점으로 통신사 고객에서부터 상품의 전 영역에서 사용되고 있다. 기업들의 과도한 가격 부여나 억지스러운 상술에 넘어간 고객들을 호갱으로 지칭하게 되었다. 코로나 이후 소비자들은 레저 상품의 최저가 사이트를 스스로 비교할 능력을 갖추게 되었다. 비대면 상황에서 인터넷과 모바일 사용 시간이 증가 하다 보니까 스스로가 잠재 호갱에서 탈피할 수 있는 능력을 갖추었다. 이제 레저 서비스 회사들이 고객들에게 진정성 있게 다가가야 성공할 수 있는 시대가 되었다.

그렇다면 코로나 시대에 고객들은 어떠한 레저 회사에 마음을 열게 되는가? 첫째, 여가 소비자들은 레저 회사의 '진정성'을 높게 평가한다. 2017년에 스타벅스의 매출액은 1조 2,634억 원이었다. 2위부터 6위인 투썸플레이스, 이디야커피, 커피빈, 앤제리너스, 할리스커피의 매출을 모두 합해도 스타벅스 매출에 못 미친다. 이들 매출의 총합은 8,200억 원이었다. 이렇게 성공하고 있는 스타벅스는 광고를 하지 않는다. 일반적으로 많은 회사들은 제품 광고에 많은 돈을 투입하여 브랜드 인지도와 충성도를 높이고자 한다. 이를 통하여 시장 속에서 점유율을 높이고자 한다. 이러한 전통적 마케팅 기법과는 다르게 스타벅스는 광고를 하지 않는다. 스타벅스는 과도한 광고는 오히려 회사의 진정성을 훼손할 수 있다는 것을 알기 때문이다.[81]

코로나 시대 '진정성'은 레저 비즈니스의 중요한 단어로 부상하였다. 환경 보호가 레저 비즈니스의 중요한 광고 활동이 되었다. 우리는 코로나 시대가 유발된 근원에서 부터 환경의 중요성을 깨달았다. 아웃도어 브랜드 중에서 '파타고니아'는 대표적 친환경 브랜드이다. 파타고니아는 환경을 보호하기 위하여 회사를 운영한다는 철학을 갖고 있다. 과거 파타고니아 광고(2011년)의 백미는 "옷을 사지 말라(Don't buy this jacket)" 광고였다. "우리 옷을 사지 말라"는 어떤 의미인가? 새 것을 사지 말고 옷을 수선해 입거나 나누어 입자는 캠페인이다. 마케팅 전문가 김병규 교수는 이에 대하여 이렇게 언급한다.

"자신들의 상품을 사지 말라고 광고하는 것은 다른 브랜드에서는 절대 생각하기 어려운 일이다. 설령 이런 광고를 하더라도 위선적인 마케팅이라고. 이 또한 마케팅의 일환이라고 비난을 받을지도 모른다. 하지만 파타고니아는 오랫동안 환경보호와 관련된 많은 것을 꾸준히 적극적으로 실천하고 있는 브랜드로 오히려 그들을 가장 잘 표현한 광고라고 인정받았다. 이 광고는 많은 사람들에게 감동을 주었고, 더 많은 팬을 만들어냈다."[82]

파타고니아가 출시한 플리스 조끼는 미국 월스트리트가의 금융인들 사이에서 가장 인기 있는 옷이었다. 2019년에 파타고니아는 환경보호에 우선순위를 두는 기업에만 옷을 공급하겠다는 파격적 조치를 발표하였다. 파타고니아에 결정에 따라 단체복의 판매가 제한되자 이로 인해 기업들의 시비가 엇갈렸다. 환경적으로 선한 영향력을 행사하는 기업에만 파타고니아에 옷을 공급하겠다는 마케팅 전략은 소비자들을 열광하게 만들었다. 이후 파타고니아는 페트병을 재활용한 폴리에스터 원단을 개발하여 옷을 만들었고, 매출액의 1%를 세계 800여 곳의 풀뿌리 환경단체에 지원하였다. 이런 회사를 싫어할 소비자는 없다.[83]

나이키도 코로나 이후 진정성 마케팅으로 한 단계 발전했다. 나이키의 성공 배경에는 “진짜 세상을 바꾸고 싶어 하는 사람들을 위한” 마케팅을 시도했기 때문이다. 2018년 나이키는 미식축구 선수인 콜린 캐퍼닉(Colin Kaepernick)을 광고 모델로 등용했다. 캐퍼닉은 아프리카계 미국인에 대한 인종 차별에 대한 항의로 경기장에서 미국 국가가 울려 퍼질 때에 무릎을 꿇는 퍼포먼스를 주도하였다. 이 퍼포먼스로 그는 팀에서 방출되는 개인적 시련을 경험하였다. 이 때에 나이키는 그를 광고에 쓰고, 공식적으로 그를 지지했다. 실제 미국에서 이 광고 이후 나이키에 대해서 반감을 갖는 소비자도 생겨났다. 심지어 트럼프 대통령도 트위터에서 나이키의 광고 모델 등용을 비판하였다. 그러나 나이키가 추구했던 것은 자명하다. 세상을 어떻게 바꿀지를 생각한 것이다. 우리 세상에는 수많은 마이너리티들이 존재한다. 나이키는 “이들에게 도전하라”, 그리고 “세상을 바꿀 수 있다.” 는 메시지를 전달했다.[84] MZ 세대는 나이키의 이런 모습에서 진정성을 발견한다.

둘째, 레저 소비자들은 ‘인지부조화’를 경험하지 않도록 배려하는 회사들을 좋아한다. 공급자는 사후 서비스를 적절하게 고안해서 소비자의 지각된 위험과 구매 후 인지부조화를 줄이도록 노력해야 된다. 지각된 위험과 구매 후 인지부조화의 문제를 해결해서 대박 난 회사가 있다. 미국의 안경 회사인 와비파커(Warby Parker)이다. 이 회사는 안경이 오프라인만으로 유통이 되기에 안경 가격이 특히 미국 내에서 상당히 비싸다고 생각했다. 이에 저렴한 가격으로 안경을 공급하기 위해서 창업하였다. 안경은 착용하지 않고서는 구매할 수 없다. 일반적으로 안경 고객들은 자신에게 잘 맞는 디자인과 색상을 확인하고 그에 따라 신중하게 고른 후에 구매를 결정한다. 그러한 과정을 거쳐야 지각된 위험이나 구매 후 인지부조화를 경험하지 않게 된다. 와비파커는 안경의 온라인 판매를 진행하면서 고객들이 직접 안경을 착용해 본 후에 구매할 수 있는 방식을 적용하였다. 온라인상에서 고객이 마음에 드는 안경 다섯 가지를 고르면 안경 샘플 다섯 개를 우편으로 보내 준다. 직접 착용하도록 한 다음 고객은 다섯 개 안경 중에서 마음에 드는 안경을 선택한 후에 와비파커에 안경을 되돌려 보낸다. 고객이 직접 선택한 안경에 렌즈들을 넣어주고 고객들에게 발송하는 방식으로 비즈니스를 성공했다. 와비파커는 여기서 끝나지 않았고 한 단계 나아가서 다섯 개의 샘플을 받아 본 고객들이 SNS에서 착용사진을 올리도록 유도하였다. 착용한 사진과 함께 와비파커를 태그 하도록 해서 바이럴 마케팅에도 성공했다.[85]

셋째, 레저 소비자들은 인간의 본질에 대하여 잘 이해하는 회사들을 좋아한다. 코로나 시대에 잘되는 레저 서비스회사는 인간의 '본질'을 잘 이해하는 회사이다. 일반적으로 좋은 마케팅 메시지는 인간의 근본적 질문을 담아야 한다. 일상에서 당연하다고 생각하는 부분에 인간의 특별함을 제공해 줄 수 있는 레저 상품이 성공한다. 강민호는 이에 대하여 이렇게 언급한다.

"그동안 스티브 잡스의 애플이 성공할 수 있었던 이유, 디즈니 작품들이 전 세계에 어른이나 아이 할 것 없이 꾸준히 사랑받는 이유, 우리가 스타벅스와 나이키, 이케아, 구글 등에 회사를 선택하고 주목하는 이유가 무엇인가요? 아마도 이들이 인간의 본원적인 욕구와 욕망이라는 변하지 않는 것들에 대한 이해와 공감을 바탕으로 비즈니스를 하기 때문일 것입니다. 이들은 겉으로 보이는 표면적 사실과는 달리 기술적 노하우를 기반으로 하는 회사가 아닙니다. 이들은 기술과 유행을 중심으로 고민하지 않습니다. 하나같이 사람에 대해 생각하고 고민하고 연구하는 회사라는 공통점을 가지고 있을 뿐입니다."[86]

인간의 본질에 대하여 특별함을 파악하는 회사들은 그들만의 "킬러 콘텐츠"를 가지고 있다. 넷플릭스의 성장을 말할 때에 자주 언급되는 프로그램이 바로 '하우스 오브 카드' 시리즈이다. 이처럼 킬러 콘텐츠는 조직, 또는 회사의 흥망에 결정적 역할을 한다. 킬러 콘텐츠를 가지고 있으면 이를 통하여 브랜드의 정체성을 구축할 수가 있다. 코로나 이후 급성장한 새벽 배송으로 유명한 '마켓컬리'는 초창기부터 킬러 콘텐츠를 갖기 위하여 많은 노력을 하였다. 마켓컬리는 그런 상품들을 만들어 내기 위하여 여러 가지로 노력을 하였다. 예를 들어 '서울식 불고기의 원조'라고 불리는 유명 맛집 메뉴를 마켓컬리에 직접 입점하였다. 마켓컬리는 가입 브랜드를 정할 때에 매출 전망을 갖고 설득하지 않았다. 고객들이 만족할 수 있는 신속한 배송과 이 맛을 많은 고객들한테 알리고자 하는 그들의 의지가 성공으로 이끌었다. 인간의 본질적인 면에 대한 접근으로 마켓컬리는 킬러 콘텐츠를 갖고자 꾸준

히 노력하였다.[87]

코로나 이후 성공하는 레저 비즈니스는 코로나 이전과는 차별적인 모습을 많이 보이고 있다. 첫째는 언택트 시대에 맞는 회사 CEO들의 파격적인 행보가 보인다. 코로나 이후 언택트 시대에 맞게 기업의 CEO들이 유튜브로 변신하고 있다. 최태원 SK 회장의 경우, 사내 방송에 '최태원 클래스'라는 제목의 영상을 올리고 있다. 재미있는 유머를 직원들한테 제공한다. 라면 먹방에서 "환경을 생각해서 음식물을 남기지 말자"는 문구를 내보내기도 한다. 이와 같은 CEO의 변신은 코로나 시대의 또 다른 변화이다. SNS에서 활발하게 활동하는 다른 경영자는 신세계그룹의 정용진 부회장이다. 그는 인스타그램을 통하여 주로 본인의 일상을 올린다. 정용진 부회장 인스타그램의 팔로우는 42만 명을 넘었고, 그의 사진 하나 하나에는 수천 명이 댓글을 단다. 그는 백화점과 대형 마트에 대한 여러 가지 사업과 관련된 글을 올리기도 한다. 직접 그가 운영하는 이마트에서 장을 보고 요리하는 모습을 선보이기도 한다. 그가 소개하는 쇼핑 아이템, 청바지와 같은 패션들은 사람들에게 이슈가 된다. 심지어 그 브랜드가 무엇인지, 가격이 얼마인지에 대한 문의가 댓글로 달린다. 오뚜기 함영준 회장은 딸인 함연지씨의 유튜브 채널인 '햄연지'에 출연하기도 한다. 함영준 회장은 오뚜기 제품에 대하여 평가하거나, 딸과 사위의 요리대결에 대한 평가자로 재미있는 이야기를 전달한다. 코로나 이후로 CEO들의 파격적인 행보는 한국 사회에 만연해 있는 권위주의에 대한 도전이기에 젊은 층을 중심으로 해서 많은 호응을 얻고 있다.

둘째는 언택트에 맞는 비즈니스 영역으로의 적극적인 진출 양상이 보인다. 2012년 나이키는 '나이키 플러스 퓨얼 밴드'라는 팔찌를 상품으로 출시하였다. 이 팔찌를 차고 있으면 일상생활에서 자신이 쓰는 칼로리 양을 확인할 수 있고, 소모되는 칼로리가 나이키 포인트로 점수로 변환된다. 나이키는 플러스 퓨얼 밴드를 통해 사람들이 어떻게 운동하고, 얼마나 움직였는지에 대한 운동 정보를 파악하고 제공했다. 그런데 문제는 시장에서 나이키 플러스 밴드에 유사한 하드웨어를 출시하는 경쟁업체들이 계속적으로 나오기 시작한 것이었다. 이에 나이키는 웨어러블디바이스 시장에서 철수하기로 결정하였다. 나이키가 추구했던 일은 나이키를 좋아하는 소비자들에게 운동 기록을 확보하고, 운동용품에 수요를 확인하는 것이었다. 하이웨어 시장에서 철수한 후에 나이키는 소비자들을 '운동 메타버스'로 이끌었다. 예를 들어, 달리기를 위한 앱인, 나이키 플러스 러닝과 종합 운동 앱인 나이키 트레이닝 클럽을 소비자들에게 소개하였다. 나이키 플러스 러닝을 통해서 달리는 경로 기록 등을 소셜미디어에서 친구들과 공유하고 경쟁할 수 있도록 하였다. 나이키 트레이닝 클럽을 통해서는 유명 스포츠 스타의 트레이닝 프로그램을 따라할 수 있는 시스템을 구축시켰다. 코로나 이후로 대면이 좌절된 상태에서 나이키 플러스 러닝과 나이키 트레이닝 클럽에 많은 사람들은 환호하고 이 프로그램들을 사용하기 시작했다. 나이키는 운동 메타버스를 통해서 나이키가 만든 그들만의 제국으로 소비자들을 자연스럽게 끌어들일 수가 있었다. 이와 같은 나이키의 전략 수정은 나이키의 기업적 가치를 급상승시켜주었다. 나이키의 시가 총액은 2020년 9월 기준으로 198조 원이 되었으며, 이는 최근 5년간 대비 2배가 성

장한 것이다.[88]

코로나 이후 '버추얼 럭셔리(virtual luxury)'라는 용어가 대중에게 파고들었다. 명품 업계는 코로나 이전에는 줄 서서 살 정도로 장사가 잘 되었다. 코로나 이후 오프라인 매장들은 매출에서 여러 가지 문제를 갖고 있었다. 루이비통이나 구찌 등 명품들은 오프라인 매장 뿐만이 아니라, 가상 세계에서의 매출과 홍보에 신경 쓸 수밖에 없었다. 루이비통과 구찌는 브랜드 감성을 연결한 디지털 게임을 대중에게 선보이기도 하였다. 발렌티노는 신상품 패션쇼를 가상으로 여는 시도를 하였다. 발렌티노의 가상 패션쇼는 닌텐도 스위치 게임 '모여봐요 동물의 숲'에서 무인도에 동물 주민들과 함께 섬에 선물을 꾸미는 방식이다. 이 게임 속에서 플레이어는 자신에 맞는 캐릭터를 설정하고, 의상을 만들어 입고 꾸민다. 발렌티노는 2020년 봄여름 패션쇼를 게임 속에서 구현하였다. 게임 속 패션쇼는 레저 소비자들에게 어떤 의미를 주었을까? 그들에게 대리만족을 주었다. 코로나로 인하여 집에 있는 시간이 많은 이들은 게임 속에서는 발렌티노와 같은 명품 옷을 입고 친구들에게 '플렉스'를 경험할 수 있었다. 발렌티노의 성공 이후로 가상 명품시장은 크게 성장하였다. 예를 들어, 루이비통은 디지털 게임인 '파이널 판타지'의 캐릭터인 '라이트닝'을 광고 모델로 썼다. 이와 같이 명품 브랜드들이 가상 명품 시장에 관심을 보이는 이유는 자명하다. 코로나 이후로 오프라인에서의 매출이 신통치 않았기 때문이다. 실제 유럽 부호 1위인 베르나르 아르노 루이비통 모에헤네시(LVMH) 회장의 재산은 2020년도에만 260억 달러(한화로 33조 230억 원)가 감소했다.[89]

셋째는 성공하는 신종 레저 회사들이 코로나 이후에 '유연성 있는 확장'을 시도하고 있다. 코로나 시대에 중요 키워드 중 하나는 '뉴트로'이다. 구찌는 코로나 시대에 크게 외연이 확장되었다. 구찌가 성공하게 된 배경에는 회사 자체의 오리지널리티와 동시에 '유연성 있는 확장'을 시도했기 때문이다. 여러 명품 회사들이 로고리스를 지향하고 있을 때에 구찌는 오히려 로고를 크게 만들었다. 원래 구찌는 2008년부터 14년까지 매출이 매년 20% 이상이 감소하는 위기를 겪고 있었다. 2015년이 되어서야 신임 최고경영자인, 마르코 비자리의 혁신적 경영으로 위기를 탈출할 수 있었다. 그는 구찌에 '리버스 멘토링'을 시행하였다. 리버스 멘토링이라는 것은 선후배 사이에서 멘토와 멘티를 바꾸는 것이다. 35세 이하의 젊은 직원들이 멘토가 되어 나이 많은 경력자나 상사들에게 여러 가지 아이디어를 제공하는 것이다. 리버스 멘토링으로 구찌는 파격적 변신이 가능하게 되었다. 모피 제품 금지, 구찌 여행 앱 제작 소개, 중성적 디자인의 적용들이 아이디어로 나왔다. 이러한 아이디어를 바탕으로 친환경, 경험, 재미 등이 제품에 직접적으로 반영이 되었다. 예를 들어, 2015년 이후 출시되었던 구찌 제품들은 화려한 꽃무늬나 커다란 벌, 호랑이, 뱀 등이 등장한다. 구찌 로고도 GUCCY, GUCCIFY 처럼 재미있는 단어로 변형되어 소개되기도 하였다. 남성복에는 리본과 레이스가 달리고, 여성복에는 남성복과 같은 투박한 장식물이 포함되기 시작하였다. 구찌는 인스타그램 마케팅에도 신경을 썼다. 스트리트 패션 브랜드와의 협업을 적극적으로 실시하기도 하였다. 광고모델로 SNS의 인플루언서들이 자주 등장하였다. 이와 같은 구찌의 파격적인 행보는 코로나 이후에도 많은 레저 소비자들의

인기를 얻게 되었다.[90]

유연성 있는 확장을 위하여 판매 방식에 변화를 꾀하는 회사도 대거 등장하였다. 코로나 시대 이후 동영상 시청과 모바일 쇼핑은 사회구성원들의 일상 활동이 되어 버렸다. '라이브 커머스'는 온라인에서 실시간 방송으로 제품소개 및 판매한다. 소비자들은 매장에 직접 갈 필요가 없다. 실시간 댓글로 상품 관계자, 인플루언서 그리고 공급자와 직접적 소통을 한다. 라이브 커머스가 인기를 얻는 이유는 코로나 시대 언택트 비즈니스가 활성화되고, 동시에 소비자들한테 재미를 주기 때문이다. 소비자들은 관심이 있는 부분에 대하여 판매자나 진행자에게 직접적으로 질문을 던질 수가 있다. 소비자들은 현재 내가 직접 궁금한 부분들을 바로 질문을 던진다. "그 제품을 직접 들어 봐 주세요.", "무게는 얼마나 되는지요?", "노트북에 열이 많이 방출되지 않는지요?" 등과 같은 궁금한 사항을 진행자한테 질문한다. 중국은 2016년부터 라이브 커머스 시장이 성장하기 시작했다 2019년에 4,438억 위안(약 76조)까지 커졌다. 한국에서는 코로나 이후로 몇몇의 기업들이 라이브 커머스 공략을 시작하였다. 티몬은 2017년부터 '티비온 라이브'를 시작하였다. 위메프는 '원더 쇼핑'으로 페이스북, 인스타그램, 유튜브 등에서 48시간 특가 상품을 판매하였다. 11번가도 라이브 방송을 시작했다. 네이버, 카카오 등의 포털 사이트들도 라이브 커머스 방송을 시작했다. 기업들이 라이브 커머스에 관심을 갖는 이유는 자명하다. 기업이 출시한 제품에 대하여 소비자가 어떤 평가를 내리는 지에 대하여 확인할 수 있는 창구가 라이브 커머스이기 때문이다. "광고를 하기에는 부담스럽고 홈쇼핑으로 바로 가기에는 아직 사이즈가 안 되는 작은 제품이나 개인 맞춤형 제품들을 테스트해 볼 최고의 플랫폼"[91]이 라이브 커머스 이다.

코로나는 레저 비즈니스의 트렌드에도 많은 영향을 미쳤다. 코로나 이후에 성공하는 회사들은 변화에 민감하게 반응하고, 소비자의 요구에 잘 부응하는 회사이다.

MZ 세대의 특성

코로나 이후 한국 사회에서 가장 부상하고 있는 세대는 MZ 세대이다. 이들은 디지털 문화에 익숙하고 개방된 디지털 네트워크 속에서 삶을 살아간다. 타인과 적극적으로 관계를 맺기 보다는 혼자 하는 레저 활동을 선호한다. 혼밥, 혼술, 혼캠(혼자 캠핑), 혼펜(혼자 펜션)이라는 여가 문화를 창출해 내기도 하였다. 2019년 잡코리아와 알바몬이 MZ 세대 3,839명을 대상으로 한 조사는 혼자 하는 여가문화가 잘 나타났다. 설문에 참여한 응답자 중에 72.3%가 혼자 집에서 하는 여가 활동을 선호한다고 답했다. 그들이 집에서 혼자 레저 활동을 선호하는 이유는 "집이 편하고, 내 취향에 대하여 타인의 간섭을 받지 않고 할 수 있어서", 라는 답을 주로 했다.[92] 이들은 온라인 세상과 오프라인 세상으로의 전환을 쉽게 하는 세대이기도 하다. 이는 여가 참여 경향에서 뚜렷하게 나타난다. 예를 들어, MZ 세대가 좋아하는 여가 중 '식물 키우기'가 있다. 집안에서 반려 식물을 키우는 여가는 전 세계적으로 MZ 세대가 좋아하는 여가이다. 이들은 주거 공간에서 식물 키우기를 통하여 자연과 함께 하기를 원한다.

한국 MZ 세대의 중심에는 90년대생 들이 있다. 이들은 기존 세대와는 다른 문화를 만들어낸다. 이들은 이들의 생활양식을 통하여 한국 사회의 독특한 여가 문화를 양산해 낸다. <90년생이 온다>의 저자인 임홍택은 90년대생들은 정보 획득의 출처가 기존과 다르다고 언급한다.

"90년대생들은 기존의 세대들과 달리 더 이상 정보를 책에서 찾지 않는다. 심지어 웹 검색을 통해 정보를 찾지도 않으며 유튜브나 소셜미디어에서 빠르게 효과적으로 정보를 찾아낸다. 하지만 유튜브를 틀어얻은 영상매체와 소셜 미디어는 기본적으로 반응 미디어라는 점이 하나의 문제점으로 꼽힌다. 이는 시청자가 화면으로 보고 바로 반응하도록 한다는 의미다. 니콜라스 칸은 이와 같은 반응 미디어가 그들의 뇌를 바꾸고 생각을 증발시킨다고 주장했다. 물론 생각을 증발시켜 버렸다는 그의 주장에 무조건 동의할 수는 없지만, 그들이 생각하는 방식에 변화가 오고 있음은 분명하다."[93]

MZ 세대의 특성을 상징하는 말 중에 하나는 'Generation with voice'이다. 이들은 한국 사회의 젠더, 인권, 페미니즘, 윤리 등에 대한 이슈들에 대하여 그들의 생각을 표현하고 행동하기를 원한다. 예를 들어, 강남역 화장실 살인사건, 그리고 구의역 스크린 도어 사건에 대하여 현장을 방문하고 사회의 구조적 면에 대하여 비평한다. 스스로가 환경 보호를 위하여 텀블러를 가지고, 마트에 갈 때에 장바구니를 가져간다. MZ 세대가 좋아하는 브랜드 중 하나는 파타고니아이다. 이들이 파타고니아 브랜드를 선호하는 이유는 가격이나 디자인 때문은 아니다. 파타고니아가 추구하는 환경 보호에 대한 철학이 이들의 삶의 태도와 맞아 떨어지기 때문이다. 이들은 비누로 유명한 브랜드인 러쉬에 대해서도 애착을 갖고 있다. 러쉬가 성소수자 인권을 존중하고 기업 철학에 대해서 많은 공감을 보내고 있기 때문이다. 이들은 최종 결과물로서의 브랜드에 대해서 중요시 여기지만, 동시에 그 브랜드가 만들어지는 과정에 대해서 많은 관심을 갖고 있다.[94]

MZ 세대의 중요한 특성 중 하나는 1인 가구가 증가하고 있다는 점이다. 2005년 42.2%였던 1인 및 2인 가구 비율은 2015년에는 53.3%로 크게 증가했다. 전체 연령대 중에서 1인 가구 비율이 가장 높은 연령대는 20대이다. 이들은 집에서 식사하기 보다는 외부에서 식사하거나, 혹은 반조리 되는 음식을 택배로 받거나 편의점에서 구입하여 해결하기를 좋아한다.[95] 혼자 살기를 좋아하는 이들은 1인 미디어에 낯설지 않다. 페이스북, 블로그, 인스타그램 등을 통하여 자신의 메시지를 만들어 사람들과 소통한다. 이들은 이와 같은 온라인상의 공간을 자신만의 "고유한 집"이라고 생각하는 경향이 있다. 이 집에서 MZ 세대들은 불특정 다수와 정보를 공유하고 소통을 시작한다. 이를 통하여 온라인상 사회적 관계망을 중시하고, 가상세계의 사회망을 통한 여가를 좋아한다. 이 세대는 혼자 하는 여가 활동에도 적극적이지만, 동시에 전방위적 네트

워킹을 창조해내기를 원한다.[96] 나와 취미, 가치관, 태도가 유사한 사람들과의 네트워크 속에서 소울메이트를 맺기도 한다.

코로나 시대 이후 MZ 세대의 레저에 관한 욕망은 더욱 강해졌다. 특히 소유에 대한 욕망이 강해졌다. 강민호는 디지털 시대에 젊은 세대의 소유에 대한 욕구가 왜 강해지는지에 대하여 이렇게 언급한다.

"사람들은 왜 필요하지도 않은 상품과 서비스를 욕망하는 것일까요? 수많은 관계와 의미 속에 놓인 공허함과 소외감에서 단서를 찾을 수 있지 않을까요? 페이스북, 인스타그램 등의 SNS를 수시로 들여다보는 것, 셀카를 올리고 친구들이 좋아요를 몇 개 눌렀는지 수시로 확인하는 것, 필요하지 않아도 뭔가를 수집하며 자랑하거나 혼자 뿌듯해하는 것, 결국 사회 속의 하나의 익명으로만 존재하는 스스로에 대한 정체성을 자신의 소유물을 통해 반추하고 싶은 욕망인 것이죠."[97]

MZ 세대의 레저 용품 시장을 공략하기 위해서는 창의적인 사고가 필요하다. 마케팅 전문가 김철수는 레저 영역에서 '디자인적 사고'가 비즈니스의 성공으로 이어진다고 하였다. 세계적으로 유명한 엘리베이터 제조회사인 오티스는 예전에 엘리베이터의 속도가 느리다는 불평이 이어지자 속도를 높이기 위해서 승강기 모터와 윤활 시스템을 개발하여 적용하였다. 그러나 소비자의 속도에 대한 불평은 지속되었다. 이때 한 직원은 엘리베이터에 거울 설치에 대한 아이디어를 냈고 이것이 채택되었다. 이후 엘리베이터를 타는 사람들은 엘리베이터 내 거울 속 자신의 모습을 보고 용모를 신경 쓰기 시작하였다. 이후 엘레베이터를 타는 이들은 속도에 대해서 신경을 쓰지 않게 되었다. 이와 같이 회사가 기계의 문제가 아닌, 고객의 입장에서 문제를 해결하고자 하는 것이 '디자인적 사고'이다. 오티스의 간부들은 원래 속도가 느린 것은 시스템의 문제라고 생각하고 문제를 해결하고자 하였다. 이 때에 혜안을 지닌 직원은 이 문제를 고객의 측면에서 바라보았다.

"디자인적 사고 즉 디자인 씽킹은 창의적 문제 해결을 위해 확산과 수렴이라는 접근방식을 활용한다. 확산과 수렴이란 고정된 가설 없이 모든 가능성을 열어놓고 다수의 옵션을 끌어낸 후 소수의 해결책으로 좁혀가는 방식을 말한다. 조직에 오래 몸 담다 보면 우리의 사고 체계는 익숙함에서만 가설적 대안을 만들려는 경향이 커진다. 고정된 틀에서 벗어나려면 의도적 노력이 필요한데 여기에 디자인 씽킹의 확산과 수렴 사고가 도움이 된다."[98]

MZ 세대가 코로나 시대 이후에 많은 관심을 보이는 부분이 경제 영역이다. 그 사례로 먼저 이들의 주식시장에 대한 대대적인 관심 및 투자를 들 수 있다. 이들이 주식시장에 적극적으로 뛰어들 수 있는 배경에는 '정보 수용의 격차' 때문이다. "투자에 핵심정보를 얻는 경로가 어느 때보다 많아졌다. 대형증권사 펀드매니저에게 상담 받기보다 유튜브 채널을 보며 '주린이'가 되기도 하고, 화상회의 줌을 통해 관심 있는 이들끼리 스터디 모임을 하기도 한다. 스스로 공부하며 투자하는 성향은 기성세대와 전혀 다른 습성이다."[99] 이들은 동학 개미운동에 주체가 되기도 했으며 '서학 개미'로도 활동을 하고 있다.

주식 투자 외에도 이들은 코로나 시대에 '공유경제'를 활성화 시켰다. 공유경제란, 2008년에 미국 하버드 대학교 로스쿨의 로렌스 레식(Lawrence Lessig) 교수가 처음 제안했다. 이는 한번 만들어진 제품을 여럿이 공유해서 쓰는 협력 소비를 지향하는 경제 방식이다. 사회 구성원들은 필요한 만큼 서로 빌려 쓰고, 필요 없는 경우에는 다른 사람들이 쓸 수 있도록 배려하는 소비 형태이다. 공유경제가 발달하면서 '구독 경제' 또한 인기를 얻고 있다. 아이폰의 애플뮤직이나 멜론 등과 같은 일정액의 돈을 내고 무제한 음악을 감상할 수 있는 서비스가 큰 인기를 얻고 있다. 오징어 게임으로 유명한 콘텐츠를 보유한 넷플릭스와 같은 OTT 서비스도 인기를 얻고 있다. 공유경제는 옷, 꽃, 미술품, 자동차, 오피스 숙박 등으로 까지 확장되고 있다. MZ 세대들은 이색 구독 서비스도 관심을 갖고 있다. 예를 들어, 전국 각지의 전통주를 구독하는 서비스인, '술담화'는 2020년 6월에 매출이 2019년 동기 대비 8배 이상이 증가하였다. 같은 기간 대비 구독자도 10배 이상 증가했다. 술담화는 월 3만원에 구독료를 내면 매달 전통주 소믈리에가 직접 선택한 술 2병을 보내준다. 여기에 술로 만들 수 있는 칵테일 레시피가 적힌 카드가 들어가고 스낵 안주까지도 동봉된다. 그림 구독 서비스를 제공하는 '오픈 갤러리'도 2020년 6월의 매출액은 작년 동기 대비 74% 이상 증가하였다. 오픈 갤러리에는 1,000여 명의 작가의 작품 약 30,000여 점이 준비되어 있다. 이 서비스는 3개월마다 벽에 그림을 교체해 주는 서비스이다. 구독료는 그림 크기에 따라 월 3만 원에서부터 월 20만 원까지 다양하다. 이 서비스는 큐레이터가 직접 상담 및 추천해서 그림 선택을 도와주기 때문에 MZ 세대들에게 많은 인기를 얻고 있다.[100]

MZ 세대들은 공유 경제 외에도 '리셀 시장'을 성장시켰다. 한정판 명품이 젊은 세대를 중심으로 하여 큰 인기를 얻고 있다. 이들에게 명품 브랜드나 한정판은 재테크 수단이기도 하다. 코로나 시대의 낯설지 않은 백화점 명품 매장에서의 풍경 중 하나가 '오픈 런'이다. 내가 사는 아파트 옆 대형 백화점에도 오픈 전 오전에 많은 젊은이들이 줄을 서서 매장이 열기를 기다리고 있다. 리셀 시장이란, 중고 물품 시장과는 개념이 다르다. 여기는 구입한 후에 사용하지 않는 새 제품을 다시 파는 시장이다. 중고제품은 시간이 지나면 제품 값이 떨어진다. 그러나 리셀 제품은 시세 차익을 기대할 수가 있다. 리셀 시장에서 가장 많이 거래되는 제품은 신발이다. MZ 세대는 200대 1의 경쟁률을 뚫고 한정판을 구입하여 용돈을 버는 세대이다. 나이키는 전 세계에서 818족만을 만들었던 '나이키 X 피스마이너스원'의 신발 구매 추첨권을 배포했다. 홍대에서 8,888 장의 응모권은 하루 만에 다 배포되었다. MZ 세대들은 219,000 원짜리 운동화를 살 수 있는 '자격'을 얻기 위해 하루 종일 줄을 섰다. 이들은 이 20만 원 짜리 한정판 운동화가 나중에 수백만 원이 될 수 있다는 사실을 명확하게 알고 있는 레저 소비자들이다.[101] 이러한 추세에 따라 네이버도 리셀 시장에 큰 관심을 보여 700억 원을 투자하여 자회사인 '스노우'를 만들고 한정판 스니커즈 거래 플랫폼인 '크림'을 출시하였다. 전문가들은 리셀 시장의 거대 시장인 미국과 중국의 시장규모는 25년까지 60억 달러를 상회할 것으로 예상한다.[102]

MZ 세대들은 생활 속에서 궁금한 사항이나 불편 사항을 직접 문의하는 세대이기도 하다. 그들은 휴대 전화로 120을 눌러서 서울시에서 궁금한 사항을 문의한다. '120 다산콜센터'는 365일 24시간 상담 서비스를 진행하고 있는 서울시 통합 서비스 콜센터이다. 여기는 서울시 25개 자치구와 16개 서울시 산하 공공기관 사업소 등에 대한 여러 가지 민원을 상담한다. "120 다산 콜센터의 성공 요인으로 방대한 수준의 표준 데이터베이스 구축을 꼽고 있지만, 이와 더불어 콜센터 상담원 개개인의 높은 역량을 꼽기도 한다. 서울시는 고객의 문의사항을 신속히 검색해 정확히 답변하는 능력을 배양하기 위해 전문상담원 육성에 노력을 아끼지 않았다."[103]

MZ 세대는 언컨택트 시대 이후에 비대면으로 업무를 수행하는 데에 빠르게 적응한 세대이다. 코로나 이후 비대면 화상회의가 대폭 늘었다. 이에 화상회의를 제공하는 '줌'의 시장에 가치가 크게 성장하였다. 줌의 시장 가치는 2019년 4월 나스닥 상장 당시에는 160억 달러(약 190조 원)이었다. 2020년 4월에는 314억 4,400만 달러까지 증가하였다. 세계적으로 8만 2천 여 개의 기업이 줌을 사용하고 있다. 이제 줌을 이용한 비대면 회의가 우리의 일상에 파고들었다. 대면회의 보다 비대면 회의는 시간을 절약할 수 있고, 또한 생산성을 높이는데 좋다. 이에 따라 SBS 뉴스에 소개된 재택근무 장면은 우리 일상에서 쉽게 목격할 수 있다.

"직장인 김 모(36세)씨는 오전 8시에 침대에서 일어나 부스스한 매무새를 가다듬고 서재로 가서 책상에 앉아 컴퓨터를 켭니다. 8시 30분 쯤 카카오톡 단체 대화창에 '업무 시작합니다.'라는 메시지들이 줄을 잇습니다. 9시에는 팀원 단체 전화 회의로 팀원들이 돌아가며 당일 업무계획을 공유하고 업무를 본격 시작합니다. 주 2-3회는 프로젝트에 대한 의견 토론을 하는 화상회의가 열립니다. 오후 6시, '오늘도 고생했다'는 부장의 메시지가 올라오면 그제야 한숨을 돌리며 컴퓨터를 끕니다. 가끔은 보고서 마감 기간을 맞추기 위해 야근을 하기도 합니다."

코로나 이후에 MZ 세대는 한국의 레저 소비의 중요 세력으로 등장하였다. 이들이 선호하는 레저 서비스 회사들의 특징은 무엇인가? 첫째, 이들은 소비자를 먼저 생각하는 회사에 환호한다. MZ 세대들이 좋아하는 마켓컬리의 성공 비결은 좋은 상품을 좋은 가격에 공급하는 데에 있다. 좋은 상품을 합리적 가격에 빠르게 제공한다는 명제는 공급사, 소비자, 그리고 플랫폼의 세 주체 모두에 이익을 줄 수가 있다. 고객은 가치가 좋은 상품을 구입하고, 공급자는 합당한 납품가를 가져갈 수 있고, 플랫폼은 적정한 이윤을 산출하는 시스템 구축은 모두가 이익이 되는 공급과 소비 체제이다. 이러한 체제를 구축한 마켓컬리의 전략은 MZ 세대로 부터 많은 팬을 형성했다. 코로나 이후 마켓컬리의 인기는 훨씬 상승하였다. 마켓컬리의 김슬아 대표는 문제의식에서 시작하였기에 마켓컬리가 성공할 수 있었다고 말한다.

"저와 같은 마켓컬리 이전에 소비자들은 집 앞에 마트가 있는가, 아닌가도 중요하지만, 근본적으로 그 마트에서 팔고 있는 물건이 정말 좋은지에 대한 확신을 갖기가 어려웠습니다. 물건은 엄청나게 다양해지고 마트 규모는 점점 대형화 되어 가는데 대체 이 많은 시금치 중에서 무엇을 골라야 할지는 오롯이 소비자의 몫이었어요. 그러다 보니 쇼핑 자체가 스트레스로 느껴지는 일도 잦았습니다. 마트에서 파는 물건을 믿지 못하니 맘카페 나 SNS를 통해 공동구매가 성행하기도 했는데, 추천해 주신 분도 자신이 생산자에 속았는지, 아닌지를 판단할 방법이 없었고요. 분명 합당한 돈을 내고 유통 서비스를 이용하는데도 상품을 믿지 못하는 상황, 좋은 상품을 발굴해 소비자에게 잘 설명한다는 유통의 본질을 그 어떤 회사도 지키지 않는 상황, 바로 이런 것들이 소비자로서 제가 가진 문제의식이었습니다."[104]

이와 같은 소비자의 디테일한 취향을 배려해서 MZ 세대가 좋아하는 커피 브랜드가 '블루보틀'이다. 블루보틀은 2002년 클라리넷 연주자인 제임스 프리먼이 만들었다. 그는 진정한 커피 애호가로, 스타벅스에서 판매하는 커피의 품질에 대해서 불평이 많았다. 그는 자신이 안심하고 마실 수 있는 좋은 커피를 선별해서 볶고 신선한 커피를 팔고자 하였다. 프리먼은 창업 초기에 샌프란시스코의 농산물 시장에서 커피를 팔았다. 이후 커피를 맛 본 사람들이 이를 다시 찾게 되자 2005년도에 샌프란시스코에 상징적인 커피숍을 열게 되었다. 지금 블루보틀의 브랜드 가치는 8,000억 원이 넘는다. 블루보틀이 많은 인기를 얻자 네슬레는 5억 달러(약 6,000억 원)에 블루보틀 지분 68%를 인수하였다. 미국에서의 인기를 뒤에 업고 한국 시장에서도 매장을 오픈하자마자 커피 애호가들에게 큰 인기를 얻었다.

둘째, 이들은 '스토리'가 가득한 회사를 좋아한다. MZ 세대가 좋아하는 패션 브랜드 중에 '오프화이트'가 있다. 오프화이트는 가나계 미국인 디자이너인 버질 아블로가 설립한 패션 회사이다. 이 브랜드의 옷은 후드티 한 장에 50만 원이 넘고, 하의는 100만 원이 넘을 정도의 고가이다. 오프화이트는 다른 명품 브랜드와 함께 콜라보레이션하는 마케팅 전략을 자주 구사한다. 특히 오프화이트는 대중적 브랜드와 협업을 많이 하는 것으로 유명하다. 나이키 에어조던이나 컨버스의 척테일러에 그들의 로고를 넣기도 하였다. 오프화이트는 패션 브랜드 외에도 가구 회사인 이케아, 향수 회사인 바이레도, 여행 캐리어 회사인 리모와와도 콜라보 제품을 출시하였다. 코로나 시대에 오프화이트가 더욱 인기를 얻게 된 것은 MZ 세대들이 좋아하는 인스타그램에 인기 있는 제품에 대한 추첨 판매를 실시하면서 부터이다. 오프화이트 제품을 원하는 레저 소비자가 공식 계정에 팔로우한 다음 해시태그를 달면 이벤트에 참여할 수 있게 하였다.

오프화이트는 자신들의 소비자들이 좋아하는 성향에 맞도록 공략하는 마케팅을 구사했다. 오프화이트가 MZ 세대를 충성도 있는 고객으로 끌어들이는 전략은 무엇이었나? 그것은 스토리 생산이 가능한 독보적 콘텐츠를 확보였다. 예들 들어, 후드티에 모나리자의 얼굴을 프린트하거나, 얼굴 없는 초상화인 '마리아나 드실바'의 초상이 들어간 라운드 티셔츠는 오프화이트 고객들에게 재미있는 이야깃거리를 선사해주었다.[105]

MZ 세대가 좋아하는 한국의 패션 쇼핑몰 중 '무신사'가 있다. '무신사'의 사명은 '무지하게 신발 사진이 많은 곳'에서 유래했다. 무신사의 조만호 대표는 고등학교 시절부터 프리챌 운동화 동호회를 운영했다. 조만호 대표가 대학에서 패션을 전공한 후에 동호회 자체를 웹진 형태로 바꿨다. 무신사는 현재 거래액 1조 원을 상회하는 한국 패션계의 대표적인 회사가 되었다. 이 회사는 패션에 대한 정보를 제공하고, 패션 브랜드를 돕는 커머스를 표방한다. 한정판 운동화에서 부터 최신 운동화에 이르기까지 MZ 세대가 좋아하는 많은 상품들을 구비하고 있다. 이 회사가 성공하게 된 배경에는 MZ 세대가 좋아하는 패션 아이템의 사진 올리고, 이를 통하여 여러 가지 스토리를 제공했기 때문이다. 현재 무신사는 600만 명이 넘는 회원 수를 자랑하고, 3,700여 개의 브랜드를 취급하는 거대 온라인 플랫폼이 되었다. 2019년에 매출은 전년 동기 대비 2배나 증가했다. 월평균 방문자 수도 전년 대비 50% 증가했다. 이 패션 회사가 큰 관심을 갖고 있는 것은 자체 브랜드인 '무신사 스탠다드'이다. 무신사 스탠다드는 무신사가 만든 자체 브랜드 의류로 2019년에만 630억 원의 매출을 달성했다. 무신사는 2024년까지 자체 브랜드의 매출액을 7,000억 이상으로 계획하고 있다. 이 무신사의 성공 배경은 MZ 세대의 입맛에 맞는 스토리를 제공해 주었기 때문이다.

MZ 세대 소비자들은 '민감한' 소비자이다. 영국의 다이슨 청소기는 MZ 세대의 남편이 좋아하는 청소기로 유명세를 탔다. 디자인이 참신하고 무엇보다 부피 면에서 과거의 청소기 보다 경쟁력이 있었다. 이에 남편들이 청소하기 편리한 제품으로 많은 호평을 받았다. 그런데 다이슨 청소기를 사용하는 사람들이 늘어가면서 차츰 문제점이 나타나기 시작했다. 무엇보다 제품의 내구성이 떨어지고, 부품을 교체할 때에 수리비가 과다하게 청구되었다. 이에 2019년 2월에 미국 소비자 평가잡지인 컨슈머리포트는 다이슨 청소기를 그들의 추천 제품에서 삭제했다. 다이슨의 사례가 나타내는 것은 MZ 세대의 소비자들은 민감하다는 점이다. 회사가 아무리 혁신제품을 내놓고 소비자들한테 만족을 얻는다고 해도 레저 소비자들이 '호갱'느낌을 받는 순간이 도래한다면 소비자로 부터 쉽게 외면을 받을 수 있다.[106]

셋째, MZ 세대들은 아웃 도어를 활동에 만족을 주는 회사를 좋아한다. 코로나 이후 크게 성장한 회사 중 하나가 '룰루레몬' 이다. 이 브랜드는 캐나다의 요가복 브랜드이다. 1998년 룰루레몬의 창업자인 칩 윌슨이 요가를 배우러 갔다가 사람들이 입은 옷에서 충격을 받고 회사를 만들었다. 윌슨은 헐렁한 요가복이 아닌, 멋진 요가복을 만들기로 하였다. 룰루레몬은 몸매를 아주 돋보이게 하는 디자인을 바탕으로 출시되자마자 큰 인기를 얻었다. 근래에 요가나 필라테스에 참여하는 MZ 세대들이 가장 좋아하는 레저 브랜드로 룰루레몬이 꼽힌다. 이들은 혼자 운동하거나, 일상복으로도 룰루레몬을 입는다. 룰루레몬의 인기에 따라 MZ 세대들은 '에슬레저'라는 말도 탄생시켰다. 에슬레저란, 운동 경기(athletic)와 여가(leisure)의 합쳐진 말이다. 일상, 여가 활동 그리고 일터에서도 같이 입을 수 있는 의류를 '에슬레저룩'이라고 한다.

MZ 세대는 스포츠에 열광적으로 참여하는 세대이기도 하다. 이들의 스포츠 참여 상황을 《트렌드 코리아 2021》에서는 "수평적으로 확장하는 유형"과 "수직적으로 변주하는 유형"으로 진단하였다.[107] 수평적으로 확장되는 유형은 특정 세대의 전유물로 인식되거나, 그동안 잘 하지 않았던 운동에 대하여 참여하는 인구의 증가를 말한다. 수직적으로 변주되는 유형은 보편적으로 행하는 운동에 여러 가지 활동들이 결합하여 기존과 다른 새로운 형태의 운동의 증가를 말한다.

'수평적 확장'의 사례는 등산과 골프를 들 수 있다. 코로나 이후 등산객이 크게 늘었다. 북한산 등산객은 코로나 이후에 41.7%가 늘었다. 과거 중년층의 중요한 여가라고 여겨졌던 아웃 도어 활동에 대한 MZ 세대 참여가 계속적으로 증가했기 때문이다. 이에 산린이 또는 등린이(등산 초보자)를 위한 앱이 큰 인기를 얻었다. 등산 앱 중, 트랭글(Tranggle)은 운동 기록에 따라서 특정한 계급이 만들어지고, 짐꾼에서 부터 천상제라는 계급까지 총 15개의 계급으로 나뉜다. 각 계급은 세분화되어 총 66개의 레벨로 구성된다. 이 앱을 사용하는 사람들은 마치 게임을 하는 듯 미션을 통과하고 이를 통해 보상을 받고 레벨이 상향된다. 다른 인기 앱인 램블러(Ramblr)는 산의 등고선과 여러 지명의 테마에 따른 등산 코스를 정리하여 등산하는 사람들한테 제공한다. 램블러의 재미있는 부분은 코스를 다녀온 사람들이 댓글을 달고 이를 다른 사람들이 볼 수 있게 한다는 점이다. 2020년 4월 기준으로 블랙야크가 운영하는 산행 커뮤니티인 '블랙야크 알파인 클럽'은 신규 가입자가 전년 대비 2배 이상 증가하였다. 증가한 인원의 절반 이상은 MZ 세대이다.[108]

골프에서도 계층 참여의 변화가 급격히 일어나고 있다. 코로나 이후 중장년층의 전유물처럼 느껴지던 골프에 2030 세대들이 대대적으로 참여했다. 이제는 골프장 부킹이 어려울 정도이다. MZ 세대들은 언택트 문화에 익숙하기 때문에 캐디 없이, 또는 카트 없이 골프를 즐기기도 한다. 경북 영주에 있는 블루원 디아너스 cc는 스마트 체크인 및 셀프라운딩이 운영된다. 제주도의 롯데 스카이힐 제주cc는 셀프계산대와 대면인증 처리시스템을 운영하고, 자판기형 편의점도 운영하고 있다. 이와 같은 골프장 문화가 바뀌는데 결정적인 역할을 한 것은 MZ 세대이다.

'수직적 변주'의 사례로는 MZ 세대가 좋아하는 요가, 달리기 등에서 나타나고 있다. 요가의 경우, 과거 수련 형태에서 벗어나 '플라잉 요가'와 같은 새로운 종목들이 나타났다. 수직적 변주의 사례가 달리기 종목에서 여러 가지로 나타났다. 예를 들어, '트레일 러닝'은 등산에 달리기를 접목한 종목이다. 이는 포장되지 않은 오프로드, 산길 등을 달리기 때문에 운동 효과가 상당히 높고, 주변 경관을 즐길 수 있다는 이점이 있다. 나이트런인 '시티런 스트리트 러닝' 등과 같은 달리기는 여러 가지 액티비티가 접목된 달리기이다. 코오롱스포츠 액티비티 플랫폼인, '로드 랩 서울'은 세 가지 프로그램을 운영한다. 트레일 러닝을 안전하게 즐기는 주법이나 스틱 사용을 공유하는 '원드 체이서', 서울에 문화를 경험하는 인문학 트레킹 코스인 '나이트 하이커', 그리고 쓰레기를 주우며 달리는 '쓰담쓰담 숏숏'이 있다. 이와 같은 변주된 달리기는 MZ 세대에 관심을 받고 있다. 이 프로그램은 2010년 6월에 소개된 이후 매달 프로그램 오픈 후 15분 만에 인원이 다 찰 정도로 상당한 인기를 얻고 있다.[109]

코로나 이후 MZ 세대는 도시민의 레저 참여의 판도를 바꾸고 있다. 이들은 사회적 거리두기, 언컨택트의 제약 상황에서도 최선의 여가 향유가 가능한 비법을 찾는 세대이다. 이들이 만들어내는 여가 문화는 코로나 이후 한국 여가 지형을 바꾸고 있다.

STARBUCKS COFFEE

제3장

언컨택트로의 적응

코로나 팬데믹이 일상으로 파고든지 꽤 되었다. 이 시기에 포노 사피엔스(Phono Sapiens)라는 별칭의 신인류가 우리 시대 여가 문화에 영향을 미치고 있다. 디지털과 휴대폰으로 무장한 이들이 코로나 바이러스를 뚫고 비대면 속의 여가 시공간을 창조한다. 포노 사피엔스가 만드는 세상은 가상의 세계를 포함하는 인간 삶이 확장되어진 공간이다.

마스크가 일상 속 필수가 된 사회에서 우리의 행복에 대한 개념은 바뀌고 있다. 이러한 힘든 시대에 우리에게 필요한 것은 재미와 의미이다. 재미있는 여가 활동을 발견하고 의미 있는 경험이 축적되어 질 때에 행복의 문은 열린다.

포노 사피엔스(Phono Sapiens)의 등장

포노 사피엔스(Phono sapiens) 시대가 도래했다. 공학자 최재붕 교수는 코로나 시대 이후로 문명의 변화가 급격히 시작되었다고 진단하였다. 이러한 흐름에서 스마트폰을 중심으로 생활하는 신인류인, '포노 사피엔스(Phono Sapiens)'가 등장하였다. 포노는 라틴어로 스마트폰을 의미하고, 사피엔스는 호모 사피엔스의 약자이다. 포노 사피엔스는 스마트폰을 마치 신체 일부처럼 자유롭고 편하게 쓰는 신인류를 말한다.[110] 코로나 시대 사람들은 자신의 의지와 상관없이 디지털 플랫폼으로 삶을 적응해 나가야 한다. 포노 사피엔스의 특징은 사이버 상에서의 친구 맺기에서 잘 나타난다. 이들은 소셜 네트워크를 통해서 쉽게 연결이 되고 사회적 관계를 구축한다. 이렇듯 소셜 네트워크상의 관계 맺기는 쉽게 연결이 되고 끊어지기도 한다.

"느슨한 연대(weak ties)라는 말은 소셜 네트워크가 확산되면서 나온 말이다. 하지만 처음엔 소셜 네트워크를 통한 연결에 국한시켜서 봤다. 실제 현실에서의 연결이나 진짜 사회적 관계가 아니라, 소셜 네트워크에서 클릭 한 번으로 친구가 되고 누구나 서로에게 말을 걸 수 있게 되면서 관계에서의 수평화가 이루어졌다. 그리고 쉽게 친구가 되었듯 쉽게 단절도 된다. 자신을 중심으로 하는 소통과 관계 맺기의 방식이다 보니, 진짜 현실과 달리 일방적이어도 무리가 없었고, 일시적이거나 일회적이어도 무방했다. 그렇게 소셜 네트워크가 우리에게 느슨하게 연결되는 경험을 준 것이다."[111]

포노 사피엔스 문화의 특징은 여가 분야에서 두드러지게 나타난다. 코로나 이후 포노 사피엔스로서 이들의 여가 참여 특징은 네 가지 방향에서 목격되어진다. 첫째, 랜선 콘서트에 대하여 부담 없이 즐기고 있다. 2020년부터 한국 사회에 자리 잡기 시작한 '랜선 콘서트'는 포노 사피엔스들이 즐기는 예능 문화를 잘 나타낸다. 코로나 이후 한국 사회의 구성원들은 비대면 추석, 비대면 설날 맞이 예능 프로그램을 즐겼다. 2020년 KBS가 마련한 추석 특집 콘서트인, '나훈아 콘서트'는 랜선 콘서트의 가능성을 보여준 무대였다.[112] 2020년 9월 30일 오후 8시 30분에 방영되었던 KBS <대한민국 어게인 나훈아>는 나훈아가 15년 만에 방송에 출연하고 현장의 관객이 없는 언컨택트 콘서트로 많은 이목을 끌었다. 나훈아는 9월 23일 공연을 준비하면서 초청받은 랜선 관객 1,000명에게 "오늘과 같은 공연은 태어나서 처음"이라고 소회를 밝혔다. 이 공연은 무대 네 면을 1,000명의 관객이 스크린을 감싸는 형태로 제작이 되었다. 여기에 초청된 관객들의 반응은 상당히 좋았다. 공연 후에 "시간이 어떻게 가는지 모르고 봤다", "2시간이 넘는 공연이 순삭 이었다"같은 후기들이 올라올 정도였다.

MBC의 대표적 명절 프로그램인 <아이돌 스타 선수권 대회>(아육대)는 종목을 변경해서 실시했다. MBC 기존 체육관에서 하던 아이돌 스타 선수권 대회 종목을 전면 취소하고, e스포츠와 반려견 스포츠를 메인으로 편성하였다. <아이돌 e스포츠 선수권 대회>는 대회를 야외에서 진행하였다. 여기에서 공식 종목으로 '배틀그라운드 모바일'과 '카트라이더 러쉬 플러스'를 대결하도록 하였다. 엔플라잉, 러블리즈, 오마이걸과 같은 여러 아이돌 그룹이 대결을 펼쳤다. 코로나 시대에 이렇듯 랜선 콘서트, 또는 야외에서 기존 프로그램이 개편되는 것은 어쩔 수 없다.

둘째, 호텔이나 여행 예약 및 숙박 문화가 바뀌고 있다. '야놀자'와 같은 휴대폰 앱을 통한 여행 예약이 성황을 이루고 있다. 호텔에서도 포노사피엔스에 맞는 서비스가 선보이고 있다. 롯데호텔은 2020년 3월부터 '드라이브 스루 서비스'를 시작하였다. 롯데호텔의 레스토랑에서 메뉴를 도시락으로 판매하기 시작하였다. 롯데호텔 서울의 뷔페 레스토랑의 경우, 주문형으로 운영 형태를 바꿨다. 예를 들어, 손님이 지정된 자리에서 음식을 주문하면 직원이 음식을 직접 가져다 주는 서비스를 도입하였다. 식당에서 좌석 수도 절반으로 줄여 고객 간 접촉을 최대한 줄이도록 하였다. 신라호텔의 경우, 룸서비스를 강화한 패키지를 도입하여 고객들의 인기를 얻고 있다. 서울 신라호텔은 추석 연휴 때에 전통적으로 시행하던 '고메 홀리데이'의 정원을 600명에서 90명으로 줄였다. 조식과 석식을 선택할 수 있는 룸서비스를 패키지로 제공하였다. 신세계 조선호텔의 경우, 재택근무하는 직장인들을 위하여 객실을 사무실처럼 사용할 수 있는 '워크스테이션 패키지'를 출시하였다. 이 패키지를 이용하는 고객들은 12시간 동안 객실을 대여할 수가 있다. 코로나 초기에 호텔업은 매출이 낮아지고 경영상의 난맥을 경험하였다. 대형 호텔은 포노사이언스의 입맛에 맞는 휴대폰으로 간편한 예약과 언택트적 서비스를 개발하여 코로나 이전의 매출을 회복하고 있다.[113]

2020년 대부분의 국내 여행사들은 매출이 없었다. 이런 상황에서도 여가 플랫폼인 '야놀자'는 포노 사피엔스의 욕구를 충족시키는 전략을 통해 2020년에 흑자를 기록하였다. 2020년 매출이 1,920억 원으로 2019년에 1,335억 원 보다 43.8% 증가하였다. 2019년에 영업 손실이 62억 원이었으나, 2020년에는 영업이익이 161억 원이 되었다.[114]

야놀자의 성공 비결은 무엇이었을까? 첫 번째로, 야놀자는 코로나의 시대에 여행자의 눈높이에 맞는 서비스를 개발했다. 코로나 시대의 여행자들은 위생, 방역, 비대면 서비스를 가성비 보다 먼저 따지는 소비자이다. 야놀자는 야외용 숙소, 고급 펜션, 특급 호텔에 대한 여행자의 수요를 읽었다. 글램핑, 카라반 등의 서비스를 확대하였고, 작년 대비 동기간 예약 건수가 261% 증가하게 되었다. 두 번째로, 해외여행이 힘들어진 여행객들을 위하여 강원도 상품을 개발하여 공급하였다. 코로나 시대에 여행객들은 사람들이 별로 없고 청정한 이미지를 가진 강원도를 여행지로 선호하였다. 야놀자의 강원도 지역 여행상품 거래액은 2020년이 2019년 동기간보다 123.1% 증가하였다. 세 번째로, 야놀자의 '슈퍼앱' 개발 및 시행 전략이 성공적으로 적용하였다. 이는 여행에 관련된 모든 요소를 플랫폼 하나에 넣는 전략이다. 야놀자 앱에는 숙박 이외에도 항공, KTX, 렌터카 예약, 액티비티 상품 여행과 관련된 것들을 판매하도록 만들었다. 야놀자의 송민규 커뮤니케이션 실장은 "코로나 이후 여행자의 니즈와 사용 형태가 바뀌었다. 모텔에서 풀빌라 펜션이나 특급호텔로, 오프라인에서 온라인과 비대면 형태로 트렌드가 확 바뀌었다. 코로나 19가 디지털 전환의 속도를 앞당겼다"고 말했다.[115]

여기서 중요한 말은 바로 디지털 전환의 속도이다. 야놀자는 포노 사피엔스의 취향을 정확하게 진단하여 성공할 수 있었던 것이다. 코로나 시대의 여가 소비자들은 휴대폰이나 모바일 디바이스를 통하여 오프라인에서 즐길 수 있는 여가 형태를 구축하는 신인류이다.

셋째, 포노 사피엔스는 '프라이빗 전시'를 선호한다. 코로나 이후로 휴대폰 앱으로 예약한 혼자, 또는 소수가 관람을 즐기는 프라이빗 전시 상품이 대거 출시되었다. 2020년 서울 소격동 아라리오 갤러리는 프라이빗 전시 투어를 관람객들에게 선보였다. 상품 출시 초기에 하루 10명 정도 찾았지만 지금은 하루 30여 명의 관람자들이 상품을 구입하고 있다. 서울 진관동의 사비나 미술관은 작품 해설을 위하여 전시장 곳곳에 3D 영상 홀로그램, QR 코드를 제공하여 관람객들이 그들의 휴대폰으로 작품 정보를 즐기도록 만들었다.

넷째, 무인 단말기가 대대적으로 늘었다. 키오스크는 포노 사피엔스의 여가를 즐기는 데에 필수적으로 접하는 창구가 되었다. 일상에서 키오스크를 자주 접할 수 있는 분야는 패스트푸드 식당이다. 롯데리아와 KFC는 전체 매장의 80% 이상에서 키오스크 매장을 운영 중이다. 병원에서도 진료 접수나 진료비 납부는 주로 키오스크를 통해서 이루어진다. 코로나 시대 초기에는 이와 같은 키오스크가 이용자들에게 여러 가지 불편함을 주었다. '디지털 리터러시(디지털 정보의 이해와 표현)'의 어려움을 겪는 계층은 키오스크를 통해 주문하거나, 접수하는 일이 힘들었다. 일반적으로 MZ 세대들은 키오스크를 쉽게 사용하지만, 어린이나 노년층은 키오스크 사용이 어려워서 매장에서 도움을 청하는 경우가 많았다. 포노 사피엔스는 이제 길거리와 상점에서 키오스크를 자주 접하게 된다. 앞으로의 키오스크는 어떻게 진화할까? 키오스크는 점차 대화가 가능하고, 고객의 업무를 효과적으로 처리하는 형태로 발전할 것이다. 현재 공항에서 운행 중인 이동형 안내 로봇이 진화되고 있는 키오스크의 형태이다.[116]

포노 사피엔스들이 사는 세계는 코로나로 인해서 사회적 그리고 경제적 불평등은 더욱 심화되고 있다. 경제학자인 이준형은 '코로나 신카스트'라는 말을 주창한다. 미국의 경우, 흑인들의 코로나 감염률과 사망률이 백인보다 높게 나타난다. 예를 들어, 위스콘신 주 밀워키 지역의 흑인 인구는 26%이다. 전체 인구 대비로는 얼마 되지 않는다. 하지만 이 지역의 코로나로 인한 사망자는 흑인이 70%로 보고되고 있다. 미국 전체로 확대해 살펴보면, 흑인은 백인보다 감염률이 3배 이상으로 나타났고, 사망률은 6배 이상으로 보고된다. 감염률과 사망률에서 흑인이 높게 나타나는 이유는 사회적 그리고 경제적 불평등 때문이다. 미국에서 흑인은 건강 보험에 가입하지 못한 경우가 많다. 이들은 백인 보다 전반적 생활수준이 낮고, 기저 질환을 앓을 확률도 높다.[117]

코로나 이후 사회적 그리고 경제적인 불평등이 심화되는 시기에 정부의 정책시행은 여러 문제를 갖고 있다. 코로나 이후 불평등을 제거할 수 있는 정책 시행에서 제약은 세 가지로 대두되고 있다. 첫째는 불확실성이다. 코로나가 장기화됨에 따라 거시 경제 정책에서 불확실성이 높아졌다. 코로나가 어느 정도 지속될지, 언제 끝날지 모르는 상태에서 거시 경제 정책은 불확실성 속에서 계획되고 실행될 수밖에 없다. 둘째는 시간이다. 미국의 경우, 주택의 버블이 2006년도에 최절정에 달했다. 유럽 금융기관들은 2007년부터 미국의 부동산 문제를 거론하였다. 리먼 브라더스는 2008년 9월의 붕괴되었다. 코로나로 인해 경제적 회복이 느리면 리먼 브러더스와 같은 파산이 세계 경제에서 언제든지 벌어질 수 있다. 셋째는 역량이다. 비대면 체제에서 정책을 집행하는 공무원들은 직장에 출근하기 힘들다. 많은 공무원들이 재택근무를 하고 재택으로 정책을 집행한다. 이와 같은 입법부, 행정부와 사법부 공무원들이 정책 집행에 있어서 재택근무를 오랫동안 한다는 것은 전체적인 업무의 둔화를 가져올 확률이 높다.[118] 포노 사피엔스들은 디지털로의 빠른 전환으로 삶에서 많은 혜택을 누리지만 한편으로 사회, 경제, 문화의 불평등은 심화되는 역설적인 시대를 살고 있다.

포노 사피엔스들은 일상에서도 비대면을 선호한다. 예를 들어, 코로나 이후 인사에서 악수 보다 주먹 맞대기, 또는 팔꿈치 대기를 선호한다. 우리가 인사로 일반적으로 많이 하는 악수의 기원이 정확하지는 않다. 그리스 아테네의 아크로폴리스 박물관에는 헤라와 아테네가 서로 악수하는 벽화가 있다. 이를 보고 역사학자들은 기원전 5세기 정도부터 악수가 인사 풍습으로 자리 잡았다고 추론한다. 이 악수의 유래는 싸우는 사람들이 서로 무기가 없다는 것을 나타내기 위하여 빈손을 내밀고 서로 손을 잡는 인사에서 부터 시작되었다는 설이 유력하다. 악수 문화가 코로나 이후로 바뀌고 있다. 악수는 일반적으로 대장균과 식중독을 일으킬 수 있는 황색포도상구균, 살모넬라균 등의 세균을 옮길 수 있다. 주먹 맞대기는 악수보다 세균을 옮길 확률이 훨씬 낮다. 주먹이 부딪치는 접촉면이 낮기에 세균을 덜 옮길 수 있다.[119]

코로나 시기에 포노 사피엔스들은 어떻게 여가를 즐기고 있나? 이들은 코로나 이후 집에서 노는 것에 대한 부담감이 없어졌다. 김난도 교수는 코로나 이후 우리의 라이프 스타일이 '라이프' 보다는 '변화'에 대하여 대응해야만 하는 스타일로 바뀌었다고 주장한다.

"우리의 삶은 살고, 일하고, 노는 시간의 연속이다. 코로나 19 팬데믹으로 사람 간의 접촉과 모임이 제한되자 필연적으로 사는 터전인 집의 중요성이 상대적으로 높아졌다. 재택근무, 원격근무 등이 강제되면서 비대면 직장생활을 효율적으로 해낼 수 있는 여러 방안이 모색 됐다. 역병의 확산을 막기 위해 강화된 방역 수칙으로 노는 방식도 바뀔 수밖에 없었다."[120]

노는 방식이 변화하면서 새로운 여가 형태도 등장하였다. 미국에서 유래된 말로 '카우치 포테이토'란 용어가 있다. 카우치 포테이토는 텔레비전에 중독된 미국 캘리포니아 사람들을 지칭하는 말이다. 이는 집에만 있기를 좋아하는 소파 애호인, 그리고 평안함을 추구하는 사람들을 의미한다. 비대면 상황이 장기화됨에 따라 카우치 포테이토족이 한국 사회에서도 늘어나고 있다. 카우치 포테이토족이 집에서 선호하는 여가는 OTT 서비스이다.

언컨택트 이후 한국 사회의 음악, 영화, 드라마 등 대부분의 콘텐츠 서비스들은 '스트리밍 서비스'로 바뀌었다. '스트리밍'은 흐른다는 의미로, 인터넷 공간에서 음악, 드라마, 영화, 소설 등을 직접 다운하지 않고 실시간으로 재생하는 방식이다. 이 방식은 1995년 리얼네트워크사가 처음 개발하고 리얼 오디오에서 제공하였다. 스트리밍의 핵심은 콘텐츠를 직접 갖고 있지 않아도 내가 원하는 서비스를 언제든지 접근하고 이용할 수 있다는 특성이 있다. 콘텐츠의 데이터가 물처럼 흐른다고 하여 스트리밍이라는 이름이 붙여졌다. 넷플릭스, 애플티비, 왓챠플레이어, 디즈니 플러스, 웨이브 등의 다양한 OTT 서비스가 인기를 얻고 있다. 비대면 시대 이후로 스트리밍 서비스는 콘텐츠만의 서비스에서 벗어나, 가전제품, 침대, 취미 상품, 레저 상품 등으로 확장되고 있다. 포노 사피엔스는 의식주와 여가를 소비하는 형태에서 '소유'보다는 '사용 가치'를 선호한다.[121]

집에 있는 시간이 증가한 포노 사피엔스들은 쿠팡을 자주 이용했다. 쿠팡은 소프트뱅크로 부터 투자를 받아 '로켓 배송'이라는 혁신적 서비스를 실시할 수 있었다. 쿠팡은 자체 물류센터와 쿠팡 만의 배송시스템을 만들어서 쿠팡맨이 고객들한테 빠른 시간에 물건을 배송해준다. 수도권의 경우, 반나절 만에 집으로 상품이 배송되는 서비스도 시행한다. 이와 같은 다른 택배, 또는 배송 업체와 다른 차별적 서비스를 통해서 고객에게 쿠팡만의 가치를 전달한다. 쿠팡이 제공하는 가치는 단순한 속도에 있는 것이 아니다. "고객의 시간을 아껴 준다."[122]는 가치가 중요한 것이다. 고객의 시간을 아껴 주어 쿠팡만의 새로운 가치를 만들었다. 코로나 시대에 고객의 시간적 비용이 중요한 시대가 되었기 때문이다.

포노 사피엔스는 인생의 루틴을 중시한다. 재택근무가 확대되고 업무의 자유도가 높아지면서 자기 관리를 중시하는 사람이 늘고 있다. 비대면 사회가 도래하면서 자기 관리가 중요한 트렌드로 등장하였다. 포노 사피엔스는 정기적으로 운동하는 운동 루틴을 수행하거나, 하루에 본인들이 운동하고 공부했던 것들에 대하여 다이어리를 꾸미는 것을 좋아한다. 이에 따라 다이어리를 다시 열심히 쓰는 포노 사피엔스들이 증가하고 있다. 김난도 교수는 이와 같은 트렌드에 대하여 다음과 같이 말한다.

"오늘 하루를 되돌아보는 '회고족'이 늘면서 다이어리를 열심히 꾸미는 '다꾸족' 도 다시 증가하고 있다. 2021년 1월 온라인 서점 예스 24에 따르면, 2020년 필기구, 스탬프, 데코 테이프 등 다이어리 꾸미기 관련 용품의 매출이 전년 동기 대비 61.9%가 성장했다. 이는 다이어리 꾸미기의 인기가 서서히 증가하기 시작한 2018년 이래 최대 상승폭이다. 다이어리 꾸미기는 특별할 것 없는 보통의 하루를 돌아보며 기록하면서 그 날을 기억한다는 점에서 가장 기본적 레트로 스펙트 활동이라 할 수 있다. 오늘의 루틴을 완수한 날에는 스티커를 붙이고, 스티커로 모든 칸을 채우면 자기 자신에게 선물도 주는 등 루틴을 실천하기 위한 동기를 부여 한다."[123]

휴대폰이나 태블릿 피씨로 수업을 듣는 포노 사피엔스는 대면보다는 비대면 수업을 선호하는 경향을 보인다. 예를 들어, 코로나 이후 대학생들은 강의 선호도 조사에서 대면보다 비대면을 선호한다. 2021년 6월의 연세대학교 총학생회가 발표한 2학기 강의 방식 선호도 조사에 따르면, 응답자 10명 중 7명이 비대면이 좋다고 했다. 학부 및 대학원 재학생 2,981명 가운데 42%가 전면 비대면을 선호한다고 했으며, 27%는 비대면을 원칙으로 하여 30인 이하 소규모 강의만을 대면으로 하기를 원했다. 전면 대면으로 수업을 원하는 응답은 31%에 그쳤다. 이들이 전면 비대면 수업을 선호하는 이유는 실시간 화상 수업이나 동영상 녹화본 수업은 반복 시청이 가능하기 때문이다. 동시에 비대면으로 수업을 하면 학습자와 교수자의 소통이 더 원활해지는 장점도 있다. 그 외에도 학생들이 비대면 수업을 선호하는 이유는 통학 시간과 월세를 크게 아낄 수 있기 때문이다. 비대면으로 수업이 진행되면 지방에서 올라온 학생들은 학교 근처에 자취나 하숙방을 구할 필요가 없다. 서울대 2학년생인 김준영(가명, 20)은 "1년 반 동안 대구 집에 머물면서 월세, 교통비를 절약한 돈이 대략 천만 원 정도는 될 것이다. 그 돈으로 책도 사고 저축도 할 수 있어서 좋았다"고 하였다.[124]

코로나 이후 포노 사피엔스는 기업들의 '피보팅'을 기대하고 있다. 피보팅이란, 김난도 교수가 설명하는 기업이 자신의 자산을 최대한으로 이용해서 소비자(포노 사피엔스)의 니즈에 맞춰서 사업을 전환하는 전략을 말한다. 세계적으로 기업의 피보팅은 진행되고 있다. 미국의 경우, 승차공유 업체인 우버가 코로나 시대 이후로 차량 호출 사업 부분을 대대적으로 줄이고, 대신 음식 배달 서비스로 사업을 확장하였다. 전염병이 창궐하자 공유 차량을 사용하는 사람들이 줄어들기에 집과 일터에 음식을 배달하는 영역으로 사업을 전환한 것이다. 이후 우버는 2020년 3분기 차량 호출에 매출이 13억 6,500만 달러로 작년 동기 대비 절반이 되었다. 이에 반해, 음식 배달 매출은 2배 이상 상승되었다. 이렇듯 현재 상황 혹은 트렌드에 맞춰 기업들이 변화하는 것을 피보팅이라고 한다. 코로나 이후 한국에서도 자연스럽게 피보팅이 이루어졌다. 코인 노래방의 경우, 스터디방으로 바꾸어 학생들이 공부할 수 있는 공간으로 변신하였다. 노래방 주인은 손님이 적은 시간대에 파격적 할인가에 공부할 수 있는 공간을 제공하였다. 파주에 있는 맥주회사인 '부루구루'는 공간임대 플랫폼인 '아워 플레이스'를 통해 자신들의 700여 평에 공장 중에 잉여 공간 200여 평을 드라마 및 영화 촬영지로 대여해주었다. 코로나 초기에 많은 피해를 봤던 영화관도 피보팅이 이루어졌다. CGV의 경우, 코로나 이후 개그맨들이 스탠드업 코미디 쇼를 진행할 수 있는 공간으로 대여하고, e스포츠 시합을 즐길 수 있는 공간으로 바꾸기도 하였다. 2021년 6월에 롯데 시네마의 경우, 파격적으로 랜선 투어를 진행하기도 하였다. 피렌체에 직접 가있는 투어 가이드가 시뇨리아 광장에서 우피치 미술관, 베키오 다리, 도모 광장으로 이동하며 설명하는 모습을 선보였다. 이와 같은 문화 예술 공간의 파격적 변신은 코로나 이후 언컨택트 시대의 포노 사피엔스를 위한 마케팅 전략이라 할 수 있다.[125]

포노 사피엔스가 좋아하는 커피 브랜드 중 하나가 스타벅스이다. 스타벅스는 코로나 초기에는 매출이 대대적으로 급감하였다. 미국의 경우, 1만 5천여 개의 매장 중에 절반이 문을 닫았다. 이러한 위기 상황에서 스타벅스가 위기를 극복할 수 있었던 동인은 '디지털 트랜스포메이션' 때문이었다. 2017년 하워드 슐츠 CEO 후임으로 IT 전문가인 케빈 존슨 현 CEO를 영입하였다. 이후 스타벅스는 디지털 기업으로 거듭날 수 있었다. 존슨은 사물 인터넷, 클라우드, AI 기술 등을 스타벅스에 도입했다. 예를 들어, 클라우드로 연동되어 스스로 성능을 관리하고 고장을 분석하는 디지털 커피머신, 우유와 식재료의 유통기간을 추적 관리하는 스마트 냉장고, 매장 운영 시간에 맞춰서 문이 자동으로 열리고 잠기는 스마트 도어락 등을 도입하였다. 이러한 시스템의 도입으로 원두의 유통 경로를 추적하고, 매장 운영 현황을 본사에서 확인할 수 있는 체제를 갖추었다. 아울러, 스타벅스 이용자의 소비패턴을 분석해서 제품을 소개하거나, 쿠폰을 제공하는 서비스도 제공하였다. 이러한 혁신 아래, 스타벅스는 코로나로 인해 2020년 1분기에는 순이익이 전년 대비 51% 떨어졌지만, 3분기에는 매출이 50% 이상 증가하였다. 2020년 12월에는 스타벅스의 주가가 처음으로 100달러를 돌파하였다. 스타벅스는 코로나 이후 '과감한 디지털 혁신'을 통해 코로나에 최적화된 커피 회사로 거듭날 수 있었다.

한국에서는 포노 사피엔스가 좋아하는 '사이렌 오더'를 통해서 모바일 주문, 자체 모바일 결제 멤버십 혜택 등이 도입되었다. 2018년부터 차량 번호를 등록해서 드라이브 스루에서 자동결제가 이루어지는 '마이 디티 패스(My DT Pass)' 도 도입되었다. 이러한 시스템 적용을 통하여 대형 매장을 줄일 수 있었으며, 소비자가 픽업할 수 있는 매장을 늘 수가 있었다. 픽업 매장의 경우, 스마트폰 앱을 통해 커피를 주문하고 결제가 가능하게 만들었다. 시대에 적합한 디지털 기술의 적용은 스타벅스를 단순한 커피 회사가 아닌, 디지털과 커피가 결합된 포노 사피엔스가 가장 좋아하는 회사로 탈바꿈하게 만들었다.[126]

포노 사피엔스는 코로나 이후에 자기만의 방식으로 국내 및 국외 여행을 즐기는 계층이다. 코로나 이후 국내 및 해외여행은 많이 위축될 수밖에 없었다. 항공사들은 방역에 대한 여러 가지 정보들을 여행자들한테 공개한다. 호텔 업계에서는 방역에 대한 시스템을 소비자들한테 제시한다. 예를 들어, 메리어트 호텔은 전염병에 대한 대비책으로 '글로벌 청결 위원회'를 만들어 여행객에게 필요한 정보를 제공하고 있다. 여행 상품 플랫폼인, '여기 어때'는 세스코의 관리를 받는다. 바다 숙소에도 인증마크를 부착하고 있다. 쉐라톤 디큐브시티 호텔 경우, 청정존 시스템을 구축하였다. 공유숙박 업체로 유명한 에어비앤비의 경우, 청결과 위생에 대한 기준을 강화하여 '청결 강화 프로그램'을 운영하고 있다.[127]

포노 사피엔스들은 백신 접종 이후에 해외여행을 꿈꾸고 있다. 그들은 방역 안전 국가 간의 소규모 단위 여행을 허용하는 트레블 버블(여행 안전권역)과 2주간의 격리 조치를 면제해주는 국가로의 여행에 관심이 많다. 2020년 11월 한국과 싱가포르 간의 트러블 버블 협약에 따라 코로나 이후 여행객들의 국제 여행에 숨통이 트였다. 아시아나 항공은 2020년 11월 15일부터 주 4회, 12월부터는 주 5회에 싱가포르 노선을 운행하였다. 인천공항에서 오후 4시 20분에 출발해서 당일 9시 55분 싱가포르(현지 시간)에 도착하게 된다. 한국과 싱가포르 사이의 트레블 버블 협정은 항공편 단위로 정해진다. 탑승 적용 운행편 탑승자는 백신 접종 완료 후 14일이 경과되어야 하고, 한국 출발 48시간 내에 실시한 영문 코로나 19 검사(PCR)에서의 음성 확인서를 지참해야 한다. 싱가포르에 도착해서는 코로나 19 검사를 한 뒤에 잠시 격리하고 음성으로 나오면 격리가 해제되어 싱가포르 관광에 나설 수 있다. 귀국의 시점에서는 출발 72시간 이내 실시한 검사의 음성 확인서를 지참해서 비행기를 탑승하고, 한국 입국 후에는 격리 면제를 받을 수 있다. 코로나가 일상이 되어 버린 국가 간 트레블 버블이 계속적으로 늘어날 수 있다.[128]

2020년 여름철은 국내 여행지에 많은 사람들이 몰렸다. 국내 여행객들이 대거 몰리면서 해수욕장에서는 '예약제'를 실시하였다. 예를 들어, 전남 지역 해수욕장을 가려면 휴대폰으로 해수욕장이 위치한 지역의 홈페이지에서 미리 예약해야 한다. 예약을 통하여 인원수를 확인할 수 있고, 방문한 사람들의 정체와 동선이 확인이 가능하기에 지역 사회에서는 이용자의 관리가 수월했다. 이외에도 선착순으로 해수욕장의 인원을 입장 시키는 방식도 동원됐다. 부산 해운대, 경포 낙산, 하조대, 고래불과 같은 국내 16개의 유명 해수욕장들은 선착순으로 입장객을 받았다. 해수욕장 외에도 워터파크도 입장객에 대한 기준을 높였다. 캐리비안 베이는 모든 입장 인원이 모바일 인증과 문진을 해야 하고, 마스크 착용 및 발열 체크가 의무적이었다. 포노 사피엔스는 이와 같은 방역 절차를 즐겁게 순응하는 계층이기도 하다.[129]

코로나 시기에 사람들이 많은 제약 속에서도 여행을 탐닉하는 이유는 무엇인가? 그 대답에 대하여 심리학자 최인철 교수는 다음과 같이 말한다.

"여행에서 돌아올 때 우리는 '새로운 시작'이라는 선물을 들고 온다. 일상의 시작과 끝이 자연적 시간의 흐름에 규정된다면, 인생의 시작과 끝은 의미 있는 경험에 의해 규정된다. 여행은 새로운 시작을 알리는 의식이자, 과거와의 단절을 선언하는 절차다. 아쉽게도 코로나 19로 인한 지금의 일상은 시간이 어떻게 흐르는지 느끼지 못할 정도로 단조롭다. 시간에 리듬이 없고, 맺고 끊는 맛이 없다. 자연적 시간만 존재할 뿐, 의미의 시간은 멈춰 섰다."[130]

심리학자 대니얼 카너먼은 우리의 삶은 '해석'과 '재해석'의 연속이라고 했다. 경험은 한순간에 끝나는 것이 아니라, 시간이 지남에 따라 계속적으로 재해석된다. 우리가 말하는 좋은 삶은 순간으로만 정해지지 않는다. 연속적으로 지나온 시간들의 축적으로 평가된다. 카너먼은 '경험하는 자아(experiencing self)'와 '기억하는 자아'(remembering self)라는 개념을 주창하였다. 우리에게는 현재를 경험하는 자아가 있고, 훗날에 그 경험에 대해서 회상하고 새롭게 의미를 부여하는 자아도 있다. 경험하는 자아를 위한 행복은 현재의 만족과 기분을 최고로 만들면 된다. 기억하는 자아를 위한 행복은 삶의 전체적 의미와 가치를 지향한다는 것을 말한다.[131] 여행은 경험하는 자아와 기억하는 자아 모두에게 긍정적인 체험을 가능하게 한다. 특히 여행에서 돌아오고 난 후에 그 여행을 자신의 방식으로 해석하게 만드는 묘약이다. 여행 기간 내내 힘들고 어려웠지만 일상으로 돌아와 몇 달 후에는 그 여행지에서의 추억을 회고하며 웃게 된다.

포노 사피엔스들에게 여행은 경험을 통한 '의미의 시간'을 되찾기 위한 투쟁이 아닐까? 포노 사피엔스는 디지털에 익숙한 계층이지만, 동시에 아날로그적인 여가에 관심이 많다. 이에 제약 속에서도 여행에 관심 있는 사람들이 많다. 그들은 코로나 시대를 새로운 변화가 시작되는 시점으로 간주하고 있다. 김용섭은 코로나는 우리 사회 변화의 추동력이라고 말한다.

"팬데믹은 우리 사회가 그동안 묵혀놨던 고질적 문제, 구조적 문제를 해결하는 새로운 계기를 만들고 있다. 살면서 처음 겪는 상황이 우리 삶의 방식, 사회구조에 대한 생각을 다시 하게 만들고 있다. 이런 구조적 변화가 생기는 것은 사회 전반에 다양한 나비효과를 만들어 낸다. 미처 생각하지 못했던 영향이 도미노처럼 이어지기도 할 것이고, 그에 따라 누군가의 손해와 이해관계의 갈등도 나올 수밖에 없다. 사회적으로 기득권을 내려놓을 쪽도, 권위를 잃을 곳도 많다. 반대로 새로운 권력을 잡을 쪽도, 실력을 제대로 발휘할 기회를 얻는 곳도 많다."[132]

사회 변동의 시기에 우리에게 필요한 지혜는 동반 성장이다. 포노 사피엔스는 관심은 디지털에 두되, 손은 타자와 맞잡아야 한다. 그럴 때에 우리 사회의 발전이 이루어진다. 뉴욕대학교 사회학과 교수인 에릭 클라이넨버그는 뉴욕타임즈에 "우리에게 사회적 거리보다 사회적 연대가 필요하다(We need social solidarity. not just social distancing)" 이라는 글을 기고했다. 그는 팬데믹 시대에 노년층이나 장애인 등의 소외 계층에 관심을 가지고 도와줘야 사회가 발전한다고 하였다. 친구, 지인들과 자주 소통하고 연락하면서 '사회적 연대'를 강화해야 사회가 발전한다는 것이다. 그는 코로나로 인한 언컨택트 사회에서 사회적 단절이나 소외 계층의 고립은 또 다른 사회 문제를 잉태할 수 있음을 경고한 것이다.[133]

포노 사피엔스에게 코로나는 도전이자 기회의 시기이다. 이를 잘 극복하여 사회 발전에 이바지하는 계층으로 자리 잡기 위해서는 코로나가 우리에게 주는 역사적인 사명이 무엇인지를 숙고해야 한다.

신인류의 행복 찾기

현대 사회를 살아가는 우리는 소유와 경험 사이에서 자주 갈등을 한다. 코넬대학교의 토머스 길로비치(Tomas Gilovich) 교수 연구팀에 의하면, 경험은 진정한 무소유의 삶을 가능 하게 한다고 하였다. 길로비치 교수는 경험과 소유의 차이에 대해서 세 가지로 설명하였다. 첫째, 소유는 비교가 가능하게 하지만 경험은 비교를 유발하지 않는다. 소유의 기본적 개념 설정은 물건이다. 그렇기에 내가 가진 물건과 타인이 가진 물건 사이의 비교가 가능하다. 우리는 물건을 구입하고 나서 그 물건을 다른 사람은 더 싸게 사지 않았는지를 확인하며 비교한다. 그러나 경험은 주관적이기에 비교가 불가능하다. 주관적 경험은 비교 자체가 어렵다. 더운 여름날 샤워를 하면서 친구네 집의 물은 더 차가울 것이라고 생각하는 사람은 없다. 경험은 '지금 여기'에서의 상태를 강하게 느끼게 한다. 경험은 우리를 비교할 필요 없이 만들어 주어 우리를 무소유적 삶에 이르게 한다. 둘째, 경험은 우리가 누구인지의 정체성을 만들어 준다. 우리가 갖고 있는 소유물들은 우리가 어떠한 정체성을 갖는지 가르쳐주지 않는다. 소유물을 통해서 우리 내면에 쌓여져 있는 의식을 밝혀 내기는 불가능하다. 정체성을 알기 위해서는 누군가가 어떤 경험을 해왔는지를 살펴보아야 한다. 셋째, 경험은 우리에게 이야깃거리를 제공한다. 소유는 비교를 유발하기 때문에 서로 간에 대화를 오래 끌고 갈 수가 없다. 그러나 경험에 대한 대화는 끝없이 타인과 즐거움을 만들어 나갈 수가 있다. 행복에 대한 많은 연구들이 말하는 행복감 향상을 위한 일은 경험에 대해서 서로가 이야기를 나누는 것이다. 특히, 와인을 마시거나, 맛있는 음식을 먹으면서 나누는 이야기는 우리의 행복감을 높여 주는데 중요하다.[134]

마스크가 일상이 되어 버린 현재 마스크에 대한 문화 간의 차이가 나타나고 있다. 서구 문화와 아시아 문화 사이의 마스크에 대하여 거부감에서 큰 차이가 나타난다. 서구사회의 경우, 마스크 착용 방침에 반발하는 시민들이 계속적으로 시위를 하고 있다. 백신접종을 반대하는 시위도 독일, 프랑스, 스페인, 스위스 등지에서 일어나고 있다. 서구사회에서 마스크에 대해서 거부감이 있는 이유는 문화적으로 받아들이지 못하는 데에 있다. 마스크 착용 자체가 사회적으로 부정적 이미지를 갖고 있기 때문이다. 이 문화에서 공공장소에서의 마스크 착용은 범죄와 연관된다고 생각하기도 했다. 한국, 일본, 싱가포르, 홍콩 등과 같은 아시아 국가에서의 마스크 착용률은 90%에 육박하고 있지만, 미국에서는 71%, 영국에서는 31%, 스웨덴, 덴마크, 노르웨이 등의 북유럽 국가에서는 5% 미만으로 나타나고 있다. 아시아권에서 마스크에 대해서 친숙한 이유는 무엇인가? 일본의 경우, 독감 예방을 위해서 마스크 착용을 사회적으로 편하게 받아들였다. 특히, 1970년대와 1980년대에 꽃가루 알

레르기 때문에 많은 사람들이 마스크를 자연스럽게 쓰기 시작했다. 아시아인들은 얼굴에 흉터를 가리거나, 또는 수줍은 마음을 줄이기 위해서 마스크를 자연스럽게 쓰기도 한다. 이에 반해서 서양에서는 얼굴을 드러나는 것이 사회적으로 따뜻하다는 이미지로 받아들인다.[135]

2021년 11월 1일, 프로 야구 포스트 시즌이 개막하면서 와일드카드 결정 1차전이 서울 잠실 경기장에는 열렸다. 여기에 코로나 팬데믹 이후 가장 많은 1만 2천 422명의 관중에 모였다. 코로나 이후 관중들에게 야구장을 개방한 것은 2020년 7월부터였다. 2020년 상반기 프로야구 시합은 무관중으로 치러졌다. 7월 26일 경기장에 팬들이 처음으로 입장할 수 있었고, 방역 당국은 프로 스포츠 관중 유입을 허용했다. 이때에 구장 정원의 10% 만 입장이 가능했다. 서울 잠실구장의 경우, 2,424명이 최대 정원이었다. 경기장을 찾은 관중은 티켓 발권에서 몇 가지 절차를 통해서 입장이 가능했다. 줄을 설 때에도 사회적 거리두기를 지켜 최소 1m 이상을 떨어져서 줄서야 했다. 안내원들은 관중의 QR 코드를 확인하고, 전자 출입 명부 시스템을 통해 본인 인증을 한 후에 입장이 가능했다. QR 코드에 대한 안내판은 경기장 곳곳에 부착되어 있었다. QR 코드 발급이 어려운 관중에게는 수기로 인적 사항을 반드시 적게 하였다. 마스크 착용 및 발열 체크, 그리고 손 소독제를 취한 후에 입장이 가능하였다. 야구장은 지정 좌석으로 되어 있고, 좌석들은 2칸 이상 떨어져 앉도록 되었다. 2020년 코로나 1년차의 야구장의 재미있는 광경은 야구장에서 치맥을 할 수 없다는 점이었다. 물과 음료 섭취만 가능하고 식사는 할 수가 없었다.

심리학자 최인철 교수는 야구장을 가리켜서 "종종 자아가 사라지는 경험"을 하게 되는 명상의 공간이라고 했다.[136] 야구장은 이 시대의 도시인들이 힐링 할 수 있는 최적의 공간이다. 사회학자 심보선은 야구의 매력은 다른 스포츠가 경기장 바깥으로 공을 넘기면 노플레이가 되는데, 야구는 경기장 밖으로 공을 넘길 때에 최고의 플레이가 되는 데에 있다고 하였다.[137] 영화 <내추럴>(1984년)의 마지막 장면에서 주인공 로이 홉스(로버트 레드포드)가 9회 말에 역전 홈런을 치고 폭죽이 터지는 장면이 나온다. 일상의 반복성 속에서 야구는 의외성을 던져 주는 심리적 오아시스이다. 그렇기에 많은 사회 구성원들은 야구 속으로 빠져든다.

코로나시기를 살아가는 포스트 코로나의 인류에게 행복은 삶을 지탱하는 원동력이다. 그렇다면 코로나 팬데믹 시대에 맞는 행복이란 무엇인가? 행복은 즐거운 감정이 지속된 상태이다. 이 행복감은 주관적이기도 하다. 한 사람에게 즐거운 상태가 다른 누군가에게는 힘들어 보이기도 한다. 여기서 말하는 행복감은 거창한 행사를 통하여 얻어지는 것은 아니다. 거대한 한방으로 인해서 행복해지기 보다는 즐겁고 재미있는 일들을 자주 경험하는 시간들이 행복으로 인도한다. 행복은 로또에 당첨되는 것처럼 역사적인 사건 하나만으로 달성되지도 않는다. 이는 하루 하루를 기분 좋게 친한 사람들과의 지내는 관계 속에서 빚어진다. 나의 경우에는 고급 레스토랑에서 어려운 사람과 스테이크를 먹을 때 보다 동네 백반 집에서 오랜 친구들을 만나서 된장찌개를 먹을 때에 행복감이 높다.

코로나시기에 행복하기 위해서는 다섯 가지 방향에 대하여 생각해

보아야 한다. 첫째, 행복의 사사화(privatization)를 깨달아야 한다. 코로나 시기에는 개인의 취향이 중요하다. 남을 따라하지 않고, 각자만의 개성이 묻어있는 행복 추구가 필요하다. 행복의 사사화의 관점에서 '개인의 선택'은 중요하다. 행복하기 위해서는 타자의 의사에 따라 나의 행동을 정하기보다는 나의 선택에 따라서 행동과 경험을 수행해야 한다. 여가 시간에 운동 종목을 결정할 때나, 여행지를 정할 때에도, 식당을 고를 때에도 내 선택이 우선되어야 한다. 행동에서 나의 선택이 우선되는 일이 행복 사사화의 실현이다. 코로나 이후 우리 여가 활동에서 제약이 많아졌다. 여러 제약 속에서 나만의 효과적 선택을 위하여 노력을 해야 한다. 적절한 선택을 위해서 어떻게 해야 하나? 이 답을 구하기 위해서는 내면의 대화가 필요하다. "내가 진짜로 원하는 것은 무엇인가?"라는 질문을 꾸준히 던져야 한다. 이를 통하여 여러 가지 상황에서의 선택을 스스로가 할 수 있어야 한다.

코로나 이전부터 개인의 사생활 보호라는 측면에서 여러 영역에서 침묵과 관계된 서비스가 출시되었다. 나는 이와 같은 레저 분야의 침묵 서비스는 우리의 행복감을 높인다고 생각한다. 피곤한 몸으로 지쳐서 퇴근하며 택시기사분의 질문에 당황한 기억이 있는 나로서는 침묵은 행복의 사사화를 구현하게 만든다고 본다. 코로나 이전인 2017년 일본에서 소개된 침묵 택시는 큰 인기를 얻었다. 교토의 미야코 택시는 운전기사가 행선지를 묻거나, 긴급 상황에 대하여 대응할 때를 빼고는 승객들에게 절대로 말을 하지 못하게 하였다. 승객이 말을 걸 때만 응대할 수가 있다. 처음 340대의 보유 택시 중 10대의 택시에 침묵 택시를 운행하였다. 고객이 택시에 타면 운전석 조수석 목 받침대 뒤에 "운전기사가 말을 하지 않는 조용한 서비스를 제공하고 있고 필요하면 편하게 말을 해 달라" 는 안내문을 볼 수 있다. 회사 측에 따르면, 침묵 택시 이용자들의 만족도가 상당히 높은 것으로 나온다. 승객들은 "막차 놓치고 지쳐서 택시 탔을 때 말을 걸지 않아서 좋았다" 등의 평가를 SNS 에다 올렸다.[138]

일본에서는 택시만이 아니라, '무언 서비스'라는 이름 아래 매장에서 고객들에게 필요 없는 이야기를 건네지 않는 서비스가 인기를 얻고 있다. 일본의 젊은이들이 좋아하는 브랜드인 '어반 리서치'는 2017년부터 '혼자 조용히 쇼핑 하겠다'를 의미하는 쇼핑백을 매장 입구에 배치하였다. 어반 리서치는 고객을 대상으로 한 조사에서 '혼자 쇼핑하고 싶다'는 사람들이 다수라는 결과를 얻고 이와 같은 무언 서비스를 도입하게 되었다. 무언 혹은 침묵 서비스는 고객 뿐만이 아니라, 점원들에게도 도움이 된 것으로 분석된다. 고객은 매장에서 점원에 대하여 쓸데없는 눈치를 보지 않고 쇼핑을 즐길 수 있다. 점원은 도움이 필요한 고객에게만 응대하여 서비스의 질을 충분히 향상시킬 수 있다. 이와 같은 마케팅 전략은 매출 향상으로 이어져서 이후 어반 리서치는 많은 매장으로 이와 같은 무언 서비스를 확장시켰다. 어반 리서치의 매장 전략이 우리나라에서도 수년 전부터 시행되고 있다. 화장품 브랜드 '이니스프리'는 서울 강남 직영점에 두 가지 형태의 바구니를 배치해 놓았다. 초록색 바구니는 '혼자 볼게요'이고, 주황색 바구니는 '도움이 필요해요' 바구니이다. 손님이 초록색 바구니를 든다면, 고객이 필요할 때만 직원이 다가와서 응대한다. 주황색 바구니든 고객에게는 직원이 먼저 다가가서 고객들에게 피부 상태를 좋게 해주거나, 화장품을 추천하는 등 적극적 응대를 시도한다. 2017년 이 서비스가 출시되자마자 많은 고객들은 "재미있다"는 반응을 하고 있다.[139]

코로나 시기에는 우리 삶의 제약이 크다. 이 제약 속에서 선택에 대한 본인의 능력을 키우고 실천에 옮겨야 한다. 철학자 이진우는 코로나 바이러스로 인하여 '감시'가 우리의 피부 밑으로 까지 침투하였다고 비평한다. 이렇게 만들어진 감시사회는 우리의 일거수일투족을 공식적으로 점검한다. "피부 밑의 감시(under the skin surveillance)"[140]는 우리의 생체측정 정보를 마음대로 확인한다. 디지털 감시 사회는 우리의 사적 생활을 방해한다. 그렇기에 행복을 위한 개인적인 의도와 행위의 자율성이 필요하다.

행복의 사사화를 위해서는 행위 선택을 하는 능력이 필요하다. 선택에 대한 행위 후에 긍정적인 경험을 많이 쌓고 이를 잘 회상하는 사람의 행복감은 높다. 여기에서의 회상은 불교식으로 얘기하면 '의심하는 삶'을 말한다.

"불교를 공부하고 수행함을 하는 데는 크게 두 가지 삶이 있습니다. 하나는 답을 구하는 삶이고, 다른 하나는 의심하는 삶입니다. 답을 구하려는 삶은 계속해서 무언가를 찾아 나서고 구한 것들을 축적합니다. 축적한 것에 결코 만족하지 못하여 계속해서 앞으로 나아갑니다. 하지만 의심하는 삶은 축적된 것들을 돌이켜보고 의심되는 것들을 비워갑니다. 앞으로 나가는 게 아니라 바로 이 자리를 돌이켜 봅니다. 그리하여 두 삶은 다른 결과를 만들어냅니다. 구하는 삶은 여전히 밖을 향해 나서게 되고, 의심하는 삶은 곧장 그 자리에서 멈춰지게 됩니다. 답이란 결코 구하는 것이 아닙니다. 멈춤으로써 드러내는 것입니다. 구함이 멈춤으로써, 그 모든 것들이 답으로 드러나는 것입니다."[141]

구하는 것을 멈추고 스스로 의심해야 행복의 길로 갈 수 있다. 구하는 일은 외부로 시각을 돌리는 것이고, 의심하는 일은 내부로 시선을 돌리는 것이다. 코로나 시대에 행복하기 위해서 우리 내면의 목소리에 대하여 더욱 귀를 기울여야 한다.

둘째, 행복한 공간이 어떤 곳인지를 분명히 알아야 한다. 코로나 시기의 사회적 거리두기, 방역으로 인하여 여가 공간은 제한적이다. 이 시기에 자기만의 행복을 위한 공간을 가져야 한다. 꼭 집이 아니어도 좋다. 개인이 여가 활동을 즐겁게 그리고 재미있게 할 수 있는 여가 공간을 가져야 한다. 행복을 위한 공간의 전제는 편안함이다. 코로나시기에 사회적 거리두기로 인원이 제한되면서 두 명만 모이고, 또는 네 명만 모이는 제약 속에서 나의 편안한 공간을 찾기 힘들게 되었다.

"공간은 정체성을 규정한다." 나만의 편안하게 지낼 수 있는 공간이 중요한 이유이다. 공간은 사회적 맥락을 통하여 구축된다. 일본 드라마 <심야식당>은 도시인들의 힐링 공간으로의 식당에 대한 이야기를 다룬다. <심야식당>의 배경은 일본 동경의 밤 12시 부터 6시까지 문을 여는 동네의 작은 식당이다. 여기에는 하루 일과에 지친 사람들이 찾아와 자기 이야기를 식당 주인과 타인들과 나눈다. 나의 고민과 걱정을 타인과 적절히 나누는 행위를 통하여 손님들은 마음의 위안을 얻는다. 이와 같은 공간이 바로 행복한 공간이다.

행복의 공간이 만들어지기 위해서는 두 가지를 갖추어야 한다. 첫 번째는 내가 이 곳에 머물며 마음의 안식을 취할 수 있는가의 여부이다. 일터나 직장이 마음의 위안을 주지 못하는 이유는 그 곳이 편하지 않기 때문이다. 직장에서는 나에게 일감을 주는 상사와 비교 대상의 동료들이 존재한다. 누군가의 눈치를 보고, 내 성과가 항시 비교가 되는 상황에서는 스트레스를 받을 수밖에 없다. 일터와 반대되는 모든 긴장이 풀어지는 그러한 공간은 행복의 공간이다. 두 번째는 사소한 이야기가 통하는 곳이어야 한다. 심각한 이야기가 아니라, 일상에서의 작은 이야기들을 나눌 수 있는 공간이어야 한다. 내 이야기를 즐겁게 하고, 그리고 남의 이야기를 재미있게 들을 수 있는 공간은 행복의 터전이다. 드라마 속의 그 심야 식당처럼 음식이나 간단한 술 한 잔을 곁들일 수 있으면 금상첨화이다.

셋째, 마음의 면역 체제에 대해서 파악하고 있어야 한다. 코로나시기에 우리는 뜻하지 않은 많은 일들을 경험할 수 있다. 이런 때에도 최악을 상상하기 보다는 실제 일어나는 일들에 대한 자기의 적절한 해석이 필요하다. 어떠한 안 좋아하는 일을 경험 하더라도 다시 빠르게 잊고 견뎌낼 수 있는 우리 스스로의 심리적 면역체제에 대한 믿음을 가져야 한다.

마음의 면역체계에 대한 좋은 실험이 있다. 하버드대학교의 다니엘 길버트와 버지니아 대학교 에디밀손 교수팀은 '정서 예측(affective forecasting)' 실험을 했다. 연구팀은 두 실험 집단을 선정하였다. 첫 번째 실험 집단은 현재 사귀고 있는 연인과 헤어진다면 본인의 삶이 얼마나 그리고 오랫동안 비참한 느낌을 가질 것인지에 대하여 예측하도록 하였다. 다른 실험 집단에게는 실제로 실연당한 사람들을 대상으로 당신이 지금 얼마나 슬프고 힘든지, 그리고 행복 정도가 얼마나 되는지를 보고하도록 했다. 두 집단의 실험 결과를 비교해 보니, 헤어지는 것을 상상한 사람들은 본인의 삶이 아주 오랫동안 불행할 것으로 예측했다. 그런데 실제로 실연을 당한 사람들은 상상했던 것보다 훨씬 빠르게 행복을 되찾는 것으로 나타났다. 그 이유는 우리가 시련을 경험하면 마음속의 면역체계가 강하게 작동하기 시작하기 때문이다. 두 번째 실험 집단인 실제 실연을 경험한 사람들은 이 상황에서 여러 가지 '자기합리화' 과정을 가졌다. 헤어진 연인에 대한 비난, 또는 처음부터 본인과 인연이 아니었다고 하는 자기 위로 그리고 추후에 전 연인보다 훨씬 좋은 사람을 만날 것이라는 등을 생각하며 위기 상황을 잘 극복하였다.[142]

넷째, 일상의 사소한 것을 귀하게 생각하고 행복하게 여기는 삶을 살아야 한다. 일상의 작은 것에 대해서 음미를 갖는 기술을 "음미하기(Savoring)'이라고 한다. 음미하는 기술을 통해 현재를 온전히 느끼며 사는 지혜가 필요하다. 이는 삶에 밑줄을 치는 행위로 마음의 저장고에 오랫동안 보관하는 행동이기도 하다.[143] 구운 지 얼마 안 된 빵을 손으로 찢어 맛있게 먹기, 서랍 안의 잘 정리된 속옷을 쌓아 놓는 것, 세탁한 후에 하얀 셔츠를 입으며 미소 짓기, 아침에 일어났을 때에 애완견이 잠자리로 들어와 내 얼굴에 인사할 때의 반가움 등에서 소소한 만족 경험이

삶의 음미이다. 코로나 시대에 행복하기 위해서는 소소한 즐거움을 자주 경험 하려고 노력해야 한다.[144]

코로나 시대에 불행해지기도 쉽다. 철학자 김형철 교수는 세 가지 상황이 우리를 불행하게 만든다고 하였다.[145] 첫째, 이룰 수 없는 것을 간절히 원하면 불행해진다. 세상에는 자기 뜻과는 상관없이 이루어지는 것이 많다. 국적, 성별, 출신 지역 등은 본인이 바꿀 수 없다. 바꿀 수 없는 것들에 불평하는 일은 삶을 소모적으로 만든다. 어쩔 수 없는 일은 포기하는 사람이 현명한 자이다. 둘째, 타인과 자주 비교하는 사람은 불행할 수밖에 없다. 사회적 박탈감은 근본적으로 타인과의 비교에서 부터 시작된다. 내가 가진 것보다 상대편이 많은 것을 가졌다고 비교하고 불평하면 할수록 불행한 감정은 축적된다. 셋째, 쾌락을 추구하면 추구할수록 불행해진다. 쾌락만을 추구하는 일은 모래성을 쌓는 것과 같다. 소소한 데에 음미하는 사람들은 무모한 일에 바라거나, 타인과 비교하거나, 혹은 쾌락만을 추구하지 않는다.

다섯째, 행복을 위해서 삶의 중심에'재미'와 '의미'를 두어야 한다. 재미는 특정 행동을 유발하는 강력한 요인이다. 재미가 있다면 하지 말라고 해도 하게 된다. 새벽에 일어나 조깅을 하는 사람들은 무릎이 아파도 스스로 일어나 문을 박차고 나가서 달린다. 코로나 시대의 재미는 남과 다르게 살 수 있는 심리적 기저이다. 재미는 '나만의 이야기'를 창조하게 한다. 자기 이야기를 갖고 있는 사람과 그렇지 않은 사람의 행복감에는 많은 차이가 있다. 자기 경험에 대하여 여러 가지 이야기를 갖는 사람은 심리적으로 어려울 때에 그 경험을 회상하며 극복할 수 있다. 돈이 많거나 좋은 집에 산다고 행복감이 커지지 않는다.

코로나 이후로 삶의 재미를 위하여 도시와 시골에 번갈아 사는 사람들이 늘고 있다. 코로나로 인하여 도시 속에서의 제약이 커지자 도시를 떠나 시골에서 부분적으로 사는 사람들이 늘었다. 소위 도시와 농촌을 번갈아 가면서 사는 "듀얼 라이프" 현상이 나타나고 있다. 듀얼 라이프의 핵심은 도시와 시골의 두 가지 생활을 동시에 즐기는 것이다. 이렇듯 듀얼 라이프를 즐기는 사람은 듀얼러 라고 부른다. 코로나 이전에는 부유층이나 특권층이 별장을 소유하고, 도시와 별장을 오가며 살았다. 그러나 MZ 세대를 중심으로 하여 도시와 시골을 번갈아 살며 재미를 추구하는 사람들이 증가하고 있다. 이에 '오도이촌' 또는 '사도삼촌'이라는 말도 생겼다. 경제적으로 여유가 있는 베이비부머 세대들은 양평이나 가평 등지의 전원주택 단지의 별장을 마련하거나, 강릉이나 속초 등지에 세컨드 하우스를 만든다. 경제적으로 부담이 되는 사람들은 친척들이 서로 돈을 모아 전셋집을 임대하거나, 공동으로 매매하여 구한 집을 돌아가면서 사용하기도 한다. 건축학자 유현준 교수는 "이러한 경향을 집에서 보내는 시간, 즉 집이 감당하는 용량이 기존보다 1.5배 초과 되어 집이 작게 느껴지는 것"때문이라고 하였다.[146]한다. 코로나 시대도시 속의 제약을 오히려 시골 생활로 승화시키는 사람들은 인생의 재미를 아는 이들이다.

행복을 위해서 재미만큼 중요한 심리 요인은'의미'이다. 내가 하는 행동이 의미가 없다면 행복하기 힘들다. 현재 상황이 힘들어도 거기에 의미가 있다면, 그 행위를 지속적으로 할 수 있다. 의미는 한 사람의 인생의 중요한 가치를 정하기도 한다. 타인에게는 초라해 보이는 일이 본인에게는 중요하게 여겨지고, 누가 시키지 않아도 계속적으로 할 수 있는 동인이 의미이다. 내가 하는 여가 활동이 의미가 있다면, 다른 사람한테는 여가로 보이지 않더라도 나에게는 진정한 여가 경험을 부여한다. 자원봉사 활동이 그 대표적인 예이다. 어떤 사람들한테는 자원봉사 활동은 힘들고 어려운 일로 보인다. 그러나 자원봉사자에게 그 일은 가장 큰 의미를 부여하는 행위이다.

의미가 중요한 이유는 인간의 생각의 틀을 규정하는 데에 있다. 인간은 의미를 지향하는 가운데에 나의 생각의 틀을 구축한다. 의미가 없는 일이나 경험은 생각 속에 머물지 못하고 흘러가 버린다. 신학자 김상근 교수는 생각보다 중요한 것은 생각의 틀이라고 본인의 학부 때의 경험을 바탕으로 이야기한다. 그는 학부 시절에 한태동 교수의 마지막 강연에서 들었던 생각의 틀에 대하여 이렇게 언급하고 있다.

"여기 물 잔이 있습니다. 물 잔에 물이 반쯤 채워져 있습니다. 그런데 여러분, 자세히 보세요. 물의 형태를 잘 보세요. 물 잔의 형태대로 물이 담겨 있지 않습니까? 여러분의 생각도 여러분의 신앙도 마찬가지 입니다. 물 잔의 틀에 따라, 그 생긴 모양에 따라, 물의 모양이 결정됩니다. 물 잔의 모양에 따라 물이 담겨 있듯이, 여러분의 생각과 신앙도 모두 물 잔의 모양에서 벗어날 수 없습니다. 꼭 기억하세요. 물보다 중요한 것은 물 잔의 틀입니다. 틀의 모양입니다. 물은 물 잔의 틀에서 절대로 벗어날 수 없습니다. 여러분의 생각도 마찬가지입니다. 여러분의 생각 자체보다, 여러분의 생각의 틀이 무엇인지 항상 살펴보기 바랍니다."[147]

행복을 위해서는 재미가 있고 의미가 부여되는 행위를 지속적으로 해야 한다. 코로나 시기는 과거 어느 때 보다 나의 인생의 재미와 의미에 대하여 생각해 보아야 한다.

제2부

사회의 여가

2210

제4장

재택근무의 확산

코로나 팬데믹은 사회 구조의 변화도 초래했다. 주목할 만한 변화는 직장 구조에서 찾을 수 있다. 회사에서의 '긱'마인드가 형성되고, 직장 내부 및 외부의 재편되고, 회식 문화도 바뀌고 있다.

재택근무는 코로나 시대가 낳은 일터의 대대적인 변혁이다. 재택근무 하는 직장인들은 일과 삶의 균형을 찾고 있다. 위드 코로나 시대에 접어들면서 일과 삶의 균형은 행복한 삶을 위한 중요한 과제로 등장했다.

재택근무가 확산하며 '공간'에 대한 새로운 가치가 부여되고 있다. 공간은 사회 구성원들의 정체성을 구축해나가는 터전이다. 도시, 집, 일터, 여가 속에서의 자신만의 공간의 의미가 남다른 시대이다. 자신만의 여가 공간은 행복 추구를 위한 필수 조건이 되고 있다. 스스로의 여가 공간을 규정지을 수 있는 직장인의 행복도는 높을 수밖에 없다.

코로나와 조직 문화의 변화

코로나 팬데믹은 한국 사회의 직장 구조에 많은 변화를 가져왔다. 한국 사회의 고정적인 직장에 대한 관념은 평생직장과 관련되었다. 한국 사회의 직장에 대한 개념 변화는 IMF 구제금융시기 이후부터 바뀌기 시작하였고, 코로나 팬데믹 이후에는 재택과 원격 근무라는 형태를 중심으로 직장 개념이 탈바꿈 중이다. 코로나 이후 직장 해체 및 구조 조정의 대표적인 분야는 은행권이다. 2021년에 시중은행 희망퇴직자는 5천 여 명으로 추산되었으며, 희망퇴직 신청 대상은 1980년생인 만 41세 은행원이 포함되는 대대적인 구조조정이 이루어졌다. KB국민, 신한, 우리, 하나, NH 농협, SC 제일, 한국씨티은행 등 7개 시중 은행에서 21년의 희망퇴직자 규모는 4,888 명이었다. 희망퇴직자의 경우는 시티 은행이 가장 많았다. 씨티은행의 소비자금융 부분이 철수가 결정됨에 따라 2,300여 명이 희망퇴직을 신청했고, 은행에 남아 있는 1,000명 정도의 인력은 기업 금융으로 업무가 재편되었다. 이에 씨티은행은 특별 퇴직금의 지급액을 최대 7억 원으로 설정하여 화제가 되기도 했다. 대면 중심의 은행 업무의 축소는 불가피해 보인다. 코로나는 이렇듯 직장의 구조를 바꾸는 중이다.

시중은행이 대규모 인원 감축을 시행하고 있는 데에 비해, 인터넷 전문 은행은 인력을 계속 충원하고 있다. 케이뱅크, 카카오뱅크는 채용연계형 인턴을 모집하였다. 케이뱅크의 경우, 인턴십 기간 동안 월 300만

원을 제공하는 조건으로 인력을 채용하였는데 약 2,000명이 몰렸다. 토스뱅크의 경우는 개발자, 디자이너 등을 채용하면서 전 직장연봉 대비 1.5배, 그리고 5천만 원에서 1억 원 상당의 스탁 옵션의 조건을 걸고 채용을 하였다. 아날로그 형태의 직장 문화가 급속하게 디지털 중심으로 바뀌어 나가고 있다.[148]

코로나는 많은 조직들로 하여금 업무에서 '긱(gig) 마인드'를 갖게 한다. 이제는 정규직보다 임시직이나 계약직 고용이 늘어나고 이들이 주도적으로 일을 할 수 있는 체제 구축이 필연적이다. 그 이유는 회사 전체가 디지털 전환을 통해 여러 가지 플랫폼에서 일할 수 있는 시스템이 빠르게 구축되고 있기 때문이다. 기업들은 임시직과 계약직을 단순히 늘리는 것이 아니라, 업무를 '프로젝트' 형태로 구축하고 있다. 이에 직원 스스로는 자신의 일을 관리하고 성과를 창출하는 역할을 할 수 있어야 한다. 코로나 이후 원격 근무 체제는 프로젝트의 성격에 따라 누구나 일의 중심이 되거나, 혹은 리더가 될 수 있는 특징이 있다. 비대면 시대에 중요한 점은 조직이나 기업의 가치를 어떻게 구성원들이 적절하게 공유하는 가이다.

"앞으로 조직의 가치를 공유하는 일은 단순히 집합 교육이나 워크숍을 통해서 이루어지기 어렵다. 언택트 환경에서 형식적인 가치공유는 실행으로 연결되기 어렵기 때문이다. 기업은 조직 구성원들에게 회사가 추구하는 가치를 어떻게 심어줄지에 대한 고민이 필요하다. 예컨대 기업의 가치가 반영된 일하는 방식의 가이드라인을 만들 수도 있다. 재택, 원격 근무 시의 행동지침을 통해 자연스레 기업의 가치가 스며들게 할 수 있다. 또는 서로 간에 정기적인 토론으로 현재 자신의 일이 기업의 가치에 어떻게 연결되어 있는지를 논의해볼 수도 있다. 어떤 형태로든 기업의 가치에 대해 조직 구성원과 지속적인 커뮤니케이션을 할 수 있을지를 찾아야 한다."[149]

이 시대에는 기업이 조직 구성원들에게 조직만의 가치를 공유하는 일이 기업의 과제이다. 가치가 적절하게 공유되었을 시에 그 기업은 창의성을 발휘할 수 있다. "창의성이란 남과 싸워서 이기는 것이 아닌 아무도 없는 곳을 찾아 떠나는 여행이다. 그래서 창의성을 얻는 첫 번째 조건이며 가장 중요한 단계가 바로 경쟁 상태에서 벗어나는 것이다."[150] 그렇다. 코로나 시대에 창의적인 조직이 되기 위해서는 조직의 가치를 잊지 않고 남이 가지 않는 길을 가는 것이다.

코로나 팬데믹은 직장 선호도에서도 변화를 가져왔다. 인크루트가 2021년 7월 20일 전국대학생 1,079 명을 대상으로 실시한 '2021 대학생이 뽑은 일하고 싶은 기업' 조사 결과가 발표되었다. 이 조사 결과에 따르면, 카카오가 12.7%의 득표율로 1위가 되었다. 카카오는 2020년에도 1위를 기록했다. 카카오를 응답자들이 선호하는 이유는 크게 두 가지다. 첫 번째는 높은 사업 가치와 유망한 성장 가능성을 들었다. 두 번째는 본인의 성장과 개발 가능성이다. 인크루트는 카카오를 대학생들이 선호하는 이유로 코로나 이후로 플랫폼 비즈니스가 계속적으로 성장할 것이고, 카카오가 다방면으로 신사업을 발굴 및 추진하는 이미지가 강하기에 때문이라고 했다. 2위는 삼성전자(10.7%)이다 . 삼성전자를 선택한 대학생들은 만족스러운 급여와 보상제도를 들었다. 3위는 CJ ENM(7.0%)이다. 이 조사의 재미있는 결과는 '항공 여행업'에서 찾을 수 있다. 2019년과 2020년 조사에서 연속 5위를 기록했던 대한항공은 이번 조사에는 18위로 미끄러졌다. 2013년부터 2018년 까지 6년 연속 10위권에 들었던 아시아나항공은 아예 순위에서 빠졌다.[151] 이와 같은 현상이 일어난 이유는 무엇일까? 코로나 이후에 비대면 중심의 사업 전개와 플랫폼 비즈니스에 대하여 취업 준비생들의 관심이 높아졌기 때문이다. 이와 같은 회사에 대한 선호는 앞으로도 지속될 것으로 예측된다.

코로나는 직장 내부의 문화도 바꾸고 있다. 현대모비스는 2016년 4월 임직원 800명을 대상으로 설문 조사를 하였다. 이 조사에서는 언제 선배나 상사를 가장 존경하는가? 에 대한 질문을 던졌다. '리더가 후배 잘못을 짊어지고 상사한테 질책을 당할 때'에 후배들은 선배를 가장 존경하는 것으로 나타났다. 전체 응답자의 58%가 이렇게 답을 하였다. 반대로 후배가 상사를 가장 신임하지 못할 때는 '상사가 무조건 시키는 대로 하라고 지시할 때'(37%)가 차지했다. 이어서 '우유부단하게 조직을 이끌 때'(26%)였다. 현대모비스의 경우, 임직원 간의 화합을 돕기 위해 본사와 연구소에서 특별한 조직을 두고 기업 문화를 변화하기 위해 노력한다. 예를 들어, 신입 사원 멘토링 제도 등의 프로그램을 실시해서 선후배간에 소통에 신경을 쓰고 있다.[152] 현대모비스와 같은 직장 내의 선후배의 의사소통이 잘 되도록 촉진하는 프로그램은 코로나 이후에 더욱 늘어날 것이다.

코로나가 바꾼 직장 문화의 대표적인 것은 회식 문화이다. 2013년의 한국 15세 이상 인구의 1인당 연간 알코올 소비량은 8.9리터 이다. 이는

OECD 34개국 중 22위이다. 1980년에는 14.8 리터로 8위를 차지하였으나, 점차 알코올 소비량이 줄어들었다.[153] 코로나 이후 점차 알코올 소비량이 줄어드는 이유는 집단보다는 '혼술' 문화가 정착되고, 청탁금지법으로 거래 업체 간 식사 자리가 많이 줄었기 때문으로 분석된다.

2014년 12월 고용노동부의 포털사이트인, 워크넷이 직장인 3,302 명을 대상으로 직장의 회식 문화에 대하여 조사하였다. 직장인 10명 중 4명은 현재 회식 문화에 대하여 '만족하지 못한다.'고 답을 했다. 회식 문화가 불만족스러운 이유로 27.4%는 '술을 강요하는 분위기' 때문이라고 답했다. 그 다음으로는 '예고 없이 갑자기 진행될 때가 많아서'(21.6%), '회식 시간이 너무 길어서'(11.7%) 등이 회식에 대한 직장인들의 불만족 원인으로 나타났다. 직장의 과도한 음주와 본인들이 싫어하는 술자리 내 음주 강권 문화는 기업의 업무 효율성을 떨어뜨린다. 증권사에서 일하는 신혜영(34) 씨는 회식이라는 말에 대하여 한숨부터 쉰다. 음주가 주를 이루는 회식에서는 본인의 의지와 상관없이 술을 몇 잔씩이나 마셔야 하기 때문이다. 많은 직장인들은 폭탄주를 원 샷 하고, 한 명씩 건배사를 해야 하는 술자리를 싫어한다. 그러나 대부분의 직장인들은 회식은 일의 연장이라고 생각해서 그 자리를 거부할 수 없다. 회식 자리가 스트레스를 유발하는 자리가 되면 업무 효율성은 떨어질 수밖에 없다.[154] 코로나 시기에는 재택근무와 사회적 거리두기로 인하여 회식이 대폭 줄었다. 코로나는 회식이 우리 조직에 어떠한 영향을 미치는지를 알려주는 시간을 제공하고 있다.

한국 조직에서 술을 많이 마시는 이유에 대하여 전문가들은 한국 사회의 인간관계의 중요성 때문이라고 이야기한다. 구정우 성균관대 사회학과 교수는 "한국은 여전히 조직 안팎의 문제를 투명하고 합리적인 방식으로 처리하기 보다는 비공식적 채널이나 인간관계 등을 동원해 궁극적으로 문제가 해결될 것이라는 뿌리 깊은 인식에 사로잡혀 있다"고 말한다. 비공식적인 채널과 인간관계가 업무 해결에 중요하다고 느끼는 인식이 고쳐지지 않으면 우리의 과도한 회식 문화가 바뀌기는 힘들다. 이외에 법인 카드도 현재의 회식 문화 구축에 크게 기여했다는 평가도 있다. 손애리 삼육대 보건관리학과 교수는 "중국은 술자리에서 실수하면 책을 잡힐 수 있다는 생각에 직장 동료들과는 술을 잘 안 마시고, 일본은 직장에서 술을 마셔도 자기 돈을 내고 마셔야 하니 주머니 사정 때문에 어느 정도 자제가 된다. 반면에 우리나라는 회사의 공금으로 술을 마시는 접대 문화가 발달했고, 자기 돈으로 술을 먹는 게 아니다 보니 상대방에게도 인심을 쓰는 문화가 형성되었다"고 진단한다.[155]

일본에서는 회식 술자리를 '노미카이'라고 부른다. 일본 직장인들은 이 자리를 동료와 유대 관계를 형성하는 중요한 자리로 여긴다. 그러나 2000년대 이후로 회식 자리에서 여러 가지 직장 내 괴롭힘 문제들이 발생하면서 노미카이가 사회적 문제로 등장하였다. 코로나 시대 이후 일본에서 노미카이에 대한 개념이 바뀌고 있다. 이제 회식이 환영 만찬 정도로 끝난다.[156]

코로나 이전부터 회식 문화 개선에 대하여 많은 회사들이 고민을 했다. 부서 직원들이 야구장을 가거나 당구, 포켓볼, 볼링 등 여러 명이 즐길 수 있는 체육 활동을 회식 대신으로 하는 프로그램이 만들어지기도 했다. 술자리 대신 점심시간에 가까운 공원에서 도시락을 함께 먹는 프로그램도 운영이 되기도 했다. 코로나 이후 사적 모임 허용 인원이 한때 2명에서 많게는 10명 이내로 제한이 되면서 회식이 줄 수밖에 없었다. 식당이나 카페 등 회식 공간도 밤 9시면 문을 닫아서 모임 시간이 짧아지게 되었다.

기업들의 시무식 형태도 바뀌었다. 시무식은 기업이 하나의 목표를 공유하고 구성원들 간 목표에 대해서 함께 이야기를 나누는 중요한 행사이다. 2020년 코로나 이후 시무식이 여러 가지 방법으로 대체 되고 있다. 대부분은 비대면으로 진행되었다.

근무 방식의 변화는 회사의 문화를 바꾸고 있다. 출근이 필요 없는 부서나 위치는 자리 축소 현상이 나타나기 시작했다. 이에 따라 기존 형태의 사무실을 쓰지 않고 공유 오피스 사용이 크게 늘었다. 공유 오피스를 사용하면 전기를 비롯한 기타 비용이 절약되고, 공간을 임대를 내줄 수 있어 임대 소득을 얻을 수 있기에 경제적인 이익을 얻을 수 있다. KT 경영경제연구소의 따르면, 1인 기업의 성장으로 인하여 2017년에 약 600억 원 규모였던 국내 공유오피스 시장이 2020년에는 7,700억 원 규모로 약 10배 이상 성장될 것으로 진단하였다.[157]

기업의 비대면 상황을 나타내는 재미있는 장면은 구내식당에서 볼 수 있다. LG는 2020년 3월부터 서울 여의도 LG 트윈타워 사원 식당에 각 테이블 마다 가림막을 설치하여 운영하였다. 직원간의 비말을 통한 감염을 예방하기 위하여 독서실처럼 식당 테이블에 칸막이를 설치하였다. 이 식당의 안내문에 따르면, 반드시 손을 씻고 손 소독제를 이용하고, 식당 이용 중에도 마스크를 착용하고, 식사 대기 시에는 앞 사람과의 간격을 유지해야 된다. 이렇듯 구내식당의 변모는 코로나 이후 바뀌고 있는 직장 문화의 단면을 나타낸다.[158]

신세계 푸드는 2021년 2월부터 서울 삼성동 코엑스 연회장과 도화동 일신빌딩 구내식당 등의 급식 사업장에서 자사 배달 서비스인 '셰프 투 고'를 시작하였다. 이를 통해서 건물 입주사 직원과 인근 기업체 직원들에게 식사 배달을 시행하였다. 신세계 푸드는 구내식당에서 여러 명이 식사하는 것에 부담을 느낀 직장인들이 도시락을 배달시켜 달라는 요구의 증가로 시행하게 되었다. 점심시간에 외출을 줄일 수 있는 도시락 식사는 직원들의 코로나 감염 가능성을 줄일 수 있다. 신세계 푸드의 '셰프 투 고'는 2021년 1월에 작년 대비 308%나 주문 건수가 증가하였다. 신세계푸드 측에서는 2개의 사업장 외에도, 경기도 고양시 킨텍스 내 연회장에도 셰프 투 고 서비스를 도입하고자 하고 있다.[159]

코로나 이후로 크게 바뀌고 있는 직장 문화의 중심에는 MZ 세대가 있다. MZ 세대는 회사에 맹목적 충성이라는 메시지를 좋아하지 않는다. 이들에게 회사는 상호 필요한 관계를 구성하는 장이다. 이들은 공정한 보장을 중시하기에 오너에게 직접 일하는데 필요한 여러 가지 사항을 요구하기도 한다. 기성세대와는 다른 형태의 직장 문화를 만드는 사람들이 MZ 세대이다. 조선비즈의 박용선 기자는 이들의 직장 내 업무 태도를 두 가지로 정리한다.[160] 첫째, MZ 세대는 수평적 의사소통이 직장 생활의 근간이라고 본다. 이들은 칼퇴 문화를 선호하기에 업무가 끝나면 칼같이 퇴근한다. 이들은 대부분이 '디지털 네이티브 세대'이기 때문에 디지털 공간에서 많은 사람들과 소통하는 문화를 만든다. 이에 나이나 직책 위치에 신경을 쓰지 않고 디지털 기기를 통한 온라인 소통을 통해 자신의 정체성을 구축한다. 직장에서도 수평적인 사고를 바탕으로 한 문화를 선호하고 있다. 이 세대의 특성을 잘 활용해서 성공한 기업이 구글이다. 구글은 직원들한테 충분한 자율성을 주고, 그들이 원하는 것을 개발하도록 하고 있다. 모든 직원들에게 주당 근로시간의 20% 이상을 새로운 서비스를 개발할 수 있는 '20% 룰'을 시행한다.

둘째, MZ 세대는 본인의 성과에 따른 공정한 보상을 원하는 세대이다. 이들은 공정하지 않다고 여기면 오너나 경영진에게 본인의 성과에 대해서 질문을 한다. 그렇기에 이 세대는 새로운 노조를 설립해서 회사의 공정한 보상을 요구한다. LG전자, 현대자동차그룹에서 사무 및 기술직 노조가 MZ 세대를 중심으로 만들어졌다. 이들은 기존 노조인 586 세대가 주로 투쟁했던 임금인상에 대한 문제보다 회사 내 공정하고 투명한 절차와 성과에 대하여 집중적으로 요구한다.

잡코리아와 알바몬이 2021년 7월 26일 20대와 30대 971 명을 대상으로 '불합리한 조직문화 경험'에 대한 설문 조사를 실시하였다. 이 조사 결과에 따르면, 응답자의 77.7%는 일을 하면서 불합리한 조직문화를 경험하고 있다고 답했다. 불합리한 조직 문화를 경험한 적이 있는 754명을 대상으로 "어떠한 일을 겪을 때에 가장 불합리 하다고 생각이 들었는지?"를 다시 물었다. 이에 '단지 나이가 어리다는 이유로 허드렛일을 맡아야 할 때'라는 답변을 가장 많이 했다(41.2%). 이 조사에서 불합리함을 느꼈을 때 MZ 세대는 어떠한 행동을 하고 싶은 가를 물었을 때에 60.7%가 "그만두고 싶다" 고 답했다.[161] 코로나 이후에 MZ 세대들은 불합리한 조직 문화를 바꾸는 데에 적극적으로 나서고 있다.

코로나 이후 혁신적인 성장을 한 회사가 있다. 인터넷 은행인 토스를 운영하는 비바리퍼블리카가 그 주인공이다. 비바리퍼블리카는 2013년에 설립이 되었고 2015년에 토스 어플리케이션을 출시하였다. 2년 반 동안 회사가 급성장하였다. 베트남 등 동남아 시장에 진출하였으며, 회사 직원이 1,100명 이상이 되었다. 코로나 시대에 이 회사가 급격한 성장을 하게 된 이유는 회사의 의사결정 과정이 톱다운 방식이 아닌, 모든 사안에 대하여 팀의 합의를 추구하고 그리고 직원들은 자기가 맡은 업무에서 최고 의사결정권자가 될 수 있는 체제를 구축했기 때문이다. 코로나 시기에는 비바리퍼블리카처럼 직원들에게 자율권을 부여하는 회사가 크게 성장할 것이다. 코로나는 한국 사회의 조직 문화를 변화시키는 추동력이 되고 있다.

재택근무 확산에 따른 여가 문화

코로나 팬데믹으로 인하여 재택근무가 우리 일상에 깊숙하게 들어왔다. 추후 코로나로 인한 조직 생활의 변화를 세 가지 방향에서 예측

가능 하다.[162] 첫째, 자율근무제의 확산이다. 앞으로 많은 기업들은 재택근무를 증가시키고, 유연 근무제의 형태를 확대 적용할 것이다. 현재 대기업이 아닌, 스타트업 회사나 IT 기업들은 장소에 구애 없이 자유롭게 소위 '스마트 워크제'를 활용하고 있다. 스마트 워크제가 앞으로는 전체 기업 문화로 자리 잡을 확률이 높다. 둘째, 비대면 업무 도구의 적극적 활용을 들 수 있다. 코로나 이후로 비대면 업무는 대세가 되었다. 회사들은 전 세계에 협력 업체들과 원격 회의를 통해서 업무를 진행하고 있다. 코로나 이후 원격 회의 서비스인 '줌'의 하루 이용자는 약 3억 명을 넘고 있다. 이 정도는 코로나 이전보다 30배가 상회하는 규모이다. 앞으로는 비대면 회의에 도움을 주는 다양한 디지털 체제가 활용될 것이다. 셋째, 회식 문화의 변화를 들 수 있다. 상술하였듯이, 불필요한 회식은 자제될 수밖에 없다. 근무 방식의 변화로 회식 수는 훨씬 줄어들게 되고, 회식을 점심으로 대신하는 기업이 증가할 것이다.

재택근무는 원격 근무와 유사하지만 집에서 일한다는 특성을 갖고 있다. 잡코리아가 직장인 839명을 대상으로 한 조사에 따르면, 2020년에 직장인들은 평균적으로 52일간 재택근무를 한 것으로 나타났다. 세계적인 사무가구업체인 스틸케이스(Steelcase)가 2020년 전 세계 10개국 32,000명을 대상으로 코로나 시대의 근무 상태에 대한 조사를 수행했다. 구체적인 조사 내용은 '포스트 코로나 시대 업무 환경에 대한 달라진 기대치와 미래 모습'에 대한 것이다. 여기에서 10개국 중 8개국의 직장인들은 통근하지 않아도 되는 재택근무의 장점을 이야기하는 것으로 나타났다. 재택근무의 중요 단점은 '고립감'으로 나타났다. 이 보고서에 따르면, 재택근무자 중 41%가 생산성이라는 측면에서는 현재 업무 환경에 대해서 만족하지 못하는 것으로 나타났다. 재택근무의 빈도가 늘어날수록 업무에 대한 참여도와 생산성은 떨어진다고 응답자들이 답하고 있다. 대부분의 응답자들은 생산성을 위해서는 사무실 근무가 필요하고, 1주일에 하루 정도만 재택근무를 하는 것을 가장 선호한다고 나타났다. 스틸케이스는 전 세계적으로 72% 정도의 기업들이 사무실 근무, 재택근무 또는 제 3의 장소에서의 근무를 혼합하는 하이브리드 스타일의 근무를 시행할 것으로 예측하였다. 대부분의 회사의 직원들은 현장으로 출근하지 않아도 되는 점을 재택근무의 강점으로 나타나기에 한국 사회에서도 공유사무실의 확대 시행이 증가할 것이다.[163]

2021년 11월에 정부는 위드 코로나의 전환을 천명하였다. 이에 재택근무를 실시하던 기업들이 출근 정상화를 시작하였다. 대기업을 중심으로 해외 출장과 대면 회의 등이 이어지면서 직장인의 업무 체제가 바뀌게 되었다. 기업에서는 위드 코로나 시기에 접어들면서 재택근무를 선호하는 사람과 대면 근무를 옹호하는 사람으로 근무 분류가 나뉘고 있다. 재택근무를 선호하는 사람은 출퇴근으로 인한 스트레스와 육체의 피로를 덜 수 있어서라고 말한다. 안양에 사는 30대 직장인 A씨는 "1년째 재택근무 중인데 이미 출근할 수 없는 몸이 되어 버렸다. 편도 1시간 30분 출근을 버틸 생각을 하니 까마득하다"고 한다. "출근할 수 없는 몸"이라는 말이 의미심장하다. 이에 반해서 6년차 직장인 B씨는 "바쁠 때 회사에 나갈 때 보다 야근과 주말 근무를 더 심하게 한 것 같다. 다른 동료도 나처럼 집에 있는데 집에 가고 싶다고 하였다. 대면 소통이 불가능해서 후배 직원에게 업무 피드백을 바로 줄 수 없으니 업무가 가중 되었던 것 같다. 퇴근과 동시에 일 생각을 안 할 수 있던 예전이 훨씬 낫다"고 하였다.[164] A와 B는 상반되는 의견을 갖고 있다. 재택근무를 찬성하는지, 반대하는지의 중요한 기준은 업무의 성격에 근거한다는 것이 제시되었다. 즉, 기업의 재택근무에 적응 여부는 직무에 따라 결정될 확률이 높다는 말이다. 재택근무를 효율적으로 할 수 있는 또는 적정 기술을 가진 근로자는 숙련적이고 전문직에 있는 근로자가 될 가능성이 높다. 이들은 주로 디지털 기술, 디지털 시스템 관련 업무를 담당하고 있다. 직종과 보유 기술의 차이에 따라서 직장인들의 '일과 삶의 균형'(워라벨)의 차이는 더욱 심화될 수 있다.

기업들의 재택근무 시행에서의 문제는 의사소통에서 발생하고 있다. 이에 기업들은 재택근무와 사무실 근무를 병행하는 업무 시스템을 구축해 나가고 있다. 현 시점에서 중요한 것은 사내 커뮤니케이션의 효율적인 시스템을 구축해야 하는 일이다. 코로나 이후에 직원 간의 소통의 문제는 데이터에서도 나타난다. 직장인의 41.4%가 코로나 이후 사내 소통이 어렵다는 조사 결과가 나오고 있다. 잡코리아가 2021년 8월 직장인 1,200명을 대상으로 조사했다. 코로나 이후 직장인들이 사내 소통이 어려워졌다고 생각하는 이유는 '비대면 소통에서 오는 의사 전달의 한계와 오해', '재택근무로 인한 구성원 간 소통이 줄어서', '쌍방향 소통이 아닌 일방적 소통', '회사에 대한 정보를 접할 기회가 줄어들어서', 그리고 '혼자 의사 결정해야 하는 문화에 익숙해짐' 순서로 나타났다. 응답자의 78.3%는 코로나 이후 사내 커뮤니케이션이 반드시 변화해야 한다고 언급하였다. 사내 커뮤니케이션에 대한 점수를 10점 만점 기준에 평균 5.5 점으로 평가하였다.[165]

재택근무에 익숙해진 직장인들은 위드 코로나가 시행되면서 진행되는 대면 행사에 대해서 부정적으로 생각하고 있다. 재택근무에 익숙해진다는 것은 집이나 제 3의 공간에서 자신만의 일하는 방식에 익숙해졌다는 것을 의미한다. 사람은 공간에 금세 익숙해진다. 2년 가까운 시간 동안에 회사에 출근하지 않은 이들에게 대면 행사는 익숙한 틀을 바꾸는 일이기도 하다. 2021년 10월 31일에 잡코리아가 재택근무 직장인 300명을 대상으로 한 설문조사 결과에 따르면, 재택근무 종료에 대해서 '부정적'이라는 응답 비율이 45.3%까지 나왔다. 이들이 재택 종료에 대해 부정적으로 생각하는 이유는 72.4%가 '출퇴근 스트레스가 너무 크다'라고 답했다. '재택근무 시 업무집중도가 더 높아서'(30.9 %), '인간관계 스트레스가 걱정돼서'(26.0%)가 뒤를 이었다.[166] 재택근무에 익숙해진 직장인들은 위드 코로나가 시행되면서 일어나는 회사 내 행사에 대해 스트레스를 받고 있음이 나타났다. 그렇다면 비대면에서 대면으로 돌아와야 하는 이들을 위한 스트레스 이완 조치는 무엇인가? 회사의 대면 행사의 수를 줄이고 행사 참여에서도 자율권을 최대한 보장해야 한다. 코로나는 대면과 비대면 사이에 야기되는 스트레스 해소가 기업의 생산성과 직결될 수 있다는 화두를 던져주고 있다.

IT 기업을 중심으로 코로나가 종식된 이후에도 재택근무는 확대 실시될 가능성이 높다. 잡코리아의 직원 수 300인 미만 기업의 인사 담당자 534명을 대상으로 한 조사 결과에 따르면, 기업체 10곳 중 4곳은 코로나 종식 이후에도 재택근무를 시행하겠다고 하였다.[167] 직원 수 300명 이하의 IT 기업이나 중소기업들이 재택근무를 선호하는 이유는 회사 운영경비 절감 때문이다. 그 다음으로 선호하는 이유는 직원의 만족도 때문이다. 이들 회사들이 재택근무 선호의 근본 맥락은 코로나 이후 일하는 방식에 대한 '혁신성'에 대한 물음 때문이다. 일부 회사들은 비대면으로 전환하고, 해외 출장을 가지 못하고 있지만 코로나 이전 보다 일의 효율성이 높다고 판단한다. 그렇다면 해외 출장과 업무상 접대를 하면서 투여된 비용을 아끼면서도 회사의 이익을 증가할 수 있는 새로운 체제에 대하여 고민할 수밖에 없다. 코로나는 회사에게 재택근무와 대면 근무 사이의 제 3의 길을 요구하고 있다.

비대면 업무가 장기화 되면서 성과 관리와 인사 평가에 대한 척도가 새롭게 만들어 져야한다. 일반적으로 직원의 평가는 정량평가와 정성평가로 구성된다. 비대면 상황에서 기업들은 정성평가를 적절하게 할 수 있는 체제를 만들어야 한다. 만나지 않아도 그 사람의 능력을 평가할 수 있는 체제를 어떻게 만들 수 있을까?라는 질문에 대한 진지한 고민이 필요하다. 인사 평가자가 직원의 피상적인 모습만 보고 평가한다면 그 조직은 오래 가지 못한다. 직원의 능력과 성품에 대하여 고민하고 평가하여 우리 회사의 진정한 인재가 될 수 있는지, 우리 문화에 얼마나 녹아들고 있는 지에 대한 판단이 필요하다. 경영컨설턴트인 박경수는 재택 및 원격 근무가 증가함에 따라 기업이 안고 있는 문제를 두 가지로 진단한다.

"업무 효율성의 저하와 조직 문화의 상실이다. 이미 업무 효율성 저하는 재택, 원격근무 실패 사례에서 볼 수 있었다. 조직문화는 밀레니엄 세대, Z세대의 라이프 스타일과 함께 조직 내 핵심 이슈로 부상했다. 이 상황에서 재택, 원격 근무로 인한 외로움의 가중은 조직과 구성원 간의 연결 고리의 상실로 나타날 수 있다. 런던 경영대학원 린다 그레이튼 교수는 "직장 생활에서의 직접적인 접촉은 서서히 사라지고, 깊은 외로움과 고립이 그 자리를 대신 할 것"이라고 전망했다. 외로움에 익숙한 사회가 다가오는데, 이는 포스트 코로나 시대 기업의 지속 성장에 있어 걸림돌이 될 수 있는 부분이다."[168]

린다 그레이튼 교수의 말에 전적으로 동감한다. 포스트 코로나 시대 기업의 성공은 외로움을 극복하고 서로간의 정이 넘치는 조직 문화 구축에 있다. 서로간의 연결 고리가 상실된 시대에 일방적인 의사 결정과 관계 단절은 회사의 목표를 달성하는 데에 걸림돌이 될 수 있다. 이 시기에 CEO들이 해야 할 일은 조직 구성원들의 이야기를 경청하는 일이다. 2년 넘게 재택근무를 하고 있는 조직 구성원들의 심리 상태를 파악하고 그들에게 자신의 귀를 내어 주어야 한다. CEO들이 친숙하게 다가가는 회사는 포스트 코로나 시대에도 승산이 있는 조직이다.

직장인들은 재택근무를 시행하면서 여가 시간이 증가하였다. 여가 시간은 증가했지만 문화, 예술 활동에 대한 대면 참여가 불가능하여 여가 제약은 크게 증가하였다. 문화 활동의 제약은 사회 구성원의 행복감에 부정적인 영향을 미친다. 코로나 시대 이후 문화 활동에 자유롭게 참여할 수 없는 사람들은 답답함을 느낄 수박에 없다. 문화 관심 집단의 코로나 이전인 2018년의 행복도가 10점 만점에 6.8점이었다. 그러나 2020년에는 6.4점으로 50.8%가 감소하였다. 서울시민 5,000명과 문화 관심집단 1,413명을 대상으로 한 '2020년 서울시민 문화향유 실태조사 보고서'는 재택근무가 늘어난 서울시민의 여가만족도에 대한 조사를 수행하였다.[169] 서울 시민의 평일 평균 여가시간은 2018년 3.2시간에서 3.6시간으로 늘었다. 휴일의 여가시간도 6시간에서 6.5시간으로 증가하였다. 이는 재택근무로 인하여 통근 시간이 줄어들었기 때문이다. 회식이나 회의가 상대적으로 많이 줄어든 것도 영향을 미쳤다. 이 조사에 따르면, 2018년 조사 대상자의 연평균 문화 관람 횟수는 6.8회에서 2020년에는 4.2%가 줄었다. 여가문화 지출비용도 같은 기간 12만 원에서 7만 4천 원으로 38% 감소하였다. 서울 시민들 세 명 중 한 명은 2020년 동안 문화생활을 아예 하지 못한 것도 나타났다. 재택근무는 증가하고 있는데, 여가 활동은 오히려 위축되고 있다. 코로나가 장기화되는 시점에서 따라 정책적으로 두 가지 문제를 해결해야 된다. 첫째, 정책적 부분으로 서울 시내, 또는 지방자치단체는 시민들을 위한 다양한 문화 공연의 온라인과 오프라인 관람에 대한 홍보를 하고 프로그램을 준비해야 한다. 둘째, 시민들 스스로가 재택근무로 인하여 늘어난 여가시간을 적절하게 사용하기 위해 여가기술의 함양이 필요하다.

2021년 문체부와 한국문화관광연구원의 국민 여가 활동 조사 결과에 의하면, 문화예술 행사 직접 관람률은 33.6%로 나왔다. 이는 전년 대비 27%가 감소한 것이다. 매체를 이용한 간접 관람 횟수는 32.4 회로 전년 대비 6.8 회가 증가하였다. 이 조사 결과가 의미하는 것은 코로나

로 우리 국민들은 늘어난 여가시간 동안에 비대면적 여가 활동을 주로 했다는 것이다.[170]

재택근무 하는 직장인들의 90%는 취미 생활에 관심이 있는 것으로 나타난다. 소셜미디어 블라인드가 직장인 8,827 명을 대상으로 한 설문조사 결과에 따르면, 직장인의 90%가 취미 생활에 관심 있는 것을 밝혔다. 이들이 하고 싶어 하는 취미 활동의 순위는 다음과 같다. 운동(47.7%), 인문학 커리어(12.6%), 음악 및 악기(11.1%), 요리 베이킹(10.0%)으로 나타났다.[171] 재택근무자들이 가장 좋아하는 여가인 운동을 잘 할 수 있는 방법은 무엇인가? 회사나 지방자치단체는 재택근무자들이 좋아하는 운동 형태에 대한 대규모 조사가 필요하고 이를 통하여 이들이 운동할 수 있는 공간을 확보하고 운동 기회를 부여해야 한다.

재택근무 이후 문화 활동과 야외 활동의 축소는 가전제품의 소비 증가로 연결되고 있다. 온라인 쇼핑몰인 티몬은 2020년 12월 17일 재택근무로 인하여 실내 여가 활동 관련된 가전제품 매출이 작년 대비 2.7%가 늘었다고 하였다. 재택근무에 필요한 PC 제품의 매출은 162%가 증가했다. 영화, 음악을 감상할 수 있는 실내 여가용 가전 매출은 173%가 증가하였다. 음향기기 오디오의 매출은 530%가 증가하였고, 빔 프로젝트는 123%가 더 많이 팔렸다. 티몬 관계자는 "사회적 거리두기 강화로 집에 머무는 시간이 늘면서 집이 업무와 동시에 여가 활동의 공간이 되고 있기 때문" 이라는 매출이 증가한 원인을 밝혔다.[172]

코로나 이후의 재택근무하는 1인 가구의 여가 생활을 주목할 만하다. 1인 가구 600만 시대에 코로나로 인하여 혼자 사는 삶 에서도 여러 가지 변화가 일어나고 있다. KB금융 그룹이 2020년 11월 8일 발간한 '2020 한국 1인 가구 보고서'에 따르면, 코로나 시대에 1인 가구가 절반 이상은 혼자 사는 것에 만족하고, 팬데믹 시기의 삶에도 잘 적응하는 것으로 나타났다. 설문 대상자의 57%는 1인 가구의 생활에 만족한다고 답했다. 이는 2019년의 만족도 61% 보다는 조금 줄었다. 그 이유는 코로나로 여러 가지 제약을 받고 있기 때문으로 추정된다. 좋은 생활공간을 확보하지 못한 1인 가구는 집에서 보내는 시간은 증가하는 데 집에서의 여가에서 만족하지 못하고 있다. 1인 가구의 네 명 중 한 명은 코로나로 인하여 재택근무를 경험했다. 이들 중 절반(51.5%)은 재택근무를 호의적으로 평가한다. 이들이 재택근무에 만족하는 이유는 '출퇴근 시간이 줄어서'와 '여가 시간이 많아져서'가 때문이다. 코로나 시기는 조직과 상관없는 자신이 쓸 수 있는 시간이 증가하였다. 2019년에는 평일 1인 가구 10명 중 7명은 바로 귀가하지 않고, 음주 공간, 마트, 운동시설, 카페 등에서 들른 것으로 나타났다. 그러나 2020년 이후에 절반 정도는 바로 귀가하고 있다. 1인 가구가 집 안에서 했던 여가를 살펴보면 이들의 여가 형태를 파악할 수 있다. 이들이 집에서 했던 여가 순위 1위는 넷플릭스 시청과 같은 영상 시청이 차지했다. 온라인 쇼핑이 2위, 그리고 독서가 3위로 나타났다. 응답자 중 10대와 30대는 홈트레이닝을 많이 즐겼고, 여성층의 경우는 '식물 기르기'도 좋아했다. 1인 가구는 한 달 평균 141만 원을 쓰는 것으로 나타났다. 20대는 2019년까지만 해도 자산의 5.5%만 주식에 투자했다. 2020년에는 자산의 13.3%를 주식에 투자하여 전 연령층에서 주식 투자 자산 비중이 가장 높은 세대로 부상하였다. 코로나 이후로 생활비를 줄인 사람(34%)이 늘린 사람(28%)보다 많은 것으로 나타났다.[173] 코로나는 우리 사회에 급속하게 증가하는 1인 가구의 삶에도 많은 영향을 미쳤다. 1인 가구의 여가 참여 형태에도 변화가 있었으며, 생활비를 줄이면서 여가 가용 비용도 전체적으로 줄고 있다.

재택근무의 새로운 형태도 주목받고 있다. 예를 들어, 호텔에서 지내며 일을 하는 직장인이 늘고 있다. 이에 위드 코로나 시대에 여러 호텔들은 '워캉스'에 맞는 프로그램을 선보이고 있다. 워커힐 호텔은 업무와 휴식의 균형을 고려한 추석 숙박 패키지를 선보이기도 하였다. 직장인이 업무를 마친 뒤에 몸과 마음의 활력을 찾을 수 있도록 실내 수영장이나 피트니스 센터에 입장을 가능하게 하는 상품을 내놓았다. 호텔의 재택근무자의 요구에 부응할 수 있는 상품은 계속 증가할 것이다. 워커힐 호텔 관계자는 "집이나 사무실이 아닌, 특별한 업무공간을 찾는 수요에 주목해 워크 패키지를 기획했다. 워라밸을 고려한 혜택을 포함한 것은 물론 워커힐 자랑거리인 푸른 아차산과 탁 트인 한강을 즐기며 몸과 마음을 힐링까지 하도록 구성했다. 업무 효율도 올리고 심신을 재충전하는 데에 최적이다"라고 말했다.[174] 재택근무가 늘어나면서 일과 여가를 혼합하고자 하는 직장인들은 크게 증가할 것이다. 일과 여가의 균형은 코로나 이후 한국 사회의 숙제가 될 것이며 이를 적절하게 해결해야 기업 조직원들의 삶의 만족이 증가할 것으로 예측한다.

일과 여가 공간의 변화

코로나 시대에는 공간의 개념이 바뀌게 된다. 특정 공간에서 우리는 역할과 위치가 있다. 공간에서의 일이나 임무는 스스로의 정체성을 규정짓기도 한다. 코로나 시대에 학교에 나가지 않는 학생, 출근을 하지 않는 직장인 등은 "인터넷을 통해 연결된 네트워크 속"[175]에서 공부를 하고, 업무를 처리하면서 내가 누구인지를 인지한다. 코로나는 인간과 공간의 관계에 대하여 다시 한 번 생각하게 만들었다.

"언택트는 사람에게 집중하는 시대를 만들었다. 언택트 세상인데 왜 사람이 더 중요한지 생각할 수도 있다. 하지만 인간은 사회적 동물이라는 명제처럼, 언택트하면 할 수 있도록 사람들은 컨택트 하고 싶어 한다. 단지 컨택트하고 싶은 대상이 나와 취향이 맞는지, 대다수인지 소수인지만 다를 뿐이다."[176]

코로나 이후 공간은 인간의 실존의 장이 되어야 한다. 이를 위해서 자신의 여가공간을 확보해야 한다. 여가 공간은 자유, 자율, 주관, 창작의 장이다. 이 공간을 통하여 나의 주체성이 인지되어진다. 여가공간은 우리에게 삶을 성찰할 수 있는 여백을 제공하기도 한다. 문화심리학자인 김정운은 자신의 공간은 스스로의 이야기를 창출하는 역할을 한다고 말한다.

"은은하게 조명을 밝히고, 책도 읽고, 음악도 듣고, 자기가 좋아하는 물건도 쭉 늘어놓을 수 있어야 한다. 공간이 있어야 '자기 이야기'가 생긴다. '자기 이야기'가 있어야 자존감도 생기고, 봐줄 만한 매력도 생기는 것이다. 한 인간의 품격은 자기 공간이 있어야 유지된다. 아, 자기 전에 그 공간에서 하루를 성찰하며 차분히 기도도 드려야 한다."[177]

코로나 팬데믹 이후 주거 공간의 여가공간으로의 탈바꿈 현상이 빨라지고 있다. 현재 주거, 일자리, 그리고 여가 공간의 통합은 트렌드로 자리 잡고 있다. 2021년 10월 21일 서울 연구원은 개원 29주년 기념 세미나로 '위드 코로나시대, 서울의 도시 전망' 세미나를 개최했다. 김인희 서울연구원 선임연구위원은 서울은 뉴노멀 시대에 맞도록 진화해야 한다고 주장하였다. 현재 기후 위기, 디지털 전환, 그리고 글로벌 팬데믹에 대응하기 위해서 서울의 공간적 변화가 필요한 시점이라고 말했다. 서울은 특히 기존 존재하는 것들의 경계가 뒤섞이는 소위 '빅블러 현상'이 가속될 것으로 진단하였다. 코로나 이전에 서울에 주거, 일자리, 여가 공간이 별도로 존재하는 형태가 통합 및 연계로 변화할 것을 전망하였다[178] 공간이 이렇게 통합으로 가는 이유는 코로나로 인한 대면 활동의 제약 때문이다. 기존에 상반되던 공간들은 서로 통합하여 일의 공간과 여가의 공간이 혼재하게 된다.

기존 공간의 역할이 바뀌는 것은 문제인가? 나는 공간의 변화를 긍정적으로 본다. 코로나 이전부터 미국이나 유럽에서는 여가 공간이 다각적으로 이용되었다. 카페가 커피를 마시는 공간 이외에도 공부하는 공간으로 탈바꿈 한 지도 오래이다. 유명 박물관 안의 미쉘링 레스토랑은 전시를 관람한 이들을 위한 미식 공간으로 자리 잡고 있다. 이러한 맥락에서, 인문학자인 김경집은 재택근무와 같이 일하는 환경과 공간이 바뀌는 것은 새로운 기회가 될 수 있음에 대하여 진단한다.

"세상이 바뀌면 당연히 생각도 바뀌고 삶의 방식도 바뀐다. 그 변화가 고립과 착취 구조가 아니라 융합과 조화로 진화할 수 있는 방식을 모색해야 한다. 가보지 않은 길이다. 그러나 갑작스러운 이 팬데믹은 불가피하게 그 새로운 길을 가게 만든다. 끌려가지 않으려면, 새로운 노예가 되는 삶을 요구받지 않으려면 선제적으로 대응해야 한다. 재택근무가 불가능한 업무를 하는 사람에게도 그 대안을 마련하고 제공하며 함께 더 나은 삶을 살 수 있는 변화를 추구해야한다. 사람을 믿어야 한다. 공간을 재해석하는 것은 그 중요한 변화의 첫 걸음일 것이다. 재택근무가 선택이 아니라, 필수가 되도록 해야 하고 고립과 퇴화가 아니라 진보와 진화가 될 수 있는 기회가 마련되는 계기가 된다면 이 상황이 재앙이 아니라 축복이 될 수도 있겠다는 생각이 짙어진다."[179]

쿠키 뉴스의 안세진 기자는 코로나 이후 여가 공간으로의 주거 공간의 특징을 다섯 가지로 이야기한다.[180] 첫째, 집이 나만의 고유의 공간화 되고 있다. 많은 사람들은 플렉스와 미닝 아웃(개인의 신념을 자신 있게 말하는 것)을 주거 공간으로 확대하고 있다. 코로나 시대에 개인의 취향을 담은 공간을 확보하기 위해 노력하는 사람들이 늘어나고, 각 공간에는 개인의 감성이 들어가는 물건들을 구입하기 시작한다. 이에 2021년의 국내 인테리어와 리모델링 시장의 규모는 60조 원까지 상향될 것으로 예측되었다.

팬데믹 이후 주거 공간의 여가 공간화 경향이 대세가 되고 있다. 이에 집을 영화관으로 만들고자 하는 사람들이 많다. 이는 집에서 머무는 시간이 증가했기 때문이다. 부산에서 10년째 인테리어 시공 기사로 일하는 송병주 씨는 코로나 이후로 현재 인테리어 업계가 최고의 호황을 누리고 있다고 말한다. 대략 일주일에 한두 번 정도 인테리어 공사를 하던 것이 이제는 20회 이상으로 늘어났다고 한다. 코로나 이전 보다 일당은 20% 정도 상승하였다. 예를 들어, 25만 원이었던 타일 벽지 시공의 일당이 30만 원으로, 30만 원이던 목공 시공 일당은 35만 원으로 올랐다.[181]

둘째, 일과 휴식을 같은 공간에서 즐기고자 하는 사람들이 늘고 있다. 과거에는 일과 휴식의 공간은 상반되는 개념이었다. 이제는 재택근무, 비대면 수업, 원격 근무가 일상화 되면서 공간 활용과 공간 융합이 시대의 화두가 되었다. 일과 휴가를 동시에 할 수 있는 공간들이 증가하고, 휴양지에서도 업무공간이 만들어지고 있다. 인터넷이 어디든지 연결되면서 일할 수 있는 공간과 여가를 즐길 수 있는 공간의 경계는 없어졌다. 다목적 공간은 대세가 되고 있다. 근무와 여가를 동시에 할 수 있는 '올 인 룸(All in Room)'의 문화가 확산되고 있다. 방에서 책을 보고, 영화도 보고, 홈트레이닝을 하고, 닌텐도도 할 수 있는 시스템을 갖춘 방이 인기를 얻고 있다. 2021년 1월 잡코리아가 성인남녀 683명을 대상으로 한 설문조사에 따르면, 성인남녀 절반가량이 코로나 이후 집이나 책상 등 개인공간을 꾸미는데 관심이 높은 것으로 나타났다.[182]

셋째, 큰 집을 선호하는 경향이 두드러지게 나타나고 있다. 사회적 거리두기, 재택근무 등의 시대적 흐름에 따라 크고 넓은 집을 좋아하는 사람들이 증가하였다. 대형 아파트나 대형 빌라들에 대한 수요가 늘고 있다. 이는 집에 머무는 시간이 증가해서 집을 다양한 여가 공간으로 쓰고자 하는 이들이 늘었기 때문이다. 2021년 미래 주택 소비자 인식 조사에 따르면, 주택 소비자들이 희망하는 방의 개수는 3개로 제시되었다.

넷째, 가상현실에 대한 관심이 증가되었다. 지금은 AI 알고리즘으로 갈 곳을 추천을 받고, 다른 이들이 추천하는 곳을 데이터로 소개되는 시대이다. 집을 구매하고자 하는 이들은 가상현실을 통하여 공간을 직접 체험한 후 집 구매 시에 도움을 받는다. 주거 공간의 선택에서 가상공간과 현실공간을 동시에 체험하는 사람들이 늘고 있다.

다섯째, 역세권의 주거 공간이 각광을 받고 있다. 수도권에 고밀도 개발이 이루어지면서 소비 공간이 역세권으로 몰리게 된다. 수도권 지역은 지하철로 모든 곳이 연결되고 있다. 이에 주거, 상업, 유통, 문화의 중심지인 역세권에 대한 관심은 더욱 증가할 것이다.

코로나 시대에는 숲세권에 대한 인기가 증가할 것으로 보인다. 현재 바이러스에 대한 위험 지각도가 높고, 미세 먼지에 대한 우려가 증가하고 있다. 이에 숲으로 둘러싸인 아파트에 대한 인기가 높다. 올인룸과 비슷한 개념의 '올인빌(All in Village)'이 코로나 시대 주거의 새로운 트렌드로 등장하고 있다. 이는 한 마을에서 모든 것을 해결할 수 있다는 개념이다. 이와 같은 올인빌에는 집 주변에 대략 도보 15분 거리에 교육,

운동, 쇼핑 등을 할 수 있는 체제가 갖추어져 있다. 올인빌은 분양 시장에서도 많은 인기를 얻고 있다. 2020년 10월 남양주시에서 분양한 '별내 자이 더 스타'는 특별 공급을 제외한 421가구 모집에 8만 5,593명이 몰려 평균 203.3대 1의 경쟁률을 기록하기도 했다.[183]

한국 사회 구성원들은 집 이외에도 사람들이 별로 없는 야외를 여가 활동지로 선호한다. 이에 아웃도어와 관련된 상품들이 계속 인기를 얻고 있다. 2030 세대의 경우, 등산복 대신 레깅스로 등산을 하거나, SNS에 등산을 업로드하며 새로운 등산 문화를 만들기도 한다. 이들은 트렌디한 등산 룩을 선호한다. 네파는 '세라 레깅스'라는 상품을 출시하였다. 이 제품은 빛에 대한 반사광을 줄여 기존 레깅스의 단점을 보완하였다. 아웃도어 여가 활동으로 캠핑도 주목받고 있다. 이에 차에서의 숙박에 관심을 가진 이들이 늘고 있다. 쉐보레의 '트래버스'는 차박에 관심 있는 사람들을 대상으로 한 자동차 제품이다. 트래버스는 차체가 크고, 적재량이 넓고, 수납공간이 꽤 확보되어 있어 차박을 하기 좋은 캠핑카로 인기를 얻고 있다.

코로나는 우리 삶에서 공간의 가치를 중요하게 여기게 하였다. 자기 공간은 사람이 세계와 만날 준비를 하는 곳이다. 일의 공간이나 여가의 공간을 통하여 삶을 반성하는 기회도 갖는다. 특히 여가 공간은 자기 발전의 터전이다. 자유롭게 여가를 향유하면서 인간은 한 단계 진보한다. 코로나로 인하여 사람들의 여가 형태에는 많은 변화가 생기고 있다. 이 때에 너무 많은 걱정과 근심은 오히려 우리 삶이 진일보하는 데 걸림돌이 된다. 변화를 일상의 흐름으로 받아들이는 자세가 필요하다.

"코로나 19 이후, 이제 우리에게 대변혁 같은 더 이상의 대(大)는 없다. 우리는 이미 거대한 변화 속에 있고, 이는 일상이 되고 있기 때문이다. 잠시 변화의 소용돌이 속에 있는 것이 아니다. 매일 큰 변화를 맞이하고 있다. 이제 우리는 항상 위기 속에서 살 수 밖에 없는 상황이다. 그렇다면 방법은 한 가지다. 이런 위기에 상시적으로 대응할 수 있는 준비를 하는 것이다. 저 멀리서 달려오는 회색 코뿔소만 보지 말고, 갑자기 어디선가 튀어나올 수 있는 검은 백조에 집중해야 할 때이다."[184]

델타 변이나 오미크론 변이를 걱정하는 것이 아니라 대비하는 자세가 필요하다. 바이러스가 창궐하여 나의 여가가 침해받는 것을 걱정하기보다는 이 상황에서 어떻게 여가를 향유할 수 있는 지에 대한 고민이 필요하다. 이를 위하여 여가 공간을 새롭게 규정하고 이 곳에서 여가를 통하여 만족감을 향상하게 시키는 데에 고민해야 할 때이다.

SteP SPORTS
新春企画
シューズ2足以上
お買い上げで
10% OFF
NEW YEAR SALE
2FTRACK
&
FSPORTS
高 山

제5장

프로스포츠의 가보지 못한 길

코로나 팬데믹 이후 프로스포츠 산업은 정체기를 맞았다. 프로스포츠가 침체된 주요 이유는 핵심 콘텐츠인 경기가 중단되거나, 리그가 운영될 수 없었기 때문이었다. 이는 세계적 현상으로 미국이나 유럽의 유명 리그들도 이러한 피해에서 부터 자유로울 수 없었다. 한국의 프로스포츠 산업은 2020년과 2021년이 특히 힘들었다. 지금까지 경험해 보지 않았던 전염병으로의 피해 때문이었다.

프로스포츠의 침체기 상황에서 새로운 산업 모델들이 계속적으로 등장하였다. 예를 들어, 코로나 초기 많은 스포츠 전문 채널은 중계할 수 있는 콘텐츠가 부족하기에 운영이 힘들었다. 이에 스포츠 중계에서의 OTT 서비스와 같은 새로운 운영 시스템이 도입되기도 했다.

코로나 팬데믹이 프로스포츠의 변화에 부정적인 영향을 미친 것만은 아니다. 팬데믹 시기의 과학적 분석의 필요성이 증가하였으며, 빅데이터가 구체적으로 적용되었다. 프로스포츠에서 디지털 트랜스포메이션 적용을 앞당기는데 코로나는 어느 정도 역할을 수행하였다.

코로나 이후 프로스포츠 산업은 여러 가지 변화를 위한 과제를 안고 있다. 한국 프로스포츠가 발전하기 위해서 정부나 공공기관의 스포츠 산업 패러다임이 변화해야 한다. 프로스포츠 구단이 운영상의 자율권 확보, 프로스포츠와 스포츠 관광의 융합 산업군의 발전, 프로스포츠에 비대면의 효율적인 적용과 스포츠 과학 적용이 선행 과제로 등장하고 있다.

코로나는 프로스포츠를 즐기는 우리 모두에게 한 단계 업그레이드된 환경을 구축하도록 채찍질하고 있다.

프로스포츠의 위기

코로나 팬데믹 이후 프로스포츠는 크게 위축되었다. 코로나는 프로스포츠 분야에 과거 어떤 전염병 사태보다 큰 영향을 미쳤다. 2009년 신종플루와 2015년 메르스 사태로 전 세계의 프로스포츠가 위축되기도 하였다. 이 두 번의 커다란 전염병 사태에서 경기가 중단되거나, 또는 리그가 조기 중단되는 일은 없었다.[185] 그러나 코로나는 관중 입장을 제한하고, 무관중으로 경기가 운영되게 하고, 혹은 리그를 강제로 종료

시켰다. 사회구성원들의 가장 큰 볼거리인 프로스포츠의 파행적인 운행으로 많은 사람들은 실의에 빠지기도 하였다. 이렇듯 프로스포츠의 정상적이지 못한 운영은 전 세계인의 여가 만족도를 떨어뜨렸다.

한국의 프로스포츠는 새 밀레니엄 이후에 본격적으로 그 규모가 성장하였다. 프로스포츠의 태동은 다분히 정치적인 의도 하에서 진행되었지만, 프로스포츠가 시작된 지 20년 후에는 미국이나 일본과 같은 선진화된 형태로 자리 잡기 시작하였다. 한국의 프로스포츠에서 중요한 시점은 1982년 3월이었다. 3월 20일에 체육부가 신설되고, 3월 23일에 프로 야구가 탄생하였다. 이 후에 여러 프로스포츠를 한국 사회에 선보이며 이는 한국 사회구성원들의 여가 생활을 윤택하게 만드는 청량제의 역할을 수행하고 있다. 우리의 프로스포츠에 대한 애정을 코로나도 막지는 못하고 있다.

코로나 팬데믹으로 인하여 스포츠 산업은 정체기를 맞았다. 그 중에서도 스포츠 관중과 관련된 영역의 피해가 컸다. 프로스포츠 중 많은 팬들을 확보한 프로야구에 직접적인 타격이 가해졌다. 구단은 코로나로 인하여 시즌 전에는 사회적 거리두기가 가능한 전지훈련을 계획했다. 2022년에는 프로야구 10개 구단은 국내에서 스프링캠프를 차렸다. 남쪽 지방의 구단들은 지역에서 훈련을 하고, 수도권 구단들은 남쪽으로 이동하여 전지훈련을 하였다. 시즌 중에 구단은 선수들이 감염되지 않도록 많은 신경을 썼다. 그럼에도 불구하고, 일부 선수들의 방역 수칙을 어기고 술자리 사건이 발생하기도 하였다. 코로나 방역 시기에 사회 구성원 모두가 긴장하는 데에 일부 선수들의 일탈은 프로야구에 부정적 이미지를 낳게 하였다. 이 연장선에서 도쿄 올림픽 국가대표 선수 구성에서 부정적 여론이 일었다. 코로나로 인하여 관중 참여가 불가능한 어려움에 처한 구단은 선수의 일탈과 올림픽 선수단 구성에서 불거진 야구에 대한 부정적인 시선으로 힘든 시간을 가졌다.

코로나는 경기력에도 영향을 미쳤다. 선수단이나 선수 가족의 감염은 직접적으로 특정 구단의 경기력 약화로 이어졌다. 예를 들어, 2021년 8월 25일에 KT 외국인 투수인 윌리엄 쿠에바스가 부친상을 당했다. 아들의 경기를 보려고 8월 11일 한국에 입국한 그의 아버지가 코로나 확진 판정을 받고 치료를 받다가 사망에 이르렀다. KT 선수들은 수원 SSG전을 비롯해서 3일 동안 근조 리본을 착용하고 경기에 임하였다. 쿠에바스의 사례처럼 가족의 변고는 선수나 구단 전체의 경기에 영향을 미칠 수 있다. 이에 많은 구단들은 선수와 가족들의 방역에 신경을 많이 쓸 수밖에 없었다.

프로 배구와 농구에서도 코로나의 리그 운영상 제약은 계속 되었다. 프로 프로배구의 경우, 2022년 2월 경기를 일시 중단하였다. 그 이유는 최소 엔트리인 12명을 채우지 못한 팀이 무려 네 개가 되었기 때문이다. 경기 재개가 불가능한 상황이라고 훈련을 등한시하는 프로 선수들은 없다. 사회적 거리두기 상황에서 선수들은 시합뿐만이 아니라, 연습에서도 마스크를 써야 했다. 배구 경기가 속개되자 바닥을 닦거나 볼을 갖다 주는 인원도 최소화하게 되었다. 세트를 마친 후 코트 체인지도 없어졌다. 이와 같은 경기 내의 변화에 대하여 많은 선수들은 지쳐갔다. 경기 중간에 마스크를 내리고 숨을 내쉬는 선수들의 얼굴에는 지친 내

색이 보였다. 양효진 선수(현대건설)는 "경기 중 대화를 해야 하는데 하지 못하는 것이 가장 어렵다"고 말했다.[186]

프로농구도 배구처럼 상황이 안 좋기는 마찬가지였다. 한국프로농구연맹이 발표한 2022년 2월 23일의 프로 농구 구단의 누적 확진자는 108명(선수 83명, 코치 25명) 이었다. 백 명이 넘는 확진자로 인하여 정상적인 리그 운영은 힘들게 되었다. 6월 이후에 팬데믹이 어느 정도 진정세를 보이면서 프로 농구 구단은 숨통을 트게 되었다.

코로나 팬데믹은 프로스포츠의 운영에 막대한 지장을 초래했다. 한국의 프로스포츠는 대기업이 지원해 주는 경우가 대부분이다. 대기업들은 코로나에 따른 경영 악화로 프로스포츠 구단을 지원하는 데에 힘들게 되었다. 팬데믹 초창기에 프로 야구 롯데자이언츠 구단의 경우, 모그룹 계열사인 롯데캐피탈에서 50억 원을 대출받았다. 두산 베어스는 이천 훈련장을 한국자산관리공사에 매각하여 290억 원을 차입할 수 있었다. 코로나로 인하여 대기업들은 경영에서 어려움을 겪게 되고 소속 구단들에게 긴축재정을 요구하였다. 이에 구단들은 최대한 돈을 절약하는 방향에서 구단을 운영하게 되었다. 롯데나 두산의 사례처럼, 돈을 구할 수 있는 방법을 알아서 해결해야 했다. 구단이 자금난을 겪는 다는 것은 무슨 의미인가? 이는 좋은 선수 영입과 선수단 지원에서 문제가 발생할 수 있다는 것이다. 구단의 경제적인 곤경은 결국 경기력 저하와 연관이 되기에 이는 팬들의 외면을 초래할 수 있다.[187]

일본은 2013년 9월에 2020년 하계올림픽 개최지로 선정이 되었다.

미쓰비시 종합연구소는 도쿄 올림픽 개최 경제 효과로 2020년까지 약 69만 명의 고용, 2조 엔의 직접 효과 및 9조 엔의 간접효과가 발생할 것으로 전망했다. 일본이 2020년 도쿄 올림픽 개최를 위하여 400억 달러(한화 약 46조원) 정도를 투자 하였다. 여기에는 올림픽 개최가 1년 연기되면서 추가로 발생한 비용 7조의 돈도 포함되었다. 이는 원래 일본이 예상한 160억 달러(한화 약 14조 4천억 원) 보다 세배가 넘는 돈이 투입된 것이다. 일본은 올림픽을 개최하면서 2030년까지 방일 관광객 6천만 명으로 관광 수익 15조 엔(한화로 약 150조 원)의 장기 목표를 세웠으나 이 계획은 전면적으로 수정될 수밖에 없었다. 무관중 경기로 인하여 원래 기대했던 900억 엔(한화 약 9,300억 원)의 수입도 불가능했다. 이에 개최 비용을 고스란히 일본 정부, 도쿄도 그리고 일본 올림픽 조직위원회가 떠맡게 되었다. 문제는 도쿄 도에 살고 있는 거주민이 부담하는 채무가 1인당 10만 3,929엔(한화 약 108만 원)이 되었다는 점이다.[188] 코로나는 일본 스포츠 산업에도 부정적인 영향을 미쳤다.

글로벌 시장 조사 업체인 '더 비즈니스 리서치'에 따르면, 세계 스포츠 산업의 규모는 2019년에 4,588 억 달러(약 540조 원)에서 2020년 3,883 달러로 약 15% 정도가 마이너스 성장을 기록하였다. 코로나 팬데믹 이후로 스포츠산업의 중요한 매출인 관람료, 중계권료, 스포츠 시설 운영비 등에서 수치가 하락하였다. 중요한 수입원인 관중 입장료와 상품(굿즈)에서의 매출 하락이 두드러지게 나타났다. 일반적으로 미국 프로스포츠에서 관중 입장을 통한 경기장 내 발생하는 수입이 전체 매출의 40% 이상을 차지한다. 2020년 미국 4대 프로스포츠인 풋볼(NFL), 아이스하키(NHL), 농구(NBA), 야구(MLB)와 대학 농구(NCAA)는 대략 140억 달러(약 16조원) 이상의 손해가 발생했다. 2020년에 야구는 단축 리그를 실시하였고, 풋볼은 무관중 경기를 치렀다. 이렇듯 관중의 축소 상황은 프로스포츠의 수입에 부정적으로 작용하였다.[189]

글로벌 컨설팅 회사인 KPMG에 따르면, 2020 - 2021 시즌 동안 잉글랜드, 이탈리아, 스페인, 독일, 그리고 프랑스 축구 클럽들은 약 20억 유로(약 2조 8,000억 원)에 달하는 손해를 입었다고 했다. 팬데믹에 대해서 적절하게 대처하지 못한 명문 구단들은 경기력 저하 현상과 수입의 손실에 시름이 깊어졌다. 세계적 명문 축구팀인 스페인의 FC 바르셀로나도 홈경기장 티켓 수입이 눈에 뜨게 줄었다. 2020-2021 시즌 매출은 전년도 매출 대비 1억 1,400만 파운드(약 1,852억 원)가 줄어들었다. 구단의 수입이 줄다 보니 예상하지 못한 일이 발생했다. 고액 연봉의 선수에 대한 부담으로 FC 바르셀로나는 리오넬 메시를 이적료도 받지 못하고 자유계약선수로 풀어주게 되었다. 아울러 영입한 지 얼마 되지 않은 선수를 다시 이적시키는 등 방출 선수가 10명을 넘게 되었다. 이러한 혼란 속에서 팬들은 'FC 바르셀로나가 과연 명문 구단인가'라는 의구심을 갖기도 하였다.[190]

영국 프리미어리그는 2017-2018 시즌에 약 7조 4,200억 원을 벌어들였다. 중계권료가 약 4조 4,000억 원 정도 되었고, 경기장 매출이 약 1조 300억 원 정도 되었다. 이 두 영역의 매출이 5조 4,300억 원으로 전체 매출에서 73%에 육박하였다. 이 금액을 프리미어리그에 한 시즌 경기 수인 380경기로 나누게 되면, 한 경기당 수입은 총 143억 원이 된다. 이 금액에서 경기장 매출은 27억 원이며, 중계권료는 116억 원 정도가 된다. 중계권료가 차지하는 비중이 크기에 무관중 경기를 치러서라도 중계권료의 확보는 구단 운영의 필수적인 상황이었다.[191] 코로나 시기에 무관중 하에서라도 경기를 진행해서 중계권료 수입을 확보하는 일이 프리미어리그 구단들의 중요한 경영전략이었다.

코로나로 인한 중계권 손해를 송희경과 강명구(2022)는 이렇게 말하고 있다.

"코로나 19가 들이닥친 유럽축구 시장에 무관중, 시설과 관람이 봉쇄, 미뤄진 경기 일정, 축소된 경기 일정 경기, 또는 리그 취소 등의 환경변화는 중계할 경기의 부족으로 인하여 방송사에게 타격으로 다가왔다. 이로 인하여 방송사들은 리그에 일부 중계권료를 미지급하기도 하였으며, 미리 선 지급된 중계권료 일부를 리그가 방송사에 환불해야 하는 상황에 이르렀다. 중계권 환불에 대한 압박뿐 아니라 경기당일 수입 감소 그리고 중계의 단축으로 브랜드 노출 기회가 줄어든 스폰서 기업들도 스폰서 금액의 반환과 시즌 종료 후 지급해야할 스폰서 금액 차감을 요구하였으며, 경기당일 수입 메인스폰서광고 수입의 감소로 93억 유로(약 13조 4천억 원)에 달하던 2018/19시즌 유럽 상위 20위 구단들의 전체 매출은 2019/20 시즌에 10% 감소하여 82억 유로(약 11조)를 기록하였다."[192]

코로나 초기에 스포츠 전문 채널은 중계를 하고 싶어도 보여줄 수 있는 경기가 없어서 고민이었다. 이에 경기 분석이나 하이라이트 콘텐츠 등의 파생 프로그램 진행도 폐지되었다. 2020년 한국 프로야구는 낮 시간대에 방영할 수 있는 콘텐츠가 전무했다. 콘텐츠의 부족은 이해 당사자들에게 여러 가지 갈등을 양산하기도 했다. 프로야구협회, 방송국, 팬, 광고주 등의 각자의 상황에서 불만족스러운 상황이 2020년과 2021년에 계속 되었다. 모 방송국 스포츠 PD인 최 모 씨는 이렇게 말한다.

"프로야구 같은 경우에는 경기 수가 팀당 144경기로 꽤 많기에 개막 일정이 계속 연기되면 일부 경기는 취소할 수밖에 없을 것이다. 그럴 경우에 중계권료 반환을 두고 방송사와 KBO 사이에 상당한 갈등이 불거질 것으로 보인다."[193]

코로나 팬데믹이 관중 참여에 부정적인 영향을 미치자 스포츠 관람의 새로운 형태에 대한 논의가 가속화되었다. 스포츠 중계에서 OTT 서비스의 도입이었다. 원래 스포츠는 실시간 중계가 중요하다고 여겨졌다. 코로나는 이러한 관점을 바꾸게 하였다. OTT 업계와 스포츠 중계 콘텐츠의 요구를 바탕으로 스포츠 중계의 새로운 장르가 열리게 되었다. 스포츠 소비자는 자기가 원하는 팀이나 선수의 시합 내용을 집중적으로 보거나, 골이나 홈런 장면을 원하는 만큼 볼 수 있는 스포츠 스트리밍이 만들어 지고 있다. 이러한 측면에서, 2021년 아마존은 NFL과 협상하여 연간 20억 달러(약 2조 3,500억 원)에서 25억 달러(약 2조 9,400억 원)를 지불하고 프로풋볼 리그의 중계권을 산다는 의사를 밝혔다.

스포츠 산업 분야가 전체적으로 하향 곡선을 그리는 가운데에 상승 곡선을 탄 영역도 생겼다. 바로 스포츠 베팅 시장이었다. 시장조사업체인 '시온'에 따르면, 2020년에 글로벌 스포츠 베팅 시장은 1,311억 달러(약 154조원)으로 연평균 8.8%가 성장하였다고 하였다. 골드만삭스는 코로나 시기에 엄청나게 상승하고 있는 베팅 시장에 대하여 "온라인 배팅은 물리적 점포를 운영하지 않아도 되기 때문에 고정비용이 아주 낮다. 앞으로 10년 동안 온라인 스포츠배팅 산업은 40% 이상 증가될 것이다"라고 진단하였다.[194]

코로나 이후에 계층적으로 본다면 프로스포츠의 위기의 진원지는 MZ 세대이다. 이들은 프로스포츠를 외면하고 있다. 그 이유는 두 가지로 이야기할 수 있다. 첫째, 이들이 관심 있는 스포츠 콘텐츠 제공이 잘 이루어지지 않기 때문이다. 코로나 이후 일반적으로 20대, 30대의 젊은 팬들의 프로스포츠 관람에 대한 관심도가 낮아졌다. 이들은 체험 스포츠를 관람 스포츠 보다 더 좋아한다. 여러 프로스포츠 중에서 프로야구가 특히 젊은 세대를 위한 공략이 쉽지 않다. 한국 프로스포츠협회의 2020년 '프로스포츠 관람객 성향조사' 자료에 따르면, 프로 야구를 응원한지 5년 이상의 비율은 46%로 나왔다. 여자 프로배구는 87.8%, 여자프로농구는 85%의 응답 비율이 나타났다. 프로축구가 67.2%로 프로야구 보다 높은 수치를 기록하였다. 이 수치가 나타내는 것은 야구에 대해서 관심이 있는 젊은 팬들의 비율이 다른 종목에 대해서 높지 않다는 것이다. 이러한 결과가 도출된 가장 중요한 원인은 무엇인가? 무엇보다 프로 야구의 긴 경기 시간에서 그 연유를 찾을 수 있다. 2021년에 프로야구 한 경기가 끝나는데 소요되는 시간은 평균 3시간 14분이다. 이 시간은 MZ 세대가 좋아하는 넷플릭스, 왓차, 또는 유튜브와 같은 온라인 동영상 서비스 시청 시간과 비교해서 긴 시간이다.

이러한 긴 경기 시간을 거부감이 있는 젊은 세대들에게 긴 경기 시간을 간단히 정리한 '움짤'(움직이는 짧은 영상)은 인기 있는 콘텐츠 형태이다. 그러나 프로 야구는 경기 장면에 대한 움짤 제작, 혹은 배포에 대해서 저작권 문제를 안고 있다. 경기 움짤이 많이 올라오는 프로 축구는 인스타그램의 공식 계정 팔로우 수가 13만 6천명이나 된다. 이 수치는 프로야구 7만 5천 명 보다도 1.8 배 이상 높다.

둘째, MZ 세대들은 프로스포츠 선수들의 일탈 문제에 대해서 예민하게 반응하고 있기 때문이다. 프로 선수들의 음주운전이나 불법 도박과 같은 일탈 사건들이 언론에 소개되면서 의식이 있는 MZ 세대들이 프로스포츠에 대해서 거부 반응을 보인다. 3월 25일 날 새로 취임한 허구연 KBO 총재는 "일부 선수의 일탈이 야구계에 큰 타격을 준다는 사실을 명심해달라"는 메시지를 보내기도 했다.[195]

코로나 팬데믹 속에서 관중 참여의 반전이 일어난 시점은 2022년 4월부터이다. 정부의 사회적 거리두기에 대한 새로운 발표이후에 프로스포츠 '직관족'이 크게 증가하였다.[196] 프로야구의 경우, 2022년 4월의 경우 2019년 수준의 62%까지 관중이 동원 되었다. 4월 달 총 98경기에 67만 5903명이 경기장을 방문하였다. 경기장 평균 관객 수도 6,800명 선을 기록하였다. SSG의 경우에는 아홉 번의 홈경기에 11만 4,123명의 관중이 입장하였다. 경기당 평균 1만 2,680명을 기록하였다. 2위를 차지한 두산은 평균 관중이 9,453명으로 추산되었다. 침체된 프로스포츠에 한 줄기 빛은 22년 4월이나 되어서 비추기 시작하였다. 프로축구에도 많은 관중들이 몰리기 시작하였다. 2022년 4월 11일 서울 월드컵 경기장에서 열린 서울과 수원의 경기에는 1만 4,625명의 관중이 몰렸다. 이는 22년 시즌 동안 K리그 최다 관중 기록을 세운 수치였다. 21년 K리그 최대 관중은 12월 5일의 전북과 제주의 경기에서 산출된 1만 3,902명이었다. 투어 골프 대회의 경우에는 20년과 21년 동안 무관중으로 대회가 개최되었다. 22년부터 드디어 관중 입장이 허용되었다. 22년 4월 21일 부터 시작된 경남 김해 가야 컨트리클럽에서 열린 KLPGA 넥센-세인트나인 마스터즈 대회는 나흘 동안 23,000여 명의 관중이 입장하였다.

이제 프로스포츠 구단들은 포스트 코로나를 준비해야 한다. 축구 산업의 경우에는 "기존에 없었던 새로운 방식을 통한 생존 방법을 모색"[197]하기 시작하였다. 예를 들어, 유럽 명문 구단들은 디지털 기술을 접목시켜 이를 통하여 팬, 선수와 구단이 소통할 수 있는 창구를 개척하고 있다. 이와 같은 디지털 트랜스포메이션화를 기본으로 하는 구단의 노력은 수익 창출로 연결되고 있다. 경희대 김도균 교수는 팬데믹 시기에 프로스포츠 구단들에게 필요한 점은 변화에 대응하는 준비라고 하였다.

"역사가 증명하듯 대전환기는 절체절명의 위기이자 새로운 기회다. 기회(chance)는 도전(challenge)을 통해 주어지고 성공하려면 변화(change)가 있어야 한다. 변하는 함께 가는 방식을 택해야 한다. 위기를 기회로 만드는 자만이 살아남는다. 위드 코로나는 미래를 준비하는 프로스포츠 구단들의 전략이다. 새로운 시대의 새로운 방식만이 프로스포츠가 발전하는 길이다."[198]

프로스포츠의 디지털 트랜스포메이션

현대 스포츠의 변화의 주동력은 4차 산업 혁명 기술의 급격한 보급이다. 가상현실 기술이 훈련이나 관람 영역에 폭넓게 적용되고 있다. 세계적인 프로스포츠 구단과 리그에서는 가상현실을 이용한 기술의 적용이 보편화되고 있다. 2017년 MBA는 농구 팬들을 위하여 가상현실 기술을 이용한 상품을 내놓았다. 이를 통해 팬들은 집에서 경기장 현장의 생동감을 느낄 수 있다. 은퇴한 전설적 선수들과 가상의 대화를 나눌 수도 있는 프로그램을 선보이기도 하였다. 이에 대하여 현재 MBA 를 대표하는 선수인 커리는 이렇게 말했다. "경기 외에 더 많은 경험을 할 수 있어서 제 생각엔 아주 특별한 것 같습니다."[199] 스포츠에 대한 재미를 배가 시켜주는 가상현실을 적용한 기술은 스포츠 참여에 대한 재미를 증가시켜주고 있다.

코로나는 확실히 스포츠 영역에서 기술의 발달을 앞당기는 역할을 했다. 현재 VR 기술과 관련된 비즈니스 규모는 2025년이면 최소 26조에서 최대 207조까지 커질 것으로 전망이 되고 있다. 이렇듯 코로나 팬데믹은 프로스포츠의 변화를 촉진하고, 새로운 적응을 요구하고 있다.

프로스포츠에서의 새로운 적응은 세 가지 방향에서 진행되고 있다. 첫째, 코로나 팬데믹 이후 프로스포츠에서 과학적 분석에 대한 필요성이 크게 대두되었다. 사회적 거리두기 상황에서 기존 데이터 분석이나 프로그램을 구성할 수 있는 인력의 확보가 구단의 흥망성쇠와 직결되고 있다. 2018년 프로야구 삼성 라이온즈는 미국 프로야구 메이저리그에서 주로 사용하고 있는 분석 프로그램인, 트랙맨을 도입했다. 트랙맨은 '탄도 측정기기'이다. 탄도란, 공이 발사되는 순간에서 부터 도착하기까지의 경로를 말한다. 트랙맨은 군사용 레이더 탄환 추적 시스템을 적용하여 공을 정확하게 추적하고 데이터를 산출한다. 공의 구속, 회전속도, 공의 변화 정도 등이 측정 가능하다. 트랙맨을 통해서 투수나 타자를 평가하기 좋아졌다. 이는 선수들의 여러 능력을 분석하는 최적의 기계이다. 삼성 이후로 많은 프로야구 구단들이 트랙맨을 도입하고 데이터 분석이 가능한 연구 인력들을 채용하고자 노력하고 있다. 구단들은 코로나 이후 데이터의 중요성을 더욱 인지하고 있다.[200]

메이저리그에서 돌풍을 일으킨 주역인 이도류 오타니 쇼헤이선수는 밴드를 착용한 것으로 유명하다. 이는 모투스가 개발한 '펄스 스노우'이다. 이는 팔꿈치에 걸리는 부하를 수치화한다. 펄스 스노우는 길이는 3.8cm, 폭은 2.5cm, 높이는 2cm, 그리고 무게는 6.9g 정도이다. 개인 신체 정보를 입력 하고 밴드를 착용한 후에 공을 던지면 센서가 공을 던지는 각도, 팔의 스로잉 속도와 팔꿈치에 걸리는 부하 정도를 수치화한다. 과거에 무리한 투구를 자주한 선수는 투수로서의 선수 생명이 짧았다. 펄스 스노우를 착용하면서 부터 과학적인 자료에 의하여 투수들은 부상을 예방할 수 있게 되었으며, 최적의 상황에서 투구를 할 수 있게 되었다.

빅데이터의 활용은 프로스포츠의 체질을 많이 바꾸었다. 실제 코로나 이전에 빅데이터 기술은 축구에서도 어느 정도는 도입이 되었다. 예를 들어, 2014년 브라질 월드컵 우승팀인 독일은 기업용 소프트웨어 업체인 SAP이 개발한 '매치 인사이트'라는 분석 프로그램을 통하여 훈련을 하였다. 이 장치는 몸에 부착된 센서로 여러 가지 데이터를 수집하고, 실시간으로 선수들의 다양한 기록과 영상물에 대한 피드백을 제공한다. 이 자료들은 감독, 코치 등의 태블릿 PC에 전송이 되고, 코칭스태프는 선수들에 대한 몸과 훈련 정도를 정확하게 진단하고 평가할 수 있다. 코로나 이후에 선수들을 관리하는 데이터 활용에 대한 필요성은 더욱 증가하였다.

호주 캐터필드사가 개발한 위성항법장치가 부착된 '디지털 브래지어'도 축구 경기력을 크게 향상시켰다. 이 제품은 경기나 훈련 중의 움직인 거리, 이동 방향, 속도 등에 대한 움직임을 자동으로 수집 및 분석한다. 이 제품을 착용하여 경기 중에 운동 수행력을 분석할 수 있다. 이보다 중요한 점은 선수의 부상을 예방할 수 있다는 것이다. 무리하게 운동을 하거나 기존에 사용하지 않은 근육이나 운동량이 포착되면 코칭스태프는 선수의 상태를 바로 확인하게 된다.

둘째, 코로나 상황에 맞춘 적절한 경기장 구축이 가능하게 되었다. 팬데믹 이후 AI와 VR 기술을 통한 경기장의 가상 관객 동원 시도는 성공적인 것으로 평가된다.[201] 2020년에 전 세계적으로 스포츠 경기에 관중들의 입장이 제한되었다. 사회적 거리두기로 인하여 대부분의 경기들은 무관중으로 치러졌다. 예를 들어, 2020년 8월 24일 포르투갈 리스본에서 개최된 2019-2020 UEFA 챔피언스리그 결승전에서도 무관중 경기였다. 챔피언스리그 결승전은 세계적으로 2억 명 가까운 사람들이 시청할 정도의 축구 팬들이 가장 관심을 갖는 경기이다. 그렇다면 이 같은 거대 이벤트에 관중 효과는 어떻게 넣었을까? UEFA는 가상의 관중과 함성 소리를 넣는 기술을 도입하였다. 무관중 시합에서의 핵심은 경기장 내 팬들의 함성 소리를 얼마나 정확하게 재현할 수 있는가이다. 코로나 이후 IBM은 'AI 하이라이트'라는 기술을 활용해서 지난 몇 년간의 토너먼트 경기에서 나왔던 관중들의 함성 및 반응 소리를 재현하고 프로그래밍 하였다. 관중이 흥분 수준에 따른 함성 반응을 분류하여 이를 경기 상황에 맞추어서 시스템을 개발하였다. 물론 이 시도는 성공적이었다.

잉글랜드 프리미어리그의 경우에서도 관중의 함성 소리를 재현하기 위해 축구 게임 'FIFA 20' 속 관중의 함성 소리를 시합에 적용하였다. FIFA 20은 EA스포츠의 유명 축구 게임인 피파 시리즈의 최신작이다. 여기에서 재현된 함성을 통하여 축구 시합에서의 생생함을 전달하였다. 이는 축구팬들을 위한 프리미어리그의 최고의 서비스이다. 프리미어리그는 팬데믹 시기에 가상의 관중 함성 외에도 360도 리플레이 카메라, 관중석의 모자이크 화면의 삽입 등을 시도하였다.

셋째, 다차원적인 중계가 시도되고 있다. 스포츠 중계의 새로운 장은 e스포츠 분야에서부터 개발되고 있다. e스포츠 중계에서 시도되는 '실감형 중계'가 코로나 팬데믹 이후에 각광을 받고 있다. SK 텔레콤이 개발한 실감형 e스포츠 중계는 기존 방송사가 송출했던 게임 화면이나 진행자의 해설을 일방적으로 듣는 형태가 아니다. 이는 시청자가 좋아하는 선수의 화면을 볼 수 있고, 게임 캐릭터가 만들어지고, 360도 VR로 선수의 표정이나 현장 팬들의 표정을 감상할 수 있는 서비스이다. SK텔레콤은 2019년에 이미 가상현실 프로야구 생중계 및 원하는 각도에서 볼 수 있는 소위 '5GX 프로야구' 서비스를 시행했다. 이를 통해서 SK텔레콤은 초고속 화질로 경기장을 한 번에 볼 수 있는 와이드뷰 기능을 제공하기도 하였다. 여기에서 원하는 부분을 고화질로 확대할 수 있는 핀치 줌, 홈, 1루, 3루 방향에서 영상을 볼 수 있는 멀티 앵글까지 제공하였다.

2022년 SK 텔레콤 오픈에는 다양한 로봇기술과 인공지능 미디어가 등장하여 골프 팬들을 즐겁게 해주었다. 2022년 6월 2일에 열린 KPGA 투어 경기에서 디지털 기술이 적용되었다. 자율주행 배송 로봇이 돌아다니며 핀크스 GC에서 갤러리와 선수들에게 물과 음료를 제공했다. 중계에서도 '플러스 바'라는 새로운 기술이 적용되었다. 플러스 바는 SK브로드밴드의 연동형 데이터 서비스인데 중계 화면 내에서 리모컨으로 여러 가지 정보 확인이 가능하다. 이를 통해 출전 선수에 대한 정보, 현재 순위, 조 편성 현황 등에 대한 정보를 바로 확인할 수 있다. 흥미로운 것은 'AI 중계'의 적용이다. AI 하이라이트 편집 기술을 통해 선수별로 정리해서 보기와 AI 잡음 제거 기술 등이 적용되었다. 이러한 과학 기술의 적용은 골프를 좋아하는 팬들에게 더 많은 즐거움을 선사하고 있다.[202]

SK텔레콤 외에도 LG 유플러스도 실감형 중계 마켓을 적극적으로 공략하고 있다. 프로 야구 중계서비스인 'U+ 프로야구'로 비대면 응원을 할 수 있는 시스템을 구축하였고, '줌인(zoom in) 8K'와 같은 서비스 화질을 통해서 중계의 선명도를 높였다. 이와 같은 통신사들의 최신화된 기술은 코로나 시기의 변화된 프로스포츠 중계 모습을 나타낸다.[203]

프로스포츠의 영역에서 코로나가 디지털 트랜스포메이션의 적용을 앞당겼다. 사회적 거리두기와 방역 상황에서 프로스포츠는 경기를 통하여 이윤을 창출해야 한다. 코로나 초기에 프로 구단들은 많은 어려움을 겪은 후에 디지털 기술을 통하여 코로나라는 쓰나미를 뛰어넘고 있다.

포스트 코로나와 스포츠 산업 발전의 과제

코로나 이후의 소비 시장은 어떻게 변화할 것인가? 글로벌 광고 매체인 '애드위크(Adweek)'는 코로나 이후의 트렌드 변화에 대해서 다섯 가지로 제시했다.[204] 첫째, 건강의 중요성이 대두될 것이다. 코로나 이후 건강에 대한 사회 구성원들의 관심이 대두되면서 비타민과 건강 보조 식품이 인기를 얻고, 원격 서비스에 대한 수요도 증가하고 있다. 건강이나 웰니스와 관련된 어플리케이션이 많이 개발되고 이들은 소비자로부터 인기를 얻을 것이다. 이러한 흐름에 따라, 코로나 시기에 펠로톤이 큰 인기를 얻었으며, 구독 운동 플랫폼에 대한 시장이 크게 성장하고 있다. 이러한 맥락에서, 정영재(2019)는 <2만원의 철학>에서 헬스야말로 미래의 새로운 부(富)라고 주장한다.

“헬스(건강)는 새로운 웰스(wealth,부)다.” 고급 피트니스 센터 체인인 ‘에퀴녹스’를 운영하는 하비 스페박은 2018년 영국 <파이낸셜타임스>와 인터뷰에서 이같이 말했다. 이는 피트니스 클럽이 부유층에 건강관리 수단으로 인기를 끌고 있다는 의미다. 전반적인 생활수준이 높아지면서 비싼 돈을 지불하며 전문적으로 운동하는 사람도 늘었다. 미국과 유럽의 대도시에는 회원제 피트니스 센터가 늘고 있다. 또 규모는 작지만 차별화된 개인별 운동 프로그램을 제공하는 ‘부티크 짐’도 곳곳에 생기고 있다. <파이낸셜타임스>는 “유명인사 사진을 찍으려고 파파라치들이 예전에는 고급호텔 바 주변을 배회했지만, 최근에는 피트니스 클럽에서 줌바(콜롬비아 댄서가 개발한 최신 피트니스 프로그램)나 발레를 배우고 나오는 스타들을 노린다”고 전했다.”[205]

둘째, 소비자들은 브랜드의 진정성에 대해서 더 많은 관심을 가질 것이다. MZ 세대는 소비의 문제를 자신의 문제처럼 인식하는 회사나 조직에 대해서 환호를 보내고 있다. 로레알의 온라인 메이크업 플랫폼인 ‘시그니처 페이스’와 같은 앱은 브랜드 진정성이라는 차원에서 큰 인기를 얻고 있다. 이는 가상 메이크업이라는 증강 현실 제품이다. 시그니처 페이스는 아이섀도우, 립스틱, 속눈썹 등을 덧대어서 자신의 얼굴을 치장할 수 있다. 소비자는 모바일 화면에서 가상으로 메이크업을 할 수 있다. 소비자들은 매장에 직접 나오지 않아도 제품을 사용한 메이크업의 상태를 확인할 수 있다.

셋째, 집에 대한 관심이 더욱 증가할 것이다. 사회적 거리두기로 인하여 집에 있는 여가 소비자들은 집과 관련한 소비재를 많이 구입했다. 집에 있는 시간이 증가하니 집에서 즐길 수 있는 여가 제품에 대한 소비는 더욱 증가할 것이다.

넷째, 소비자들은 비대면 소비를 더욱 선호할 것이다. 팬데믹 이후에 모바일을 기반으로 한 비대면 소비가 대대적으로 증가하였다. 2020년 미국 델라웨어주와 콜로라도 주의 여러 백화점들은 '다크 스토어'로 전환하였다. 이에 백화점은 온라인으로 주문한 제품을 픽업을 할 수 있는 공간이 되었다.

다섯째, e스포츠가 추후 젊은 남성 소비자들한테 인기 있는 광고 환경이 될 것이다. e스포츠에 대한 남성 소비자들의 참여가 크게 증가하면서 이 곳에서의 광고 효과가 늘어날 것이다.

팬데믹 이후에 스포츠 소비 시장이 변화함에 따라 국내 업체들의 글로벌 브랜드 진출도 늘고 있다. 국내 패션 업체인 F&F는 테일러메이드에 단독 전략적 투자가로 4,000억 원을 투자하여 테일러메이드의 지분 49.8%를 차지했다. 원래 테일러메이드의 한국 내 라이센스 권리는 한성에프아이가 갖고 있어서 F&F는 국내에서의 라이센스 권리를 행사하기가 불가능하다. 그럼에도 불구하고, F&F가 투자를 감행한 이유는 중국 시장에 진출하기 위해서이다. MLB, 디스커버리 등의 브랜드를 보유한 F&F는 중국 내의 매출이 크게 신장하였다. 이미 팬데믹 이전인

2016년 10월에 FILA는 유명 골프 브랜드인 타이틀리스트를 보유한 아쿠쉬네트 지분을 20%를 매입하였다. 우리는 세계 3대 골프 브랜드 중에서 2개 업체를 보유하고 있다.[206]

2017년 미국 라스베이거스에서 열렸던 소비자 가전전시회(CES)에서 기조연설자로 언더아머의 케빈 프랭크 회장이 연설을 하였다. 이 행사에 스포츠 브랜드 CEO가 연설한 것 자체가 파격적이었다. IT 업체의 신기술과 신제품에 대한 소개하는 이 곳에서 프랭크 회장의 연설이 의미하는 것은 무엇인가? 바로 일상에서 디지털 기술과 스포츠 제품의 접목이 늘어가고 것이다. 이 연설에서 프랭크 회장은 언더아머가 나아갈 길은 디지털 회사라고 이야기했다. 아울러 그는 언더아머의 경쟁 상대는 삼성과 애플이라고 천명하였다. 포스트 코로나 시대에 스포츠 산업이 나갈 길을 프랭크 회장이 언급한 것이다.

코로나가 지나간 후의 스포츠 산업은 어떠한 방향으로 나아가야 하나? 2020년 이후 프로스포츠는 한동안 성장의 침체기를 거쳤고, 이후에 코로나 적응기를 통해 새로운 방향을 모색해야 한다. 이러한 상황에서, 포스트 코로나 시기의 프로스포츠 산업의 나아갈 방향을 다섯 가지로 진단해보고자 한다.

첫째, 포스트 코로나 시대에는 정부나 공공 기관의 스포츠 산업에 대한 패러다임이 바뀌어야 한다. 스포츠 산업의 발전을 위해서는 민간 영역과 공공 영역의 협업이 중요하다는 패러다임이 필요하다. 코로나 초기에 수많은 스포츠 산업의 자영업자들이 폐업을 하고 경제적으로 힘든 시간을 보냈다. 이들을 구제하고 상생할 수 있는 시스템에 대한 요구가 필요하다.

정부는 2020년 12월에 '스포츠 뉴딜' 정책을 위한 예산을 확정하였다.[207] 2021년 1조 7,594 억 원이 체육 분야 예산이 편성되었다. 이는 전년도 보다 3.7% 상승한 것이다. 이 중에서 스포츠 산업 금융지원으로 1,192억 원이 책정되었다. 또한 비대면 스포츠시장 육성사업에 39억 원이 새롭게 책정되기도 하였다. 국민체육진흥공단은 2020년 말에 'KSPO 뉴딜' 계획을 발표했다. 국민체육진흥공단이 추가하는 KSPO 뉴딜 정책은 비대면, 친환경, 빅데이터, 신기술 등을 결합하여 22개의 세부 과제를 다루고 있다. 이와 같은 정책이 성공하기 위해서는 일회적인 지원이나 정책 수립이 아닌, 정기적인 정책 시행과 평가가 수행되어야 한다.

둘째, 프로스포츠 구단에 운영상의 자율권을 보장해야 한다. 코로나 이후에 모기업의 재정 악화는 구단의 운영상의 난맥으로 작용하였다. 구단의 운영상의 자율권이 확보될 수 있는 정책이 필요하다. 김대희는 코로나 이후 프로스포츠 구단이 경쟁력을 갖기 위하여 두 가지를 제안한다.[208] 첫째로, 연고 경기장을 활용한 수익성 있는 사업을 개발해야 한다고 주장한다. 2016년 <스포츠산업진흥법>이 개정되어 구단은 연고 경기장을 통해 25년 동안 수익 사업을 할 수 있다. 법 개정으로 프로야구 구단은 구장을 신축, 또는 개축할 수 있었다. 삼성은 500억 원을 투자하여 '대구 삼성라이온스파크'를 신축하였다. 기아자동차는 300억 원을 투자하여 '광주 기아챔피언스필드'를 만들었다. 엔씨소프트도 '창원 NC 파크'를 신축하여 그동안 노화된 경기장을 새롭게 만들어 팬들로 부터 많은 호응을 얻었다. 프로 축구에서는 대구 FC가 기존 월드컵 경기장을 사용하지 않고 시내의 축구 전용 경기장을 신축하였다. 경기장을 신축한 후에 명칭 사용권(소위 네이밍라이츠)를 활용하여 3년간 40억 원에 'DGB 대구은행파크'로 명명하여 구장을 운영하고 있다. 대구 FC 경기장은 대구 구도심에 경기장을 만들어서 도시 재생 효과와 시민들의 편의성 증진에 많은 도움을 주었다. 코로나 이후에는 이와 같은 구단의 구장을 통한 수익성 있는 사업의 확대가 필요하다. 둘째로, 포스트 코로나 시대에는 비대면 온라인 마케팅을 위한 여러 가지 노력을 해야 한다는 것이다. 팬들에게 비대면 으로 온라인 마케팅을 통하여 구단 홍보와 관심을 가질 수 있는 체제를 구축해야 한다. 구단 스스로가 콘텐츠를 창출하고, 이를 팬들이 누릴 수 있는 시스템이 필요하다. 특히, 5G 기술을 이용한 증강 현실 등의 기술을 활용하여 스마트 경기장 구축이나, 경기장 밖에서 팬들이 경기에 대한 관심을 갖도록 해야 한다.

셋째, 한국 사회에서 스포츠 관광 산업과 같은 새로운 먹거리를 개발해야 한다. 2020년 12월 한국문화관광연구원은 포스트 코로나 이후 문화, 관광 전망에 대한 설문 조사를 실시했다.[209] 이 조사에 따르면, 국내 10명 중 7명은 코로나가 끝나면 가장 하고 싶어 하는 여가 활동으로 '여행'(69.6%)을 꼽았다. 다음으로 문화(13.3%), 사교(13.1%), 스포츠(4.1%) 등이 집계됐다. 이 결과를 보면 추후 프로스포츠 구단이나 프로스포츠 협회는 '스포츠 관광객'을 대상으로 한 마케팅도 신경 쓸 필요가 있다. 특히, 특정 팬들의 원정 경기를 즐겁게 갈 수 있는 효율적인 시스템을 구축해야 한다. 이 조사 결과는 또한 코로나 팬데믹 시기 동안 한국 사회의 구성원들은 여행 경험에 목이 말랐다는 것을 나타내고 있다. 여행 경험의 본질을 다시 생각해보아야 한다. 여행 경험은 자신만의 스토리텔링을 쌓는 주관적 과정이다. 일상과는 다른 새로운 곳에서 스토리텔링을 구성하며 나 자신을 되돌아본다. 나의 내면을 돌아볼 수 있는 기회를 여행은 제공한다. 고 이어령 장관께서 마지막 인터뷰에서 럭셔리한 삶이 무엇인가에 대해서 이렇게 말한 적이 있다.

"럭셔리한 삶… 나는 소유로 럭셔리를 판단하지 않아. 가장 부유한 삶은 이야기가 있는 삶이네. 스토리텔링을 얼마나 갖고 있느냐가 그 사람의 럭셔리지… 똑같은 시간을 살아도 이야깃거리가 없는 사람은 산 게 아니야. 스토리텔링이 럭셔리한 인생을 만들어. 세일해서 비싸게 산 다이아몬드와 첫아이를 낳았을 때에 남편이 선물해 준 루비 반지 중 어느 것이 더 럭셔리한가? 남들이 보기엔 철 지난 구식 스카프라도 어머니가 물려준 것은 귀하잖아. 하나뿐이니까. 우리는 겉으로 반짝거리는 걸 럭셔리 하다고 착각하지만, 내면의 빛은 그렇게 반짝이지 않아. 거꾸로 빛을 감추고 있지. 스토리텔링에는 광택이 없다네. 하지만 그 자체가 고유한 금광이지."[210]

코로나 시대 이후에는 스포츠 관광이 활성화될 것이다. 이 관광에 대하여 많은 사회 구성원들이 관심을 갖고 있다. 그동안 참고 지냈던 좋아하는 국내 팀이나 해외 팀들에 대한 응원을 위한 스포츠 관광이 크게 늘어날 것이다. 이러한 스포츠 관광 경험은 이어령 장관님의 말씀처럼 우리의 내면을 밝히는 역할을 할 것이다.

넷째, 비대면 스포츠 산업 영역을 개발해 나가야 한다. 이제 우리의 일상에서 바이러스와의 동거는 어쩔 수 없는 현실이 되었다. 우리의 프로스포츠도 바이러스의 피해를 최소화하는 가운데에서 진행되고 팬들에게 만족감 있는 경기를 선물해야 한다. 이 시대의 우리 스포츠에 모습에 대하여 남상우 교수는 이렇게 진단하고 있다.

"첫째, 대면과 비대면의 컬래버레이션이 가능해진다. 스포츠 경기는 관람석에서도, 각 구단과 개인이 전달하는 '온라인 중계' 로도 이루어진다. 둘째, 근거리 스포츠 공간의 확장이다. 학교 체육관이 중요해졌다. 개인 건강, 공동체, 만남의 가치가 중요해지면서 사람들은 마을 단위의 스포츠 활동을 지자체에 요구할 것이다. 셋째, 스포츠 활동에 필요한 시설과 용품의 제작과 배치가 감염병 중심으로 바뀐다. 향후 감염병 예방 관련 재정은 국방비 수준이 될 것이다. 이에 따라 스포츠를 포함한 사회 전체의 인프라는 두 측면, 고령화와 감염병 예방을 중심으로 재편된다."[211]

남상우 교수의 견해처럼, 추후에 프로스포츠의 대면과 비대면의 융합은 필수적으로 진행될 것이다. 이제 프로구단은 경기장을 찾은 관중과 경기장 밖의 관중들을 만족시킬 수 있는 서비스를 개발해야 한다.

포스트 코로나 이후에 정부는 프로스포츠 산업 시장의 육성에서 비대면 영역에 신경을 써야 한다. 2021년 6월 문체부는 체육시설 업계의 비대면 사업 방식에 대한 정책을 제시하였다. 여기에서는 스포츠 비대면 교육이 가능한 전문 기관을 통하여 스포츠 디지털 정보 및 영상 분석의 전문성을 갖출 수 있는 인력 1,800명을 양성하고자 하였다. 이에 상명대학교 산학협력단, 엑스퍼트 컨설팅과 KBS 비즈니스 등의 기관에서 600명의 인원을 선발하여 교육을 진행한다. 동시에 체육시설업자가 대면에서 비대면 방식으로 사업을 운영할 수 있도록 1,200개의 사업체에 대한 비대면 전환에 대한 지원도 진행하였다.[212]

국민체육진흥공단은 2022년 4월부터 장애인 스포츠 이용권으로 공단이 개발한 온라인 스포츠 전문 플랫폼인 '키핏' 사용할 수 있도록 하였다. 키핏은 국민체육진흥공단이 개발한 비대면 스포츠 코칭 플랫폼이다. 22년 1월부터 장애인에 특화된 콘텐츠를 개발해서 강좌를 개설하고 맞춤형 커리큘럼을 개발하였다. 코로나 팬데믹 이후로 스포츠 소외지역에 있는 장애인을 위한 장애인 맞춤형 비대면 스포츠 강좌는 앞으로 스포츠 산업이 추구해야하는 또 다른 방향이다.[213]

민간 기업들의 스포츠기술 사업 분야의 확대 진출도 계속 이어질 전망이다. 2021년 5월 비정형 데이터 관리 회사인 아이온커뮤니케이션은 글로벌 스포츠 마케팅 회사인 브릿지인터내셔널그룹과 공동 마케팅 협약을 맺었다. 영국과 한국에서 스포츠 마케팅을 활발하게 하는 브릿지인터내셔널 그룹과 스포츠 데이터 사업을 벌여온 아이온커뮤니케이션과의 협약은 스포츠 마케팅과 ICT 기술의 확대 적용이라는 측면에서 의미가 있다. 이 협약으로 축구와 관련된 비즈니스 영역에서의 기술 및 마케팅의 적용이라는 효과가 날 것으로 보인다.[214]

다섯째, 스포츠 산업의 발전을 위해 스포츠 과학을 접목한 시스템을 만들어야 한다. 포스트 코로나 시대에는 스포츠 분야의 과학적 접근이 일상화가 될 것이다. 프로 축구의 경우, 경기장에서 효율적으로 뛸 수 있는 피드백을 제공하는 글로벌 스포츠 IT 기업인 '캐타필드'가 2018년 이후 한국에 들어와 각 구단의 분석 업무를 수행해주고 있다. 이 후에 데이터를 접목한 축구단의 운영은 축구단의 새로운 지평을 열고 있다. 다른 예로, 스포츠 IT 스타트업 기업인 '비프로 컴퍼니'는 2015년부터 축구 분석 프로그램을 시작해서 K리그뿐만이 아니라, 세계 유명 리그의 분석 서비스를 제공해 주는 대표적 축구 분석 프로그램 업체로 성장했다.[215]

스포츠 데이터 분석 산업도 크게 성장하고 있다. 이 시장은 2023년에는 40억 달러 이상을 상회할 것으로 보인다. 2018년 미국 연방대법원이 스포츠 이벤트의 베팅 허용을 주별로 결정하도록 판결을 내렸다. 이후에 여러 가지 형태의 스포츠 베팅이 진행되었다. 전미게임협회(American Gaming Association)은 2018년 판결이후에 170억 달러의 합법적인 베팅이 이루어졌다고 하였다. 수익은 약 12억 달러가 발생하였다. 이제는 텔레비전뿐만이 아니라 스마트폰을 이용하여 스포츠 베팅이 좀 더 활성화되고 있다.[216]

코로나 이후 우리의 프로스포츠는 한 번도 경험해 보지 못한 길을 가게 되었다. 이후에 스포츠 산업은 전과 같은 길을 가서는 안 된다. 스포츠 산업이 더욱 발전하기 위해서는 스포츠 산업과 관련된 모두의 노력이 필요하다. 특히, 구단이나 공급자는 스포츠 소비자인 사회 구성원들이 좋아하는 것이 무엇인지를 인지하고, 그들에게 맞는 서비스를 제공해야 한다. 이러한 측면에서, 브랜드 마케터인 이랑주는 이렇게 이야기 한다.

"사람들이 좋아 보이는 것들을 어디서 어떻게 찾아가는지를 생각해 보면 쉽게 알 수 있다. 이제는 거리를 돌아다니다가 우연히 눈에 띄는 멋진 카페나 음식점을 찾아 가지 않는다. 소비자들은 온라인에서 검색하여 발견되는 이미지를 보고 그 이미지와 똑같은 모습을 기대하며 찾아간다. 이미 자신들의 머릿속에 들어온 좋아 보이는 이미지를 체험하려는 것이다. 이미지가 이미지를 부르는 방식으로 소비가 이루어진다. 때문에 널리 공유되고 전파될 수 있는 '시그니처 이미지'를 만들어 내는 게 중요하다."[217]

이랑주의 견해처럼, 스포츠 산업 관계자들은 시그니처 이미지를 창조해야 한다. 포스트 코로나 시대에 스포츠 산업 관계자들은 스포츠 소비자들의 뇌리에 스포츠에 대한 시그니처 이미지를 형성하는 것이다. 코로나는 여러 가지로 스포츠 산업 성장에 제약이 되었으나, 이와 같은 문제의식을 던져주었다는 차원에서 의미가 있다.

BOOKS
RENAISSANCE
BOOKS RENAISSANCE
「食のインフラ」を
ずーっとやってます。
ISHIDA
Cafe VG

제6장

학교수업과 여가 학습의 변화

코로나 이후 학교 교육 현장도 새로운 길을 가게 되었다. 팬데믹 이후 학교에 가지 못하는 학생들을 중심으로 집안에서 학습 및 교육이 이루어졌다. 이에 비대면 교육이 중요한 교육 수단이 되었다. 비대면 중심 교육은 관계 부재와 사회성 회복에 대한 사회적 난제를 만들었다.

팬데믹으로 인한 비대면 중심 교육은 교육 격차와 사회문제를 잉태한다. 이에 앞으로 일선 학교 현장에서 학생들을 위한 전인교육을 위한 노력이 더욱 필요하다. 비대면 교육이 정착됨에 따라 블렌디드 러닝이나 플립드 런닝과 같은 학습 체제가 교실 내에서 적용되기도 한다.

코로나 팬데믹 시기에 여가 교육의 중요성이 증가하게 되었다. 여가 교육을 확대 실시하기 위해서는 몇 가지 전제가 있다. 비대면과 대면을 적절히 활용한 여가 경험을 활성화할 수 있는 방안이 나와야하며, 아날로그와 디지털의 균형을 고려한 여가 활동이 개발되어야 하고, 안전한 여가 교육 프로그램이 만들어져야 하고 그리고 디지털 디톡스 환경을 고려해야 한다.

교육의 위기

코로나 팬데믹은 학교 교육의 변화를 가져 왔다. 동시에 학교가 "수행해왔던 기존의 역할이 얼마나 중요하고 소중한 것이었는지를 다시 깨닫게 하는"[218] 시간이 왔다. 코로나 초기 기존 대면 중심의 수업은 비대면으로 대치되었다. 이에 사람과 사람이 만나는 학습 경험에 대한 교육의 본질과 가치도 바뀌게 되었다. 대면할 수 없는 상황은 우리가 만들어 온 교육 과정과 수단을 다시 한 번 생각하게 하였다. 그렇기에 대안학교 교사인 정형철은 우리 교육 현장에서의 코로나 팬데믹이 던진 질문을 이렇게 언급하고 있다.

"코로나 19 사태는 우리에게 많은 질문을 던지고 있다. 지금까지의 인류 습성으로 비춰볼 때 이 같은 재난을 통해서나마 우리는 희망을 이어갈 마지막 기회를 얻고 있는지도 모른다. 교육에 관해서도 마찬가지다. 근대 산업사회의 산물로서 근대 교육의 걸어온 길은 이제 '장기 비상시대'로 접어들면서 그 끝이 보이고 있다. 어쩌면 우리도 모르는 사이에 이미 운명을 다 했는지도 모른다."[219]

근대 교육의 정체성은 팬데믹으로 인하여 바뀌고 있다. 교육의 목표인 지, 덕 그리고 체의 균형적인 발전 방향에 대하여 다양하게 모색해야 한다. 코로나 초기에 신체 교육에 대한 문제가 심각하게 발생하였다. 사회적 거리두기와 방역 체제 하에서 대면이 필수적 조건인 체육 수업이 큰 타격을 입었다.

팬데믹으로 학교에 올 수 없는 상황에서의 대안은 바로 집안에서의 학습이었다. 팬데믹 초기에 교과부는 학생들의 감염병 예방을 최선으로 생각하여 학사 운영을 일선 학교에 제안하였다. 이에 따라 'EBS 온라인 클래스'나 'KERIS e학습터' 같은 교육 분야 공공 학습관리시스템 구축되었으며, 학생들이 원격 수업을 할 수 있는 시스템이 집안으로 들어오게 되었다. 전혀 대비하지 못했거나, 혹은 예습할 수 없었던 비대면 수업에 학생들은 적응할 수 없어서 어려움을 겪었다. 비대면 수업에 적응되지 못해서 학습 성취력이 저하되는 문제와 더불어 부각된 문제는 '관계 부재'의 문제였다. 학생들이 학교에 등교하지 않는다는 것은 학습 결손만을 야기하지 않는다. 인간 및 교우 관계가 제대로 형성될 수 없으며 학교생활에 적응할 수 있는 기회가 상실되며 청소년기에 정서적인 성장을 적절히 할 수 없다. 비대면 학습은 교사 및 학생 간에 발생하는 심리적이고 사회적 결합체 경험을 상실하게 만들었다. 이예슬, 신범철과 정양순(2021)은 코로나 초기의 학교의 부재가 '돌봄 공백'을 초래하고 있다고 말한다.

"원격 수업의 장기화로 인해 학생들 간의 학습 격차와 교육 양극화에 대한 우려, 아동 학대 등이 사회적인 문제로 부각되고 있다. 감염병의 위험으로부터 학생들의 안전을 보장하기 위해 학교에 문을 닫았지만, 이로 인해 갈 곳이 없어진 학생들이 오히려 '위험'에 노출 되는 역설적인 현상이 나타나고 있다. 또한 맞벌이 가정이 '신 취약계층'으로 떠오르는 등 '돌봄 공백'이 또 다른 사회문제로 부각되며 그간 학교가 수행해온 '돌봄'의 기능에도 주목하고 있다."[220]

교육출판 기업인 '미래엔'은 초등학교 교사 1,026명을 대상으로 초등학교 현장에서 가장 중요한 교육 이슈가 무엇인지에 대해서 물었다.[221] 초등학교 교사 두 명 중 한 명은 제시된 다섯 개의 키워드 중에서 '사회성 회복'(48%)을 가장 중요한 이슈으로 꼽았다. 교사들은 코로나 이전과 이후를 비교했을 때에 학생들의 사회성이 현저하게 떨어진다고 우려하고 있다. 학교가 학생들을 위한 사회와의 가교 역할을 제대로 하지 못하기 때문에 아이들의 상호 의사소통 능력 그리고 관계 맺기 경험이 제대로 이루어지지 못하고 있다. 두 번째로 중요한 이슈로는 '학습 격차 완화'(18.7%)가 꼽혔다. 학교에 등교할 수 없으면서 개인 과외나 학원 등의 사교육이 중요해졌다. 사교육의 사각지대에 있는 학생들은 학습을 제대로 할 수 없기에 코로나 이전 보다 훨씬 더 부진한 성적을 보인다. 초등학교 교사들은 하위권 학생들의 학습 능력은 크게 떨어졌다고 진단하고 있다. 세 번째 중요한 이슈는 '학생의 수업 참여 의지'(13.3%)가 나타났다. 원격 수업이 장기화되고 학교에 등교하지 못하며 수업에 대해서 관심이 없고, 집중력 저하를 보이는 학생들이 증가하게 되었다. 학생들이 원격 수업 시간은 제대로 공부하지 않아도 되는 '여가 시간'으로 생각하는 경향도 있다고 일선 교사들은 본 조사에서 언급하고 있다. 이 세 가지 키워드에 대하여 일선 교사들은 학생들의 기초 학력 회복, 특별 활동 조성과 여가 활동 제공에 대하여 사회 전체적으로 신경 써야 한다고 주장한다.

코로나 시기는 우리에게 '교육이란 무엇인가'를 생각할 시간을 부여했다. 이런 질문에 대하여 도봉초등학교 설진성 교사는 일선 학교에서의 교육 의미와 방향에 대해서 이렇게 언급한다.

"교육은 학문을 가르치는 것이 아니라, 학생을 가르치는 것이다. 학생은 교실에서 학문을 전수받는 것이 아니라 교실 공동체 안에서 옥신각신하며 지식을 재창조해야 한다. 화석화된 교과서의 정답을 보물찾기 하듯이 찾는 것이 아니라, 시를 읽으며 감각적인 추체험을 해야 하고, 평균과 분산으로 우리 반의 묘한 구석을 바라보아야 하며, 사회 현안에 대하여 정의감에 마음이 흔들려야 하고, 함께 모여 합창하면서 한 마음의 떨림을 느껴야 한다."[222]

설진성 교사의 말에 완전히 동감한다. 교실에서의 학습 경험은 인간이 삶을 배우는 과정이다. 변화무쌍한 세상에 대하여 스스로의 머리로 생각할 수 있는 기회를 분배하는 경험이 교실 학습의 핵심이다. 대면 속에서 빚어져야 하는 인간됨에 대한 학습이 비대면으로 전환되면서 교사나 학생 모두 피해를 입었다.

팬데믹의 장기화는 정부의 교육 정책에 대한 불신도를 증가시켰다. 한국교육개발원이 2022년 8월 16일부터 9월 10일까지 만 19살 이상 75살 미만의 국민 4,000명을 대상으로 한 2021년 교육 여론조사 결과에 따르면, 정부의 교육 정책에 대하여 '보통이다'가 48.8%, '부적절하다'가 32.3%, 그리고 '적절하다'가 18.9% 순으로 나타났다. 코로나가 장기화되면서 정부의 교육 정상화에 대한 노력 정도를 일반 국민들은 18.9% 정도로 파악하고 있다. 원격 수업의 이수 인정 여부에 대한 답변에서도 국민들은 찬성이 41.3%, 반대가 39.1%로 나타나 원격 수업에 대한 신뢰도는 낮은 것으로 나타났다. 이 조사의 응답자 61.7%는 한국 사회에서 교육이란 개인이나 가족의 경제적 성취를 달성하는 데에 중요한 역할을 하는 것으로 판단하는 것으로 나타났다. 그렇기에 사회적 지위 향상에 교육이 큰 역할을 한다는 답변이 65.4%로 나타났다.[223] 한국 사회에서 교육은 계층 이동의 사다리 역할을 했다. 사법시험이 폐지되었지만 공무원이 되기 위하여 불철주야 열공을 하는 이들은 교육을 통하여 사회적 지위가 바뀐다는 믿음이 있는 자들이다. 법학전문대학원의 등장으로 인하여 법조인의 길은 있는 자들만이 업(業)으로 바뀌었다. 그렇지만 아직까지도 한국 사회에서 명문대학 진학은 사회적 지위 변동의 유일한 희망이기도 하다. 팬데믹에 대응하는 정부의 정책은 국민들의 교육 열망을 따라가지 못하고 있다.

비대면 수업이 국민들의 교육적 기대에 부응하지 못하는 이유는 무엇인가? 첫째, 비대면 교육은 학생들의 학습 격차를 크게 발생시켰기 때문이다. 예를 들어, 2020년에는 19년 보다 국, 영, 수 과목에서 중고등학생들의 기초 학력 미달 비율이 크게 증가하였다. 비대면 학습에 적응하지 못한 공부 못하는 학생들은 학습에 몰입하기 힘들었다. 동시에 비대면 학습기기를 잘 갖추지 못한 저소득층 자녀들은 좋지 않은 학습 상황으로 인하여 학습 능력이 저하되었다.

둘째, 등교 감소는 학생들의 크고 작은 정신적, 심리적 그리고 사회적인 문제를 야기하며 이에 대한 학교나 정부의 대책이 없었기 때문이다. 학생들의 교사와의 상호작용, 교육 집단에서의 다양한 교육 경험이 안정적인 자아를 구성하게 한다. 팬데믹 이후로 문제가 되는 것은 학생들이 학교에서 얻을 수 있는 교육의 가치를 경험할 수 없다는 것이었다. 코로나는 학생들한테 교육의 단절 현상을 불러 일으켰다. 학생들이 학교에 간다는 것은 학교의 구성원들과의 만남을 통하여 간접적 사회화 과정을 익히고, 단체 생활 경험을 하고, 사회에서 배워야 하는 여러 가지 규칙과 가치를 습득해 나가는 일이다. 코로나로 인하여 집에서 수업을 학습한 학생들은 이러한 교육의 올바른 과정을 경험할 수가 없었다. 집 안에서 한정적인 교육을 받는 학생들은 코로나 이전보다 불안증, 우울감, 조울감에 크게 노출되었다. 정신적인 문제를 해결할 수 있는 시스템의 부재는 사회 구성원들에게 많은 실망을 안겨주었다.

팬데믹으로 인한 사회학적 문제는 '교육 격차' 발생에 있다. 교육 격차가 개인, 사회 그리고 국가에 미치는 영향은 어마어마하다. 이정연은 교육 격차의 내재된 문제를 이렇게 언급한다.

"교육격차는 사회 양극화 문제가 대두되면서 논의되기 시작하여 교육 불평등의 개념과 함께 교육 현장에서 중요하게 다루고 온 주제이다. 어떤 맥락 속에서 격차를 볼 것인가, 격차가 주목하는 것은 교육의 어떤 부분인가, 무엇 때문에 격차가 발생하는가 등 교육에서 다루고 있는 격차는 그 범위가 넓고 기준이 다양하지만, 코로나 19로 드러난 교육 격차는 재난 상황에서 현 실태를 제대로 파악하기 위해 살펴볼 필요가 있다. 모두가 함께 겪는 재난이지만 재난에 대체하는 방식과 개인이 처한 환경, 사용가능한 자원의 차이로 인해 재난으로부터 받는 영향은 다르게 나타나기 때문이다. 코로나 19 이후 가정에서 온라인 학습을 진행하면서 드러나는 교육격차를 가장 심각하게 우려하는 것도 이런 이유일 것이다."[224]

사회의 경제적인 차이는 교육 격차를 심화시킨다. 팬데믹 시기에 이런 우려는 현실로 나타나고 있다.

코로나 초기에 발생한 문제는 온라인 교육으로 인한 학습 효과의 저하와 원격 수업 장비를 갖추지 못한 가구나 학생들의 학습 격차라는 두 가지 이슈였다. '약자'를 배려할 수 있는 준비가 되지 않은 상황에서의 온라인 학습 체제는 계층 간 학습 격차를 더욱 벌어지게 하였다. 첫 번째 문제로 비대면 수업은 수업 질이 떨어지고 학생들의 학습 격차를 크게 벌린 것을 생각해 보아야한다. 2021년 9월 정찬민 국민의힘 의원이 전국 초중고등학교 학부모 1만 1천 704명을 대상으로 한 설문조사 결과에 따르면, 전체 20.9%만이 비대면 수업에 만족한다는 답을 했다. 80% 정도의 학부모들은 비대면 수업의 학습 효과에 대해서 믿지 못한다고 답했다. 한국교육과정평가원에 ' 2020년 국가수준 학업성취도 평가 분석' 따르면, 고등학교 수학 과목의 보통 수준을 3으로 잡았을 때에 코로나 이후 3인 학생들은 전체 31.8%에 불과한 것으로 나타났다. 이는 전년 대비 36.2% 보다도 낮아진 것이다. 가장 낮은 수준인 1에 속하는 학생의 비율은 13.5%로 대략 4.5% 정도가 증가하였다. 코로나 이후 비대면 수업은 결국 상위권 학생과 하위권 학생들의 학업 성취 모두의 부정적 영향을 미치고 있다.[225]

두 번째 문제로 비대면 수업은 경제적 하위 계층의 수업 제약을 잉태하였다. 경제적으로 어려운 계층은 비대면 수업과 관련된 기기를 구입하거나, 또는 사용하는 데에서 제약을 경험할 수밖에 없었다. 경기도 성남에 거주하는 이은정씨(37세)는 결혼이주여성이다.[226] 그녀는 베트남 출신으로 한국에 와서 결혼을 하고 아이를 낳았다. 현재 중학생이 된 딸인 아름이와 함께 살고 있다. 그녀는 작은 봉제공장에서 미싱사 보조로 일하면서 생계를 이어간다. 아침 8시 반부터 저녁 7시까지 많은 일을 하고 버는 돈은 120만 원 정도 밖에 되지 않는다. 야근과 주말까지 계속 일을 해도 180만 원 정도를 손에 쥐게 된다. 이 돈으로 두 식구의 생활비, 보험료, 그리고 아름이의 생활비를 지출하면 생활이 무척 힘들다고 느낀다. 그녀는 코로나 이후 고정비를 줄이기가 어렵다고 토로한다. 그녀는 어지럼증을 앓고 있어서 여름에는 일하기도 힘들다고 한다. 그녀에게 코로나는 커다란 재앙이었다. 아름이가 학교에서 대여 받은 태블릿 PC는 성능이 좋지 않아 쓰기 힘들다. 그녀는 아름이에게 모아놓은 돈을 다 털어 중고 PC를 사주었다. 이은정씨와 같은 경제적 하위 계층은 코로나를 경험하면서 사중고를 겪고 있다.

우리 학교는 잃어버린 2년의 공백기를 대치할 교육 체제를 갖추어야 한다. 일선 학교는 학교가 수행할 수 있는 여러 가지 '양육 기능'을 강화해야 한다.[227] 사회경제적 취약계층 아이들을 위한 교육 정책도 구축해야 한다. 비정규 노동자가 가장인 가정에서는 가장의 출근 시간이 빠르고 퇴근 시간이 늦을 확률이 높다. 이러한 가정에 맞는 학생들을 위한 교육 체제도 고안해야 한다. 사회경제적 취약계층의 학생은 적당한 식사를 할 수 없을 수 있고, 가장이 늦게 퇴근하면서 수면 부족을 경험할 수도 있다. 코로나는 사회경제적인 취약계층의 가장들을 더욱 힘들게 하고 있다. 가장이 불안정적인 일터에서 일하는 경우에 아이들은 온전히 공부에 매진하기 어렵다. 코로나는 사회경제적인 취약계층을 다시 한 번 생각해 보라는 계시이기도 하다. 박남기(2021)는 코로나 시대 취약계층 학생의 생활을 챙기는 일은 교사의 중요 업무로 등장하였다고 다음과 같이 말한다.

"온라인 교육 시기의 교사 역할 중에서 특히 관심을 가져야 할 것이 취약계층 학생의 생활 챙기기이다. 등교 시에는 매일 살펴보면서 학생의 생활과 건강 등을 파악할 수 있고 식사 챙겨 먹는 것을 걱정하지 않아도 된다. 하지만 재택 "온라인 수업에서 교사는 지식 전달자가 아니라 아이들의 삶이 온라인에서 잘 돌아가게 관리하고 온라인에 집중하게 도와주는 조력자로서의 역할을 해야 한다. 예컨대, 온라인으로 사회 교과서 셋째 줄을 읽어 주는 것보다 학교에 못 오게 된 극빈층 아이들이 굶지 않게 밥을 챙겨 주고 온라인에 접속할 수 있는 기본 환경을 만들어 주는 것이 현실적으로 더 중요하다"라는 미국 실리콘밸리에 디지털 교육 전문가 이수인 대표의 이야기는 등교하지 못하고 재택 온라인 학습을 하는 상황에서 취약계층 자녀를 위해 교사가 무엇을 어떻게 해야 할 것인가를 잘 보여준다."[228]

학교 교육 현장의 변화

2021년 4월 20일 교육부는 '2022 개정교육과정 추진계획'을 발표하였다. 이 계획의 추진 배경은 4차 산업 혁명으로 인한 사회 변화, 학령인구의 감소, 코로나 등으로 인한 교육 환경의 변화와 대응 때문이었다. 2025년부터는 일선 고등학교에 '고교학점제'가 도입되기에 교육 과정 변화가 필수적이다. 이 계획은 지역 분권화와 학교 및 교사의 자율성을 강화하고 수업 효과를 최대로 낼 수 있는 시스템을 만들기 위한 방향에서 시행되어야 한다. 이 계획에서 주목할 점은 팬데믹으로 인하여 에듀테크의 적용을 통하여 온라인과 오프라인 연계 수업을 원활하게 수행하고자 하는 목적이다. 코로나는 우리의 교육 과정이 나가야 하는 방향을 새롭게 규정하고 있다.

팬데믹 이후에 일선 학교에서의 중요 화두는 '교육 정보화'이다. 2022년도의 교육 정보화 시행계획은 미래형 정보통신 및 기술 기반 교육 연구 환경조성, 지속 가능한 교육 정보화 혁신, 정보통신기술을 통한 맞춤형 교육 서비스 센터, 공유형 교육 정보와 자원 확대에 대한 4대 정책 목표와 851개의 세부 과제를 담고 있다. 이 계획에 따른 예산 규모는 1조 5,577억 원이다.[229] 일선 학교에서 교육 정보화 사업이 성공하기 위해서는 학교 행정가, 교사와 학생들이 교육 정보화에 대한 열린 시각으로 접근할 필요가 있다. 학교 교육 현장에 있는 사람들의 '교육 디지털 전환'에 열린 사고도 필요하다. 우리가 말하는 일반적 디지털 전환은

가시적인 산업 효과와 연관이 된다. 그러나 교육 분야의 디지털 전환은 생산에 초점을 맞추는 것이 아니라, 학습자의 학습 효과 향상과 모든 계층의 교육 수혜의 효과가 있어야 한다.[230]

팬데믹 이후에 학교 현장은 두 가지 방향에서 변화하고 있다. 첫째, 온라인과 오프라인 수업이 자연스럽게 접목되고 있다는 점이다. 2020년 7월 31일 교육출판 전문 기업인 '미래엔'이 전국의 초중고 교사 2,000명을 대상으로 온라인 수업 서비스를 위한 설문 조사를 실시했다. 이 조사 결과에 따르면, 교사 세 명 중 두 명은 포스트 코로나 시대에는 새로운 수업 방식이 필요하다고 생각하는 것이 나타났다. 응답한 교사의 56.9%는 온라인 수업과 오프라인 수업이 적절하게 접목되는 '블렌디드 러닝'이 대세로 자리 잡을 것이라고 답했다. 또한 온라인을 통해서 공부하고 수업 시간에는 주로 과제를 수행하는 '거꾸로 교실(flipped learning)'수업도 중요 수업 방식으로 자리 잡을 것이라는 응답이 13.2%나 제시되었다.[231]

블렌디드 러닝이란, 커피 맛을 내기 위해서 다양한 원두를 블렌딩하듯이 학습 효과를 최대화시키기 위해서 여러 가지 학습 방법을 혼합하는 것을 말한다. 팬데믹 이전부터 여러 사이버 교육 기관에서는 블렌디드 러닝을 시도하였다. 이와 같은 블라인드 러닝은 디지털 기술의 발전과 현장의 지식 교배라는 차원에서 의미가 있다. 강의 중심 수업은 교사가 이론을 설명하는 데에 프레젠테이션을 여러 가지 수단을 통하여 설명하였다. 포스트 코로나 시대에는 ICT 기술을 사용해서 여러 가지

정보를 학습자가 선수용한 후에 현장에서 이를 실험하거나 교실에서 다양한 토론을 진행할 수가 있다. 예를 들어, 세계사 시간에 프랑스 혁명에 대하여 다룬다면, 당시 사회 및 정치 상황에 대한 내용을 스마트폰이나 컴퓨터로 먼저 공부하거나, VR을 이용한 박물관 투어로 프랑스의 중세와 근대 문화를 맛본 후에 교실에서 의문점을 바탕으로 여러 가지 토론을 수행할 수 있다. 추가로 설명이 필요한 부분이 있다면 대학에서 프랑스 근현대사를 전공한 교수님과 전화나 줌(zoom)을 통한 연결로 질문을 하고 해답을 얻을 수도 있다.

블렌디드 러닝이 일선 학교에서 활성화되기 위해서는 학생들 사이의 디지털 미디어 대한 소외 또는 격차가 해소되어야 한다. 학교와 정부는 학생들의 디지털 환경 격차를 먼저 조사할 필요가 있다. 이후에 학생들이 적절하게 디지털 기기를 이용하고 온라인 플랫폼을 사용할 수 있는 가이드라인을 제공해 주어야 한다.

수업 형태 외에도 평가에서도 새로운 목소리가 나오고 있다. 기존의 평가 시스템에 대한 정당성과 실효성에 대하여 생각할 기회가 되고 있다. 황규호(2020)는 교육 현장 내 평가에 대한 재고의 필요성을 이렇게 제시한다.

"평가는 의도한 교육 목표에 대한 도달 정도를 확인하여 부족한 부분을 보완할 수 있도록 하거나 또는 그러한 부족함을 야기한 요인이 무엇인가를 확인하여 이를 개선하도록 하는데 그 근본 목적과 취지가 있다고 보아야 한다. 선발이나 서열화를 위한 평가가 불가피한 경우가 없지는 않지만 모든 평가가 오직 선발과 비교를 위한 서열화 자료를 만들어내는데 치중해야 할 이유는 없다고 보아야 한다. 코로나에 의한 대면 평가의 어려움은 이처럼 교육평가의 근본 취지와 목적에 대한 성찰과 반성을 요구하고 있다."[232]

둘째, 팬데믹 이후에 발생한 '교육 격차' 해결을 위한 논의가 사회 전반적으로 진행되고 있다는 점이다. 교육부는 2022년까지 교육 예산 8,500억 원을, 시도 교육청은 21년 추가 경정 교육 예산을 6조 이상을 투입하였다. 이렇듯 교육 예산이 증가한 이유는 코로나 이후의 교육 격차 문제가 사회 문제로 부상하였기 때문이다. 정원숙 교육부 교육회복 지원과장은 교육 격차 해소를 위한 교육 회복 과정을 세 가지 차원에서 언급한다.[233] 첫째, 학습 격차 해소를 위해 21년 하반기 부터 방과 후, 또는 방학 중에 초중고 학생들을 대상으로 교과 보충 집중프로그램을 운영하고, 고등학생을 대상으로 일대일 학습컨설팅을 운영하고, 그리고 교원대와 사범대의 예비교사 튜터링 활동을 통하여 학습 보충 프로그램을 운영한다. 둘째, 소규모 그룹 지도를 확대 실시하여 학생 맞춤형 학습을 제공하고자 한다. 셋째, 1수업 2교사를 배치하는 '협력수업 운영학교'와 '다중지원팀'을 운영하여 학습과 심리 영역을 복합적으로 지원하는 '두드림 학교'를 확대하고, 학습종합클리닉 센터를 모든 교육지원청에 설치하는 것이다. 이와 같은 교육부의 일선 학교 학생들을 위한 현장 맞춤형 학습 프로그램은 교육 격차 해소에 기여할 것으로 판단된다. 교육부가 하지 못하는 영역은 사교육기관이 분담할 수 있는 체제를 구축하는 일도 고려해보아야 한다.

"보편 교육을 제공하는 관주도 교육의 특성으로 인해 공교육은 개인의 다양한 수요에 부응하기 힘들다. 더욱이 위기상황에서는 그 역할을 제대로 해내기가 더욱 어렵다. 민간 교육의 변화 적응력, 나아가 위기대응능력은 관주도 교육과는 비교할 수 없을 만큼 크다는 것을 우리는 지금까지의 경험을 통해 잘 알고 있다. 따라서 위기상황에서 공교육이 모두 감당하기 어려운 부분, 특히 온라인 학습 약자 교육 부분을 사교육 기관이 분담 할 수 있도록 시스템을 보안하고 관련 예산을 마련한다면 위기 상황에서 소외된 집단을 줄이며 교육의 질도 보장할 수 있을 것이다."[234]

위의 말에 공감한다. 우리 사교육의 위기 대응 능력은 세계 정상급이다. 이를 잘 활용하여 교육 약자들을 위한 체제 구축에 활용한다면 코로나 상황을 슬기롭게 극복할 수 있다.

팬데믹 이후에 지방자치단체의 교육 공백 해소를 위한 노력이 활발하게 이루어지고 있다. 서초구의 경우, 서초동 교육 안전망을 구축하는 사업이 주민들로부터 많은 호응을 얻었다. 서초구는 일대일 맞춤형 학습 프로그램 'AI 스마트 스쿨링' 확대 실시, 고등학생 '서리풀샘' 멘티 대상 학원 온라인수강권 지원, 서리풀샘 '특별 학습 프로그램' 도입, 진로 탐색 프로그램 '서초 아주 행복한 꿈찾기' 사업 확대, 그리고 AI 분석 프로그램을 통한 원스톱 진로 및 진학 학습 솔루션 지원 등을 하였다. 'AI 스마트스쿨링'이란, 인공지능 학습기를 활용하여 AI 교사와 인간 교사인 서리풀 샘이 협업으로 온라인과 오프라인의 결합한 교육 시스템을 말한다. 이는 서초구에서 개발한 특화된 교육프로그램이다. 인공지능은 개인 과외 교사가 되어 학생 수준에 맞는 온라인 학습 프로그램을 제공한다. 그리고 퇴직 교사 경력 단절 여성 등 지역 내 우수한 인적 자원들이 '서리풀 샘'이라는 멘토로 학생들의 공부 진로를 비롯한 정서적 측면의 성장에 도움을 준다. 스마트 스쿨링은 교육 사각지대라고 할 수 있는 이주민 가정, 그리고 탈북자를 포함한 취약계층의 초중학생들에게 좋은 효과를 보였다. 취약계층 청소년들이 미래를 설계할 수 있도록 도움을 주는 '서초 아주 행복한 꿈찾기' 사업도 특화된 사업으로 평가받는다. 지역의 아동 및 청소년들에게 진로 코칭을 할 수 있는 플래너들이 가정 방문, 혹은 비대면 상담을 통하여 진로 상담과 진로 체험을 도와준다. 서초구의 이 같은 특화된 서비스는 코로나 시대의 지역사회주민들의 교육 기회를 확대하고 교육 격차를 줄일 수 있는 방법이라고 할 수 있다.[235]

한만석(2019)은 여가 교육의 확대 실천이라는 차원에서 "마을결합형 모델 학교"를 제안한다.

"교육 현장에서 시도되고 있는 '마을결합형 모델 학교'도 여가교육의 관점에서 새롭게 시도해 볼 수 있다. 이는 교육청 차원에서 지역사회 유관기관과의 연계를 통하여 학교 자체적으로 수행하기에 어려움이 따르고 물리적으로 한계가 있는 교육 내용을 실시하려는 시도이다. 현재 이러한 사업은 1년 단위 예산이 지원되어 학교 교육과정의 편성과 유기적 연계가 가능하며, 공공 체육 시설 및 지역사회 교육시설을 통한 여가교육이 이루어지고 있다. 예를 들어, 단위학교에서 체육 교과서의 자전거 교육을 실시할 수 있는 여건을 갖춘 학교는 얼마 되지 않는다. 하지만 지역사회의 시설 및 장소를 활용한다면 그 교육적 가능성을 얼마든지 타진해 볼 수 있다."[236]

포스트 코로나 시대에 맞는 학교 현장은 어떠한 모습이어야 하는가? 그 모습은 디지털 교육 체제의 연착을 통하여 교사와 학생 모두가 만족하는 학교 구축을 기본으로 한다. 팬데믹 이후 일선 학교 현장에서는 디지털 전환, 그린 스마트, 친환경 등이 중요 이슈로 등장하고 있다. 2021년부터 정부가 추진하는 '그린 스마트 미래학교'사업은 학교를 친환경이며 디지털 친화적인 공간으로 바꾸는 사업이다. 이를 통하여 온라인과 오프라인을 융합적으로 브랜딩 수업을 할 수 있는 시설이 갖춰지고, 교사는 클라우드를 통해서 학생들의 학습 효과와 이해 정도를 확인 가능하다. 학생들은 XR을 통한 다양한 경험도 할 수 있다. 그린 스마트 미래학교를 구축이 안정이 되고 학교 현장에서 학생들은 디지털을 통한 학습의 즐거움을 얻어야 한다.

디지털 교육 체제가 정착되기 위해서는 학교의 자율적인 운영 의지도 필요하다. 이예슬, 신범철과 정양순(2021)은 일선 학교 교사들과의 심층 면담 연구를 통하여 코로나 상황에서 필요한 학교 자치성을 이렇게 언급한다.

"학교의 자율성을 강화하고 단계적인 권한 이양으로 학교자치를 지원할 필요가 있다. 교육 당국은 코로나 19로 인한 학사운영 방식 등을 결정함에 있어서 큰 틀에서 가이드라인을 제시할 뿐, 구체적인 세부 사항들은 개별학교 및 지역의 상황을 고려하여 결정할 수 있도록 학교 현장에 '자율성'을 부여하고자 했다. 학교 스스로 내부 사정과 지역의 여건에 맞는 운영방법을 자율적으로 결정할 수 있었다는 점에서 '학교 자치'가 크게 진일보한 측면도 있으나, 본 연구결과 일부 교원들은 갑작스럽게 주어진 자율성에 부담을 느끼고 있었으며, 위기 상황에서는 오히려 교육당국이 세세한 사항들까지 결정해서 지침을 내릴 필요가 있다고 인식하는 등 '권위주의'로 폐기하는 양상을 보이기도 하였다. 그뿐만 아니라, 단위학교가 밀집도 등을 고려하여 '제한된 범위 내에서만' 자율성을 행사할 수 있었다는 점에서 진정한 의미에서의 '자율성'은 발휘될 수 없었다는 점을 아쉬워하기도 했다."[237]

코로나는 일선 학교 현장을 바꾸고 있다. 디지털과 같은 교육 환경만 바뀌는 것이 아니라 학생들의 내적 성장에 기여하도록 바뀌어야 한다. 설진성 교사는 학생들과 화면 사진으로 만나는 일은 서로가 진실한 대화를 할 수가 없는 제한적 상황이라고 말한다. 그는 "비대면 수업의 환경은 자유로워 보이지만 실은 지극히 고립된 사이버 세상이며, 정서적 상호작용이 부재하기 쉬운 조직이다. 사람들이 직접 대면하면서 겪게 되는 느낌이 사라지고, 전신을 통해 전달되는 수많은 의사소통이 단절되어 있는 온라인 환경 안에서 이루어지는 교육은 면대면 수업과는 차원이 다른 새로운 기준을 세울 수 있다. 어떤 이들은 온라인 안에서도 얼마든지 뜨거운 미디어의 기능을 동원하여 정서적 상호작용이 가능하다. 그러나 부분의 합은 절대 전체가 될 수 없다. 사람과 사람이 직접 대면한 상황에서 전신으로 만나는 일은 낱개의 시각 자극과 낱개의 청각 자극을 합치는 것이 아니다."라고 말한다.[238] 코로나 이후의 학교 현장은 설진성 교사가 말하는 것처럼 사람과 사람이 전신으로 만나서 빚어지는 느낌, 감정, 기운, 가치, 도덕, 생각 등의 상호 작용이 원활하게 이루어지는 공간이이야 한다.

이러한 맥락에서 여가 교육은 중요하다. 그럼에도 불구하고, 우리 사회에서 여가 교육에 대한 인식은 부족한 실정이다. 반포초등학교 한만석 교사는 이렇게 비평한다.

"그동안 현장에서 여가 활동의 지도에 관한 어려움이 꾸준히 제기된 것은 사실이며 안전에 대한 중요성 역시 절감하고 있다. 하지만 이러한 갑작스러운 변화 및 변화의 양상이 체육교육과를 통해 기르고자 하는 역량이나 추구하는 인간상에 얼마나 적합한지 되물을 필요가 있으며, 교과의 당위성 측면에서 과연 적절한가 하는 의구심이 드는 것도 사실이다. 이러한 관점에서 볼 때, 갈수록 비중 있게 다뤄지는 개인의 여가라는 가치에 대해 심사숙고하여 결정되었는지에 대해 선뜻 그렇다고 확답하기는 어렵다. 오히려 가족, 행복, 및 자아실현을 중시하는 사회구조의 변화로 여가교육은 그 어느 때보다 중요성이 부각되고 있는 것이 사실이다."[239]

팬데믹 시대에는 개인의 여가의 가치가 중심이 되는 교육 실천에 대하여 고민을 해야 한다. 이를 통하여 교육이 개인의 행복에 어떻게 기여할 수 있는 지에 대하여 고민해야 한다.

여가 교육 적용의 네 가지 방향

팬데믹 시기에 집 밖에서 이루어지는 여가 교육은 암흑기였다. 사회적인 거리두기 상황에서 실외 활동이 전면 금지되었기 때문이다. 2022년 이후에 실외 활동의 제약이 풀리면서 여가 교육에 대한 새로운 접근이 필요하게 되었다. 여가 교육은 필요한 상황이지만 현실에서 실제 적용하기에는 제약이 많다. 이에 대하여 황선환, 김매이와 박수정(2017)은 이렇게 언급한다.

"학교에서의 여가 교육은 현 상황에서 필수적이다. 여가 교육을 효과적으로 진행하기 위해서는 여가의 전반적인 개념 및 활동 교육, 여가 자원정보 지식공유 등을 할 수 있는 여가 전문가(지도사)를 학교마다 배치하고 지역 사회의 다양한 여가 관련 기관 및 기업 등의 적극적인 교육 참여 등이 도움이 될 수 있겠지만, 현실적으로 당장 이러한 제도 및 사회적 변화를 기대하는 것은 불가능하며 학교 교육의 주체인 교사들이 대부분의 여가 교육을 진행하여야 하는 상황이다. 하지만 현재 대부분의 교사들은 여가 교육에 대한 이해가 부족하고, 다양한 여가관련 지식 기술 자원에 대한 교육을 진행하기에는 관련 정보 및 지식이 부족한 상태이다. 이에 여가 교육 관련 교사 연수는 필수적이다. 그러나 체육교육과 내에서 여가영역이 축소되면서 교과 중심의 교사 연수 등에서 여가 교육 관련 내용이 포함되기를 기대할 수 없다."[240]

한국 사회에서 팬데믹 이후의 여가 교육은 네 가지 차원이 중요하다. 첫째, 학생들의 '여가 경험'을 확대할 활동을 교육해 나가야 한다. 여가 교육은 비단 학교 교육에서만 시행되는 것이 아니라, 가정, 지역 사회, 교우 집단, 종교 활동, 동호회 등에서 이루어 질 수 있다. 각 기관에서 학생들의 충실한 경험이 가능한 프로그램을 구축해 나가야 한다. 대안학교 교사인 정형철은 팬데믹 시기 동안 학교가 제공할 수 없는 여가 경험은 그들의 삶에 부정적이었다고 언급한다.

"우리 학교에서 여행은 단순한 체험이 아니다. 여행 전, 여행 중, 여행 후의 과정에 우리가 지향하는 배움이 고스란히 녹아 있다. 여행을 통해 스스로의 힘으로 자율적으로 기획하고 어려움을 함께 이겨내며 내가 살아가는 주변과 세상에 대해 더 깊은 마음으로 이해할 수 있는 기회를 아이들에게 온전히 줄 수 없는 것은 너무 안타까운 일이다. 소중한 배움의 기억으로 남을 작은 나무 아이들의 봉산탈춤, 생태 탐방을 어떻게 할 것인가? 가온나무(중2) 아이들의 더불어 살기나 큰 나무(중 3)의 대안학교 탐방, 대숲(고2)의 직업 체험도 모두 어그러졌다. '배움터길' 식구 전체가 한자리에 모여 서로 의견을 나누고 의사를 결정하는 '전체 회의'는 '작은 학교'만이 누릴 수 있는 소중한 배움의 자리지만 언제 열릴지 기약이 없다. 1학년 아이들이 매일 번갈아가며 전체 식구들의 밥을 만드는 '소박한 밥상'은 우리 학교에 참 아름다운 배움 과정이자 자랑할 만한 전통이다. 내가 아닌 다른 이와 함께 먹을 밥을 손수 짓는다는 것은 소박함을 넘어선 위대함이다."[241]

둘째, 여가 교육을 수행해 나가는 데에서 디지털 교육과 아날로그 교육을 적절하게 배합한 혼재형의 여가 활동을 적용해야 한다. 팬데믹 시간 동안에 행했던 여러 가지 여가 교육 활동에 대한 적절한 검증과 다양한 형태의 실험을 통해서 올바른 여가 교육 시스템 구축이 필요하다. 박남기 교수는 코로나 시대 이후 학교 교육은 '스말로그(smart + analogue)' 교육이 필요하다고 주장했다. '스말로그 교육'이란, 디지털 기반의 스마트 교육과 전통적 대면 중심의 아날로그 교육을 혼합한 것이다.

코로나 이전에는 디지털과 아날로그의 여가 교육에 대해서 우리는 큰 관심이 없었다. 학생들은 스마트폰이나 태블릿 PC를 통해서 여러 가지 비대면 여가 활동이나 수업을 학습하고, 동시에 현장에서는 교사와 학생이 면대면 만남을 통하여 이론과 현장을 배운다. 이러한 차원에서, 박남기 교수는 코로나 이후 시대에 우리 여가 교육의 나아갈 방향에 대해서 다음과 같이 말한다.

"스말로그 교육 실천을 위한 필요조건은 교내와 교외로 나눠볼 수 있다. 교내의 필요조건은 학교와 교실에 스마트 수업이 가능한 인프라 구축, 1인 1 스마트 학습기기 구비, 교사와 학생의 에듀테크 활용 역량 제고, 스말로그 교육 수용 문화 축적이다. 교실에서 오전 수업을 마치면 학생들은 학교 밖의 학교, 교실 밖의 교실, 즉 지역 사회의 다양한 센터에서 동아리 활동, 삶의 기술 체득 활동, 진로탐색활동, 직업 체험 등의 프로그램에 참가하게 될 것이다. 이것이 포스트 코로나 시대 교육이 나아가야 할 방향이고, 스말로그 교육이 지향하는 바이다. 이러한 변화가 성공한다면 학생들은 기존 학교와 선생님이 지도하는 아날로그 교육의 강점을 최대한 누리면서 동시에 첨단 에듀테크와 지역 사회의 다양한 센터 활용 교육까지 함께 경험하는 새로운 차원의 교육을 받으며 성장하게 될 것이다. 이런 교육을 만드는 것, 그것이 코로나 시대 우리 교육의 할 수 있는 최선의 대응이다."[242]

셋째, 학생들의 '안전한 여가 교육'의 필요성에 대하여 학부모들의 인식 전환이 필요하다. 코로나 이후 청소년들의 여가 활동에 있어서 중요 결정권자는 학부모이다. 학부모의 청소년에 대한 여가 교육의 관심이 그들의 경험을 확대해줄 수 있다. 1966년 존스홉킨스대학교 사회학과 제임스 콜먼(James Coleman) 교수는 사회에서 교육의 불평등을 야기하는 원인이 무엇인가에 대한 연구를 시작하였다. 그는 이 질문에 대한 해답을 찾기 위하여 4,000여개 학교와 60만 명의 학생들을 대상으로 자료를 수집하고 분석하였다. 그 결과를 근거로 하여 1966년 콜먼보고서가 발견되게 되었다. 이 보고서는 1,300페이지에 달하는 방대한 분량을 담고 있다. 원래 콜먼 교수는 학교 환경이나 교사의 봉급 등과 같은 학교 자원이 학생들의 학업 성취도에 많은 영향을 줄 것으로 생각하고 연구를 시작하였다. 그러나 연구 결과는 전혀 다르게 나타났다. 학생들의 학업 수행력에 미치는 영향은 학교 차원보다는 부모의 교육철학, 부모의 가정배경, 부모의 사회경제적 지위가 훨씬 중요하다고 나타났다.[243] 콜먼 보고서가 나타내듯이 학생들의 여가 활동을 선택하고 지속적으로 임할 수 있도록 하는 것은 바로 학부모의 관심과 애정이다. 박남기(2021)는 학생들과의 원활한 소통을 위해서 학부모들과의 적극적인 소통이 선행되어야 한다고 말한다.

"학부모들과의 소통이 중요한 이유는 온라인 재택학습 기간에는 학생 교육에서 부모의 역할이 더욱 중요해지기 때문이다. 평소에도 그러하지만 이 시기에는 특히 부모들이 교사의 지원 하에 자녀 교육 도우미로서의 역할을 제대로 할 수 있게 교사가 부모교육자의 역할도 함께 해야 한다. 이 과정에서 부모가 그 역할을 제대로 수행하기 어려운 경우가 발견되면 그 학생이 방치되지 않도록 필요한 조치를 취해야 한다.

부모가 취약계층이어서, 혹은 무관심해서 자녀를 방치하는 경우가 발견되면 학교, 지역사회, 교육청과 함께 그 학생을 돌볼 수 있는 체계를 구축하는 핵심 역할을 해야 한다."[244]

코로나 이후 학생 지도자이자 부모교육자로서의 교사, 학부모, 학생들의 중요 관심사로 안전한 활동을 들 수 있다. 안전한 활동을 여가 교육 내에서 구현하기 위해서는 '여가안전 지침서'를 만들어 일선 학교에서 적용될 필요가 있다. 그러한 관점에서, 황선환, 김매이와 박수정(2017)은 안전사고 예방을 위하여 세 가지를 제안하고 있다.

"첫째, 여가 이용자 생애주기에 맞는 안전 교육 매뉴얼이 개발되어야 한다. 현재 개발된 안전교육은 활동에만 초점이 맞추어져 있기 때문에 사용자의 연령 및 기술 숙련 정도 등 세분화된 안전 교육 매뉴얼이 개발되어야 할 것이다. 둘째, 제작된 매뉴얼을 적극적으로 홍보, 교육 할 필요가 있으며, 홍보 및 교육 방법으로는 이러닝, 책자, DVD, 관람형 스포츠 여가 또는 여가 활동 현장에서 진행하는 미디어홍보 등을 적극 활용해야 한다. 셋째, 안전 교육을 지속적으로 실시하고 개발할 수 있는 기관 또는 재단의 설립이 요구된다. 기존에 설립된 기관 등을 통합하거나 그 기능을 확대할 필요가 있다. 이는 좀 더 다양한 콘텐츠를 제공함으로써 발생할 수 있는 많은 안전사고를 미연에 예방하거나, 또는 그 결과를 최소화 하는데 그 목적이 있다."[245]

넷째, 사회적으로 학생들의 여가 활동에서 '디지털 디톡스'가 가능한 환경을 만드는 일이 필요하다. 일반 교과 교육에서는 디지털과 아날로그의 결합된 수업 체제는 학습 효과에 많은 도움을 준다. 그러나 여가 활동에 대한 교육에서는 신체 활동이 주가 되어야 한다. 코로나 이후에 중등학생과 대학생들은 온라인 수업을 하면서 디지털 기기에 대해서 상당히 익숙해졌다. 동시에 그들은 여가 시간에도 동영상을 시청하거나, 온라인 게임에 집중하기를 좋아한다. 신체 활동은 거의 하지 않고 실내에서 디지털 기기에 의존한 여가 활동은 그들의 신체 발달에도 부정적인 영향을 미칠 수 있다. 디지털 기기에서 해방되고 머리를 쉬어주고 신체 활동을 하면서 신체의 미세한 움직임에 느끼는 시간이 여가 교육에 포함되어야 한다.

디지털 디톡스를 위한 최적의 활동은 스포츠 참여이다. 학생들은 방과 후에 스포츠 활동을 통해 몸과 마음의 균형 잡힌 발전이 가능하다. 이러한 측면에서, 학생들의 스포츠를 지도하는 지역 사회 스포츠 지도자의 역할도 중요하다. 함명환과 남윤호(2021)는 생활스포츠 지도자는 “혁신의 아이콘”이 되어야 한다고 주장한다.

“개인의 건강 증진 및 여가(레저) 등의 목적으로 행하는 다양한 운동종목을 포괄하는 생활스포츠 지도자들은 새로운 변화에 민첩하게 대응해야 한다. 비접촉 시대 외부 활동에 대한 제한이 일상화되는 상황임에도 불구하고 신체 활동을 기전으로 하는 스포츠를 통해 개인 건강증진에 대한 관심이 높아지는 특이한 변화 속에서 새로운 역할이 요구되고 있다. 급변하는 사회에 대한 적응을 넘어서 그것을 먼저 경험하고 혁신적인 생각에 대한 행동과 실천이 필요한 시점이다. 이러한 측면에서 포스트 코로나 시대 생활스포츠 지도자들은 ‘얼리 어답터’라는 혁신적인 아이콘이 되어야 한다."[246]

일선 학교에는 과외활동으로 체육 활동을 활성화하고 코로나 상황을 예의주시하면서 학생들이 스포츠 활동 동아리에 자발적으로 참여할 수 있도록 지도하고 홍보해야 한다. 가정에서는 가족 구성원들이 함께하는 운동하고 여행 등의 경험을 늘려 나가는 것이 코로나 시대의 건강을 유지하는 일이다. 이를 위하여 교사의 전문성 강화를 위한 교육 당국과 일선 학교의 노력이 필요하다.

"교원의 전문성 강화를 위한 지원, 미래 교육을 위한 학교 현장의 변화를 지원하기 위한 교육 정책들이 지속되어야 한다. 코로나 19에 따른 사상 초유의 온라인 개학에서 학교 현장을 변화시키며 학생들의 안전과 학습권을 보장하기 위해 노력해온 주체는 바로 '교원'이다. 교원들의 노력이 아니었다면 2020년 학교 교육은 멈춰있었을 것이다. 이에 따라, 교원들로 하여금 새로운 시대의 변화에 부응한 교수 역량을 함양할 수 있도록 지원할 필요가 있으며, 학생들의 '자기주도학습 능력'을 길러줄 수 있는 교육 방법 등을 교원 연수 와 교원 양성 교육 과정에 반영하여야 한다."[247]

여가 교육은 인간의 행복과 관련된 교육 체제이다. 코로나가 발발하면서 한국 사회의 여가 교육 담론은 방역 아래에서 축소 되었다. 우리의 행복은 소유를 통하여 느끼는 것이 아니라, 경험을 통하여 인식되어진다. 많은 여가학자들은 그렇기에 여가 경험은 우리를 한 차원 높은 존재로 만들어준다고 역설한다. 코로나 이후 여가가 사회적으로 통제되는 상황에서 우리 일상의 행복 정도는 계속 저하했다. 코로나가 어느 정도 정리되는 시기에 우리는 여가 교육을 확대 실시하기 위하여 여러 가지 생각을 해야 한다. 그 중 하나는 '여가교육 다움'의 실천이다. 주정훈 서울시 교육청 연구위원은 코로나 시대의 우리의 교육의 문제는 '교육다움'으로 귀결된다고 언급한다.

"현장에서 만났던 많은 교사들의 수업에서 필자가 발견한 것은 '차이'였다. 그것은 자연의 일부인 존재 그 자체의 본질적 다름에서 오는 차이도 있겠으나, 제도성에 바탕을 둔 구조로부터 기인한 차이, 그 구조 안에 있는 사람의 차이가 있었다. 그리고 그 차이의 핵심은 바로 '교육다움'이었다. 교육격차의 문제는 결국 교육의 본질인 '교육다움'의 격차인 것이다. 현실 속 원격수업에서 발견했던 많은 격차 현상의 공통점은 결국 교육다움을 추구하는 것과 문제 상황만을 언급하며 문제의 국외자로 남는 것에서 비롯되는 차이였다. 교육이 어려운 것이 아니라, 교육다움에 어려운 일이다. 즉 일상에서 교육 다움을 추구하고 실천하는 일이 어려운 일이다."[248]

여가 교육다움은 일선학교나 지역 사회의 모든 학생들이 차별 없이 여가를 통하여 행복을 느낄 수 있는 교육을 받는 것을 근간으로 한다. 코로나 이후 힘들고 팍팍해진 가계 구조에서 여가 가용 비용의 격차를 통한 차이가 우리 학생들의 행복을 막아서는 안된다. 이를 위해서 이제는 한국 사회 전체적으로 사회구성원들을 위한 여가 교육의 당위성을 논하고, 교과부를 위시한 정부 부처는 이 문제를 국민의 행복 추구권과 연결하여 생각해 보아야 한다.

코로나는 우리에게 여가 교육의 중요성을 깨닫게 한다. 명목상으로 존재하는 개인의 여가 교육이 아닌, 개인의 행복과 사회의 발전이 동시에 이루어지는 차원에서의 여가 교육이 실천되어야 한다. 이러한 맥락에서, 남상우(2020)의 포스트 코로나 시대에 우리가 대응해야 하는 자세는 여가 교육을 준비하는 데에도 시사점이 많다.

"포스트 코로나 사회를 맞이하며 이번 재해가 우리에게 던진 숙제는 명료하다. 즉, 앞으로 우리가 어떤 사회를 살아가야 할지를 고민해 보라는 것이다. 어떤 사회가 좀 더 정의롭고 덜 잔인한지를 고민해 보라는 일종의 휴지기에 다름 아닌 것이다. 잠깐의 휴지기라고 하기엔 치러야 할 대가가 너무 크다고도 볼 수 있겠다. 하지만 이는 사회의 지속 가능성을 위해서 지불해야할 비용이 아닐까? 나아가, 이 시간이 과연 누구의 희생을 담보로 얻게 된 것인지도 고민해야 한다. 공짜로 주어지는 시간은 없다. 당장 눈에 보이는 현상과 그 현상 이면에 보이지 않는 구조적 문제도 생각해봐야 한다."[249]

남상우의 말처럼, 포스트 코로나 시대에 우리는 어떤 사회를 만들어 가야하나? 공정, 정의, 신뢰, 인정, 비차별, 평화, 상식, 원칙, 상호 이해, 상호 인정 등의 정당한 가치가 통용되는 사회를 만들어야 한다. 코로나는 이를 위한 준비 시기이다. 이 시기에 철저하게 아파하고 고민하는 만큼 우리 사회는 한 단계 진일보할 수 있다. 여가 교육은 사회의 특권 계층이나 소수를 위한 교육 체제가 아니다. 이는 사회 구성원 모두의 행복한 삶을 위한 전제 조건이자 교육 경험이다. 코로나 시간 동안 여가 교육에 대하여 진지한 담론을 진행하고 사회 구성원 모두가 만족할 만한 교육 실천 방향을 구축해야 한다.

코로나에 지친 사회 구성원들이 삶의 질을 확보할 수 있는 생활의 기초는 학교나 지역 사회에서 실시되는 여가 교육을 통해 이루어질 수 있다.

제3부

국가의 여가

제7장 레저 비즈니스의 성장

- 레저 비즈니스의 변화
- 레저 비즈니스의 발달
- 미래 지향적 레저 산업을 위한 전제

제8장 여가 소외의 원인, 디지털 디바이드

- 경제적 차이와 디지털 격차
- 무인화 그리고 여가 소외
- 디지털 정보격차 해결 방안

제9장 새로운 여가 정책에 대한 요구

- 코로나와 여가 정책의 관계
- 경제적 취약계층을 위한 여가 정책
- 행복한 삶을 위하여

RUMÄNIENS PRESIDENT
TRAIAN BASESCU
U.T.N. D. 4 MARS 2008
FRANSKA REPUBLIKENS
PRESIDENT JACQUES
CHIRAC
U.T.N. D. 6 APRIL 2000
REPUBLIKEN ESTLANDS
PRESIDENT TOOMAS
HENDRIK ILVES
U.T.N. D. 17 DEC. 2010
FRANGAS NON FLECTES
대한
민국
U.T.N. D. 21 MAJ 2012
REPUBLIKEN TURKIETS
U.T.N. D. 25 FEB. 2013

제7장

레저 비즈니스의 성장

레저 비즈니스 영역은 빠르게 코로나에 적응하였다. 코로나 초기 레저 비즈니스의 규모가 위축되었으나 금세 회복하였다. 그 이유는 사회 구성원들의 레저 욕구의 폭발 때문이었다. 코로나 이후 골프와 캠핑 영역은 크게 성장하였다. 사회적 거리두기로 인하여 오랫동안 심리적 어려움을 경험하는 사람들의 야외 활동의 요구와 산업적인 이해관계가 접점을 찾은 결과였다.

현재 레저 공간의 중요성이 증가하고 있다. 레저 소비자들의 라이프스타일을 공략하는 차원에서 레저 공간들이 변신하고 있다. 도심 속 자연친화적 라이프 스타일인 로그하우스라든지, 호텔들이 레저 소비자들로부터 인기를 얻고 있다.

구독 경제의 증가도 레저 산업에서 주목해서 볼 부분이다. 영화, 음악, 동영상 콘텐츠의 구독을 비롯하여 술, 의류, 자동차 등에 이르기까지 구독 서비스의 영역이 확대되고 있다.

포스트 코로나를 대비한 레저 산업의 변화도 계속 진행 중이다. 한 공간에서 다양한 레저 활동이 가능한 레저 공간들의 등장, 스마트폰을 이용한 예약 및 활용, 그리고 레저 액티비티 플랫폼의 증가는 레저 비즈니스 분야가 변화하고 있다는 것을 알 수 있게 해준다.

레저 비즈니스의 변화

코로나 팬데믹 이후 레저 비즈니스 영역은 경색되었다. 신성현 한국스포츠정책과학원 연구위원의 분석에 따르면, 레저 스포츠 산업 업종인 시설업, 유통업과 제조업 분야는 코로나 이전 보다 전 영역에 걸쳐 경영 현황이 악화된 것으로 나타났다.[250] 2020년에 분석한 자료에 따르면, 시설업의 경우는 2019년 대비 매출액이 감소한 사업체가 97.1%, 매출액이 변화가 없는 사업체가 2.5%, 그리고 매출액이 증가한 사업체는 0.4%에 불과하였다. 유통업에서도 매출액이 감소한 사업체가 60.1%, 변화가 없는 사업체가 33.8%, 그리고 매출액이 증가한 사업체는 6.2%로 나타났다. 제조업의 경우에는 매출액이 감소한 사업체가 58.9%, 변화가 없는 사업체가 32.3%, 그리고 매출액이 증가한 사업체는 8.8%로 나타났다. 레저 비즈니스 영역에서 가장 피해가 큰 영역은 바로 시설업으로 나타났다. 코로나로 인하여 레저 사업체들은 시설 투자를 확 줄였다. 사람들의 방문이 끊어진 레저 공간에 대한 투자를 할 수 없기 때문이다.

코로나 팬데믹으로 레저 비지니스의 성장세는 하향으로 돌아섰다. 그 이유 중에 하나는 레저 비즈니스는 대면을 중심으로 하는 활동이 많기 때문이다. 여러 야외 레저 활동 중에서 해양 레저 스포츠 산업이 코로나 이후 많은 피해를 입었다. 정상원은 해양 레저 산업이 피해가 클 수밖에 없었던 이유를 두 가지로 지적하고 있다.[251] 첫째, 한국의 해양 레저회사들의 대부분이 1인 기업이다. 해양 레저 관광업은 특성상 성수기에 많은 인원이 필요하다. 이에 10명을 넘게 고용하는 회사는 별로 없다. 최성수기에도 10명 이하로 근무하는 사업장이 80% 정도가 된다. 1인 기업이다 보니 대부분 자기 자본은 5천만 원 이하이다. 이 말은 사업장의 현금 자본이 5천만 원 미만이라는 것을 의미한다. 이와 같은 부족한 여유 자금이 팬데믹 이후에 여러 가지 문제를 발생시켰다. 1인 사업장은 코로나 이후 은행에 대출을 신청해도 대출을 원활하게 받지 못한다. 부산에서 서핑업체를 운영하는 A씨는 코로나 팬데믹 상황에서 신용보증기금을 통해 대출을 신청하였는데 다른 대출이 존재하여 대출 불가 판정을 받았다.

둘째, 정부의 지원의 부재가 문제이다. 2019년 기준으로 국내에서 운영되는 마리나는 총 37개소와 2403선으로 나타났다. 이들 마리나 운영은 코로나 이전 부터 적자 상태였다. 문제는 이러한 적자 상태에 대하여 정부의 정책적 지원이 거의 없다는 것이다. 코로나 이후에는 정부는 민간 영역의 해양 레저 비즈니스를 활성화시키는 정책을 개발해야 한다. 해양수산부는 2019년 5월 '해양레저 관광 활성화 대책' 발표하였다. 이 대책에 따르면, 2023년까지 해양레저 관광객 1,000만 명 달성을 위하여 인프라를 개발하고 5년간 신규 일자리 3,000개 이상을 만들고자 한다. 문제는 이와 같은 계획이 코로나 팬데믹 이전에 발표되었다는 점이다. 코로나 상황에 맞는 정책을 통하여 관련 업체 의 적자 구조를 해결하는 방안이 나와야 한다.

코로나 초기에는 많은 사람들이 피해 정도가 사스와 유사할 것으로 전망하였다. 그러나 이 전망은 금세 빗나가게 되었다. 코로나 이후로 대공황과 유사한 표현인 대봉쇄(great lockdown)라는 말이 등장하게 되었다. 코로나 이후 1인당 GDP 감소 수준은 1차 세계대전 당시와 유사했다. 이 수준은 실제 세계 대공황 때와 맞먹을 정도라고 볼 수 있다.[252] 이와 같은 경제 침체는 레저 산업의 성장 둔황에 직접적인 영향을 미쳤다. 여러 레저 업체 중에서 사회적 거리두기와 공간 이동의 제한으로 여러 레저 비즈니스 업계 중 여행 업계의 파격이 가장 컸다. 해외 여행객들이 급격하게 줄면서 여행사의 운영에 힘들어졌다. 2021년 6월 모두투어는 코로나 팬데믹이 장기화되자 전 직원을 대상으로 한 희망퇴직을 시행하였다. 990명을 대상으로 희망퇴직이 진행되었으며 임원들은 코로나 상황에 일괄 사표를 제출하기도 하였다. 생각지도 않던 코로나 상황이 여행 업계에 종사하는 사람들을 이직하거나, 또는 퇴사할 수밖에 없는 상황으로 몰았다.

여가를 목적으로 한 여행 이외에도 과거에 대면이 필요하다고 인정되었던 기업 간 해외 업무 체결을 위한 여행도 크게 위축되었다. 이에 비즈니스 여행이 다른 방향으로 변화하였다. 대부분의 기업들은 비대면 수단을 통하여 가상 비즈니스 회의를 했고, 이 효과가 큰 것으로 나타났다. 글로벌 비즈니스 여행 협회(Global Business Travel Associa tion, GBTA)는 코로나 이후로 새로운 형태의 비즈니스 여행이 보편화될 것으로 보고 있다. GBTA의 CEO인 수잔 네오팡은 '블레저(bleisure)' 상품이 많이 나올 것으로 예측했다. 블레저는 비즈니스와 관광이 결합된 새로운 형태의 여행이다. 이는 일종의 혼합 여행으로 업무차 출장을 간 사람이 일정 앞과 뒤에 며칠 동안에 휴양을 취하는 형태이다.[253] 동시에 사람들이 별로 없는 곳에서 비즈니스를 보고 동시에 휴가를 즐기고자 하는 사람들도 증가할 것이다. 김성태 하나투어 본부장은 "여행이라는 것은 단순 소비상품이 아니라 휴식을 취하고 싶고, 경험하고 싶은 인간의 본성이라서 일시적인 수요 감소가 있을지언정 분명히 제 자리로 돌아올 것이다"[254]라고 주장한다. 휴식과 경험은 인간이 추구하는 삶의 추진 동력이다. 이에 새로운 형태의 여행은 계속적으로 나타날 것이다.

팬데믹 이후 비즈니스와 가족의 휴양을 위한 레저 공간으로 호텔이 새로운 변신을 하고 있다. 2021년 7월 15일에 서울 서초구에 오픈한 '힐튼 가든인 서울 강남'은 비즈니스와 레저의 목적을 달성할 수 있는 호텔이다. 호텔 관계자의 말처럼 방문객의 70%는 비즈니스 목적을 위해 체류하고, 30%는 레저를 목적으로 머문다. 공간적 특성 몇 가지가 있다. 첫째, 객실 형태의 다양화이다. 비지니스 수요가 가능한 게

스트룸과 사무 공간이 포함된 패밀리룸, 디럭스룸, 디럭스킹룸 그리고 스위트룸이 있다. 둘째, 코로나 시대에 맞게 무인 편의점인 '더 샵'(The shop)을 운영한다. 이 호텔은 객실에 미니바를 비치하지 않고 고객들이 직접 무인 편의점에서 구매하도록 하였다. 연령 제한이 있는 주류와 같은 제품만 대면으로 판매하고 식료품과 음료는 비대면으로 살 수 있다. 셋째, 비즈니스 목적을 달성하기 위하여 최대 500명까지 수용할 수 있는 연회장, 미팅룸, 피트니스 센터, 루프탑 등의 시설을 준비했다. 루프탑 수영장의 경우는 가족 단위로 방문하여 수영하기 좋도록 성인용과 어린이용 수영장으로 분류하여 구성하였다. 이 호텔이 팬데믹 이후 방역에 대하여 많은 신경을 썼다. '힐튼 클린 스테이'의 적용이 대표적인 예이다. 힐튼 클린 스테이는 전 세계 힐튼호텔이 2020년 6월부터 시행하고 있는 호텔 내 위생 시스템을 말한다. 객실 내에서 사람들이 자주 만지는 스위치, 손잡이, 리모컨 온도 조절 장치에 대한 소득을 집중적으로 하고 청소와 방역이 마무리된 객실 문에는 스티커를 부착해서 밀봉한다. 방역이 강화된 이러한 클린 시스템은 호텔 방문객들의 만족도를 높여준다.[255]

접촉을 덜하면서도 여행의 효과를 최대한 누릴 수 있는 방향에서의 관광 형태가 인기를 얻고 있다. 이러한 맥락에서, 최경은과 김형종은 이렇게 언급한다.

"우리의 일상생활에서 코로나 19가 가져온 가장 큰 변화 중의 하나는 언택트 소비문화의 확산이라 할 수 있다. 이 영향으로 관광 형태에 있어 대면접촉을 덜 선호하는 경향이 늘어났으며, 관광 목적지를 선택하거나 관광 활동에 있어 안전에 대한 관심은 그 어느 때보다 더욱 커졌다. 향후 코로나 19를 계기로 관광 형태를 형성하는 시, 공간, 방식, 니즈 등 다양한 요소들이 부분 또는 전면적으로 바뀔 것으로 전망된다."[256]

다른 레저 비즈니스 영역과 다르게 코로나 이후로 획기적인 성장을 하는 공간이 바로 골프장이다. 골프장에 대한 인기는 골프장 방문자 수로 나타났다. 과거 골프에 관심이 없었던 20대를 중심으로 한 MZ 세대들의 골프장 방문이 크게 증가했다. 2021년 제주 지역 골프장 방문객은 2020년 대비 21%가 증가한 290만 명으로 추산된다. 골프가 갑자기 인기를 얻은 이유는 사회적 거리두기가 어느 정도 가능한 운동이고, 야외에서 장시간 사람들과 비접촉으로 할 수 있는 레저활동이기 때문이다. 골프장 내장객 증가에는 과거 해외에 갔던 골프 참여자들의 국내 골프장에 대한 관심도 한몫했다. 한국 골프장 경영 협회에 따르면, 2020년 골프장의 이용 내장객 수는 코로나 이전인 2019년 보다 12%가 증가한 4,673만 명으로 집계되었다. 2020년 국내골프장 산업의 전체 규모는 7조 66억 원이고, 골프 인구는 약 513만 명으로 추산된다. 이 수치를 보면 골프 인구는 2019년과 2020년 사이에 큰 변화가 있었다. 대략 44만 8,000명이 증가한 것으로 추산된다.[257]

MZ 세대의 골프에 대한 인기에 힘입어 팬데믹 동안에 골프 예능이 큰 인기를 얻게 되었다. 2021년 5월 TV조선의 '골프왕'을 시작으로 Jtbc의 '세리머니 클럽', MBN의 '그랜파', SBS의 '편먹고 072(공치리)' 등은 큰 인기를 얻었다. 이 프로그램들이 인기를 얻은 이유는 기존 골프 플레이 방식과는 다른 MZ 세대들이 좋아하는 형태의 게임을 선보였기 때문이다. 예를 들어, 진 팀에게는 재미있는 벌칙을 부과하여 골프와 게임을 적용한 새로운 형태를 선보였다. 골프 기능은 떨어지는 유명 연예인들이 등장하여 골프를 열심히 치고 레슨도 받으며 선수들과 게임을 통하여 코로나 이전과는 다른 골프 예능이라는 새로운 프로그램 영역이 인기를 얻었다.

공급 대비 수요가 증가하는 현상에 따라 골프장의 그린피와 카트비도 계속 인상되었다. 2020년 5월과 2022년 4월의 대중 골프장에 주중 그린피는 28%가 인상되었으며, 회원제 골프장의 비회원 주중 그린피도 14%가 인상되었다.[258] 코로나 이후 골프장 방문객의 대대적인 증가 현상에 대하여 서천범 한국 레저산업연구소 소장은 이렇게 진단한다.

"다양한 야외 활동이나 해외 골프가 가능해지면 국내 골프장을 찾는 사람이 줄어들 수 있으나, 현재 약 400만 명의 달하는 것으로 알려진 스크린골프 인구 역시 잠재 골프 인구다. 앞으로 코로나 19 사태가 진정되더라도 향후 3- 5년은 골프 붐이 이어질 것이다. 특히 현재 빠르게 오른 골프장 그린피는 코로나 19 이전 수준으로 떨어지지 않을 것으로 보이며, 값비싼 골프 비용이 유지된다면 값싸게 즐길 수 있는 스크린골프가 더 주목 받을 것이다."[259]

골프 이외에도 사람과 접촉이 최소화되는 활동들이 큰 인기를 얻고 있다. 야외 레저 활동의 인기에 따라 두 가지 트렌드가 나타나고 있다. 첫째, 캠핑을 즐기는 이들이 대폭 늘었다. 중고거래 앱인 '번개장터'는 2021년 자전거, 골프채, 축구, 캠핑 등의 레저 범주의 연간 거래액이 2020년 대비 약 115%가 증가하여 1,220억 원이 넘었다고 발표하였다. 주목할 만한 점은 캠핑용품 수요 증가이다. 통계청 자료에 의하면, 2020년 국내 캠핑 인구는 대략 700만 명으로 추산된다. 이는 10년 전보다 10배 이상 늘어난 것이다. 2016년에 1조 5,000억 원 규모였던 국내 캠핑 시장의 규모는 2020년에는 4조 원을 넘어서게 되었다.[260] 사람들이 별로 없는 나만의 야외 공간을 찾아 떠나는 사람들이 코로나 이후에 엄청나게 증가하였다.

캠핑이 팬데믹 시기에 인기를 얻는 이유는 도시에서의 공동생활과 같은 획일적 주거 형태에서 벗어나는 기회를 부여하기 때문이다. 이를 통하여 특히 팬데믹 시기에 실내 중심의 공간 활동에서 야외 활동에 대한 욕구를 충족할 수 있다. 아울러 가족이 함께 할 수 있는 여가 활동으로 캠핑은 팬데믹 시대를 살아가는 사회 구성원들의 야외 활동에 가족 여가 '니즈'에 적합한 활동이기도 하다. 2020년 3분기 기준으로 2,056개소였던 전국의 야영장 사업체 개수는 2021년 10월 달에는 2,834개소로 늘었다. 경기도의 경우, 675개소로 가장 많이 등록되었다. 그 다음으로는 강원도가 582개소, 경상북도가 348개소, 경상남도가 283개소, 충청남도가 234개소이다. 경기도내 캠핑장 675개 중에서 가평군이 181개소로 가장 많다. 다음으로는 포천시, 양평군, 용인시, 연천군의 순이다.[261]

여행, 자전거, 등산, 캠핑은 야외에서 '동시에' 일어날 수 있는 활동이다. 실제 팬데믹 이후 이와 같은 야외 레저 활동은 비약적으로 증가하였다. 네이버와 구글 검색어 분석 연구를 수행한 최영환에 따르면, 이와 같은 야외 활동은 팬데믹 기간 동안의 중요 레저로 자리 잡은 것으로 나타났다.

“키워드 분석 결과 여행, 골프, 자전거, 캠핑, 등산 등이 절기를 바꿔가며 10위권에 지속적으로 노출되고 있었다. 코로나로 인한 온라인 수업, 재택근무, 거리두기 등 우리를 실내 머물게 하는 압박은 안전이 보장된 형태의 야외 활동에 대한 갈망을 키웠을 것으로 보인다. 이러한 결과는 문화체육관광부와 한국문화관광연구원이 공동으로 조사한 ‘2020년 문화, 여가 관련 2 가지 국가승인통계(국민여가 활동조사, 국민문화예술 활동조사)’ 결과에서 제시한 생활권 내 여가생활과 비대면 문화 활동이 증가한 결과와 일치했다.”[262]

둘째, 도시를 벗어나 시골이나 지방에 거주하고자 하는 사람들이 크게 늘었다. 물론 이들은 비대면으로 업무를 수행하기에 회사는 계속 다니면서 거주지만 이전하였다. 주거 공간의 변화는 여가 공간에 변화를 수반한다.

“이제 더 이상 어디에서 일하느냐가 중요하지 않게 됐다. 일하는 공간에 구애 받지 않게 되면서 다양한 지역과 공간에 머무르고 싶은 욕구가 생긴다. 내가 일하는 곳이 곧 사무실이 되는 환경 속에서 여행과 일을 구분하지 않는 사람들도 늘어났다. 낯선 환경에 자신을 노출하면서 새로운 아이디어를 얻기도 하고 휴가 기간이 짧아 부랴부랴 사진 찍기에 바빴던 여행 대신 여행지에 길게 머물면서 현지인들과 어울릴 기회도 많아졌다.”[263]

일상의 주요 공간의 변화는 일상의 의식주의 교체를 의미하는 것이다. 팬데믹 이후 의류 시장에서 주목할 만한 사항은 일과 운동 및 여가의 합성어(work와 athleisure)인 '웍슬레저'라는 용어가 새롭게 등장한 것이다. 업무에서의 시공간이 중요하지 않고, 대면보다는 비대면을 선호하는 형태로의 업무 전환에 따라서 직장인들은 건강함과 편안함을 추구하는 복장을 선호하게 되었다. 이에 운동복과 평상복을 합친 형태의 웍슬레저 복장들이 인기를 얻기 시작하였다. 요가, 필라테스나 실내운동이 큰 인기를 얻으며 레깅스, 스웨트 팬츠 또는 라운지웨어 등이 운동과 일상을 경계를 무너지는 복장으로 젊은 세대에게 많은 인기를 얻었다. 이러한 흐름 속에서, 룰루레몬은 주목할 만한 성장을 하였다. 원래 룰루레몬의 요가복은 고가로 유명하였다. 팬데믹 이후 가격이 비싸도 많은 MZ세대들은 편이성과 시대성을 고려하여 이 요가복을 구입하였다.[264]

펜데믹이 일상 속으로 파고들면서 레저 비즈니스 분야의 여러 가지 변화를 겪고 있다. 전체적으로는 침체 국면이라지만 골프와 캠핑과 같은 레저 활동으로의 유입은 과거에 상상하기 힘들 정도이다. 코로나 이후에 한국 레저 산업은 과거와는 전혀 다르게 변모하고 있다.

레저 비즈니스의 발달

팬데믹 이후에 레저 비즈니스 영역은 새로운 단계에 진입하였다. 코로나를 겪으면서 사회구성원들의 레저 비즈니스에 대한 눈높이가 달라졌다. 팬데믹 이후 레저 비즈니스 영역에서 네 가지 분야가 크게 성장하고 있다.

첫째, 라이프스타일 공간 산업이 성장하고 있다. 렉서스는 2018년 3월 도쿄 미드타운 히비야 1층에 '렉서스 미츠'라는 숍을 개장했다. 렉서스가 새롭게 제안하는 라이프스타일을 소비자들에게 경험할 수 있도록 하였다. 렉서스 미츠는 세 가지 공간으로 구분된다. 첫째, '스핀들'이라는 카페는 유기농 재료를 기반으로 음식을 판매하고 있다. 둘째, '스티어 앤 링'은 렉서스가 선보이는 생활 잡화를 살 수 있는 공간이다. 셋째, '터치 앤 드라이브'는 VR 기계를 통하여 드라이빙을 직접 체험할 수 있으며, 렉서스 신차를 시승해 볼 수 있는 공간을 제공한다. 렉서스는 여가 소비자들에게 렉서스만의 라이프스타일을 판매하고자 노력한다. 렉서스 미츠에서 판매하는 물건들은 일본의 유명한 장인들이 만들고 렉서스가 직접 선택한 것이다. 예를 들어, 7천 엔이 넘는 스와다 손톱깎이, 1만 엔을 넘는 나카타 행어는 렉서스 고객들한테 여러 가지 만족을 주는 제품으로 평가 받는다. 팬데믹 이후 소비자들은 특별한 공간을 원한다. 정희선은 렉서스의 소비자 라이프스타일을 제안하는 판매 전략에 대하여 이렇게 말한다.

"렉서스는 소비자들이 렉서스라는 단어를 들었을 때에 자동차 그 이상을 떠올리기를 바랍니다. 렉서스 미츠를 경험한 고객은 '렉서스=장인정신'을 떠올릴 것입니다. 렉서스의 궁극적 목표는 소비자들이 '렉서스다운 여행', '렉서스다운 바닷가', '렉서스다운 맛집'을 찾고 공유하는 것입니다."[265]

과거에 주목받지 못하던 라이프스타일이 차, 가구, 집 등에서의 레저 경험으로 주목받기 시작하였다. 렉서스와 같은 회사들은 코로나 이후에 소비자들이 관심 있어 하는 라이프스타일을 제안하고 이를 회사의 영업 이익으로 승화했다.

야외 활동에 대한 관심이 높아지면서 라이프스타일로 집과 캠핑을 어우르는 여가 상품도 등장하였다. 일본 도심 속에서 자연 친화적 라이프스타일을 즐길 수 있는 로그하우스(통나무집)가 도시 생활자들에게 새롭게 인기를 얻고 있다. 베스(Bess)라는 통나무집을 지어 파는 회사는 사원 200명에 연매출 134억 엔을 내는 작은 회사이다. 이 회사는 철저하게 여가 틈새시장을 파고들어서 성공하였다. 원래 로그하우스는 주문생산으로 부유층들을 위한 주택을 주문하였다. 이 회사는 코로나 이후에 도심에 사는 사람들이 전원생활에 대한 욕구가 높다는 것을 파악하고 저렴하게 로그하우스를 만들어 판매하였다. 주문생산이 아닌 디자인을 다섯 가지로 한정하여 로그 하우스를 제공한다. 이 로그하우스는 팬데믹 시대에 도시 생활자의 라이프스타일을 바꾸었다. 베스가 판매하는 로그하우스는 기둥이 없는 1층에 거실과 주방이 있고 실외 큰 테라스로 연결된다. 어른들은 넓은 1층 공간에서 차를 마시거나 이야기를 나눌 수 있고, 아이들은 테라스와 앞마당에서 뛰어놀 수 있는 구조이다. 장작이나 화덕을 옵션으로 제공하여 거주민에게 DIY에 많은 관심을 갖게 한다. 팬데믹 이후 집에서 캠핑을 하거나, 마당에서 즐길 수 있는 여가를 즐길 수 있는 공간의 재탄생이 이루어지고 있다. 일본에서는 이로그하우스에서 생활 해 본 사람들은 이 회사의 팬이 되어서 본인들의 삶을 타인들한테도 홍보한다.

"베스의 로그하우스를 방문한 사람들은 로그하우스에서의 삶을 직접 체험하고 실제 거주자들의 스토리를 통해 자신의 삶을 상상해봅니다. 로그하우스에서의 체험과 스토리에 반한 소비자들은 로그하우스에 살기 시작합니다. 이렇게 로그하우스의 팬이 된 거주자들은 새로운 팬을 불러들입니다. 베스가 선사하는 라이프스타일에 매료된 사람들은 점점 늘어나고 있습니다. 베스는 현재 일본 전국에 43개의 전시장을 운영 중이며, 동네에 거의 모든 집이 베스의 로그하우스인 '베스 지구'도 14곳에 이릅니다."[266]

한국에서도 라이프스타일로 관련된 여가 공간이 등장하고 있다. 인천의 네스트호텔은 디자인 호텔로 유명하다. 이 곳의 쿤스트라운지(Kunst Lounge)는 호텔을 독특하게 만들었다. 라운지에 1,000여권의 아트 관련 책이 비치되어 있다. 네스트호텔은 호텔에서 편하게 쉬는 시간과 더불어 예술에 대한 심미안을 고취해주고 있다. 이 호텔은 렉서스가 차만 파는 것이 아니라 삶의 양식을 판매하는 것처럼 호텔에서 예술을 즐기고 느끼게 해준다.

부산 기장의 '아난티 코브'도 '이터널 저니(Eternal Journey)'라는 서점을 만들었다. 이 곳은 넉넉한 공간에 책들을 구경하도록 조성했다. 이 서점에서는 자기개발 도서나 실용서가 없다. 인물, 바다, 책, 환경 등의 테마들로 도서가 분류되었으며 판매한다. 이터널 저니가 추구하는 방향은 호텔에 묵는 이들에게 일상에서 벗어나 진정한 휴식을 취할 수 있고,

동시에 인문학을 접하도록 한다.

둘째, MZ 세대를 중심으로 '특수목적관광상품(special interest tourism, SIT)'에 대한 수요가 크게 증가하고 있다. 2021년 6월 여가 액티비티 플랫폼인 '프립'이 조사한 설문 조사에 따르면, MZ 세대 72.4%가 휴가 동안 액티비티에 적극적으로 참여할 의사가 있다고 했다. 2011년 3분기 서핑 판매량의 경우, 2019년 대비 170%가 넘게 증가했다. 캠핑과 관련된 상품의 판매량도 160% 정도가 증가하였다. 바다에서 즐기는 프리다이빙 상품도 46% 정도가 증가하였다. 팬데믹 시기에 MZ 세대는 특수 목적을 갖고 여행을 즐긴다고 나타났다.[267] 고객의 특수목적에 대한 욕구를 정확하게 인지한 레저 회사들은 오히려 코로나 이전 보다 크게 성장하고 있다.

전체적으로 팬데믹 이후 여행업의 성장이 둔화되었지만, 고객의 눈높이를 적절하게 분석한 회사의 상품은 많이 팔렸다. 팬데믹 이후 여행업계에 강자로 떠오른 회사가 바로 '여기어때 컴퍼니'(이하 여기어때)이다. 여기어때는 '야놀자'와 함께 국내의 굴지의 여행 회사로 성장하게 되었다. 2022년 4월 기준으로 800만 명이 휴대폰에 여기어때 앱을 깔고 있고, 한 달 평균 300만 명 이상이 여기어때 웹을 방문하는 것으로 추산된다. 팬데믹 이후로 여기어때가 크게 성장할 수 있었던 이유는 여행과 레저 수요를 과학적으로 분석했기 때문이다. 여행 소비자들의 자료를 과학적인 수치로 분석하는 일은 중요하다. 여기어때는 팬데믹 이후 안전하게 취미를 즐길 수 있는 공간을 선보였고, '반나절 호캉스'와 같은 새로운 상품을 기획에서 제공하며 사상 최대 수익을 낼 수 있었다. 이 회사의 2021년 대비 2022년도에는 매출은 59.2%가 증가하였다. 또한 영업이익도 34.9%가 늘었다.

여기어때 큰 성공을 거둘 수 있었던 것은 사회구성원들의 '일상'을 공략했기 때문이다. 이 회사는 여행 패러다임을 달리 가져갔다. 과거 여행은 날을 잡거나 휴가 때에 다니는 것이었지만, 코로나 이후 여행은 일상과 크게 분리되지 않는다는 것을 인지했다. 이러한 여행 개념의 전환이 사업 영역 확장으로 이어졌다. 아울러 이회사의 파티룸이나 연습실과 같은 여가 공간을 대여해주는 서비스는 소비자들에게 신선하게 받아들여졌다. 이 회사는 또한 맛집 추천 서비스를 제공하고, 항공권이나 렌트카까지 서비스 영역을 넓혀 나갔다. 여기어때의 성공 비결을 김진성 전략총괄(CSO) 부사장은 이렇게 언급한다.

"첫째는 데이터다. 코로나 19 사태 초기에 이용자 데이터를 분석해 사람들의 니즈(욕구)를 파악했다. 데이터 분석의 기반 서비스 혁신은 팬데믹처럼 급격한 환경 변화가 나타날 때에 빛을 발한다. 가령, 확진자 수가 급증하는 시점에 교외 지역의 독채 펜션 수요가 몰리는 것을 보고 풀빌라 영역의 시설 목록과 가격 경쟁력을 강화했다. 그 결과 풀빌라 숙소의 거래액 성장률이 2020년과 지난해에 두배 이상씩 성장했다. 또 작년 초에는 제주 호텔과 펜션을 중심으로 구매 데이터가 증가하는 트렌드를 포착해 5개월 만에 항공과 렌터카 서비스를 빠르게 시작했다. 둘째는 이용자와 판매자의 고충을 포착해서 기민하게 서비스에 적용한 것이다. 대표적으로 반나절 호캉스를 들 수 있다. 외국인 관광객이 줄어든 호텔들은 객실 가동률에 어려움을 겪고 있었고, 오랜 재택근무로 지친 사람들은 워케이션을 위한 장소나 반나절 동안 잠깐의 휴식 장소가 절실했다. 이에 오전에 입실하고 저녁에 퇴실하는 룸서비스 패키지가 포함된 기획 상품들을 구성해 환영받았다. 여기어때는 특급호텔을 포함해 160여개 호텔이 '반나절 호캉스' 상품을 출시하도록 유도했고 반응은 뜨거웠다."[268]

팬데믹 시기에 주목할 만한 레저 시장의 소비자 동향은 '보복 소비(revenge spending)'였다. 심리학적으로는 '카타르시스 소비'라고도 한다.[269] 이 말은 원래 배우자에게 과소비로 보복하기 위하여 보석류나 고가의 의류를 흥청망청 사들이는 것을 뜻했다. 팬데믹 이후에는 그 의미가 변질되기 시작하였다. 이는 사회적 거리두기, 재택근무, 방역 등으로 인하여 억제되었던 사람들이 이를 보상받기 위한 소비 발생으로 의미가 바뀌었다. 사회구성원들은 팬데믹 시기의 질병과 재난으로 억제되었던 소비 욕구를 사회적 거리두기가 완화되면서 사치품이나 기호품을 소비하는 것으로 풀었다. 보복 소비는 특히 레저 소비에서 강하게 나타나고 있다. 여가 활동에 대한 억압 후에 고가의 레저 용품을 구입, 해외 골프 여행, 해외 스키 여행 등이 많이 나타났다. 그러나 보복 소비는 여러 가지 문제점이 있다. 팬데믹으로 우울증, 조울증, 공황장애 등을 경험한 소비자들이 보복 소비에 적극적이기 때문이다. 이러한 보복 소비가 부정적이기도 하지만 한편으로 코로나 초기에 무너진 레저 시장을 회복하는 데에 긍정적인 역할을 했다.

포스트 코로나 시대에 주목할 만한 레저 비즈니스 회사는 '와그'이다. 선우윤 와그 대표는 팬데믹의 초기에는 회사 운영이 상당히 힘들었다고 말한다. 그는 팬데믹 초기에 하루 상품 결제 건이 90%까지 줄었다고 하였다. 이 상황을 이겨내기 위해서 와그는 국내 카테고리를 늘렸다. 예를 들어, 국내의 스파, 마사지, 레스토랑 등의 새로운 레저 영역을 공략했다. 기존 20대 여성들한테 몰려 있던 고객층을 다양화하면서 여러 가지 사업 다변화를 실행해서 위기를 모면했다고 한다.[270]

셋째, 구독 서비스 수요가 크게 늘었다. 일본에서 팬데믹 상황에서 꾸준하게 성장하고 있는 회사로 '라쿠사스(Laxus)'가 있다. 이 회사는 월 6,800엔(한화 약 7만원) 정도면 명품 가방을 제한 없이 빌릴 수 있는 구독 서비스를 제공하고 있다. 이 회사는 2015년 2월부터 서비스를 시행해서 2021년에는 50여 개 브랜드의 가방 4만여 개를 제공하고 있는 여성들을 위한 가방 구독 비즈니스 회사이다. 2019년 7월에 매출액 14억 엔이고, 유료 회원 수가 2만 명을 돌파하였다.

창업자인 고다마 쇼우지는 2006년에 뉴욕을 여행하면서 미국 시장에서는 인터넷 게시판을 통하여 양복이나 넥타이 등을 대여하는 사람들이 많다는 현상을 보고 사업을 시작하였다. 그는 라쿠사스를 창업하기 전에는 온라인 쇼핑몰을 운영하였다. 온라인 쇼핑몰의 고객들은 다양한 제품과 가격을 자주 비교한다는 것을 알게 되었다. 그는 고객의 입장에서 온라인상 제품을 비교하는 일은 시간이 상당히 소비되는 스트레스가 유발되는 활동이라는 것을 알게 되었다. 쇼우지는 소비자에게 패션 아이템을 빌려주면서 한편으로 고객들이 온라인 쇼핑몰에서처럼 가격을 확인하거나 비교하지 않아도 되는 서비스를 런칭 하게 되었다. 그가 지향하는 레저 서비스 모델은 고객이 원하는 상품을 전문가가 큐레이션 해주고 빌려주는 데에 있다.

라쿠사스의 성공은 다른 렌탈 패션 회사와 다른 세 가지 사업 방향에 근거한다.[271] 첫 번째, 명품 가방을 반환해야 하는 기한이 정해져 있지 않다는 점이다. 만약 소비자가 렌트한 가방을 계속 들고 싶으면 구독료만 지불하면 언제까지든지 가방을 이용할 수 있다. 보통 사람들은 렌탈 서비스의 특성상 반환 기한 내에 물품을 반납하며 아쉬움을 갖는 경우가 많다. 라쿠사스는 고객들한테 좀 더 오래 소유할 수 있는 '자유'를 선사하였다.

두 번째, 라쿠사스는 다른 어떤 구독 서비스 보다 단순화된 '요금 체제'를 시행하고 있다. 가방 종류나 사용 기간에 상관없이 모든 고객들은 동일한 요금 체제를 따른다. 이러한 정책에 따라 레저 소비자들은 부담 없이 서비스를 이용할 수 있다. 이 시스템이 운용 가능한 이유는 고객들이 소유하지만 이용하지 않는 가방의 활용에 있다. 실제 이 회사가 빌려 주는 가방에 3분의 2는 회사가 보유한 가방이고, 3분의 1 정도는 고객으로 부터 빌린 가방을 사용한다. 대체적으로 고객이 등록한 가방은 1만 3천여 개로 추산된다. 본인이 사용하지 않는 가방을 빌려주는 대가로 고객은 가방을 빌려주는 대가를 금전적으로 받게 된다.

세 번째, 라쿠사스는 AI를 통하여 고객의 취향을 철저히 분석하고 고객이 좋아할 만한 가방을 찾도록 도와준다. 예를 들어, 특정 고객이 언제 어떤 가방을 빌렸는지에 대한 빅데이터를 축적하고 이를 적절하게 사용한다. 이를 통하여 고객이 좋아하는 브랜드, 고객이 좋아하는 매장 등에 대한 여러 가지 자료를 바탕으로 하여 상품을 권하고 있다.

"라쿠사스가 고객의 취향을 알기 위해 끊임없이 노력하는 이유는 무엇일까? 라쿠사스의 경험에 의하면 가방을 바꾸지 않고 한 가방만 계속 드는 고객의 서비스 해지율이 높기 때문이다. 가방을 자주 바꾸지 않는 고객은 운영 측면에서 비용이 덜 들어 라쿠사스 입장에선 좋은 게 아닐까 생각하기 쉽다. 하지만 한 가방을 계속해서 사용하는 고객은 라쿠사스의 핵심 가치를 경험하지 못하고 라쿠사스를 이용해야할 동기를 잃게 된다. 반면 한 달에 한두 번 정도 가방을 바꿔 사용하는 고객이 서비스를 지속할 확률은 매우 높다. 그렇기 때문에 라쿠사스는 고객이 마음에 드는 가방을 발견하고 빌릴 수 있도록 고객에게 끊임없이 제안하는 것이다."[272]

일본의 포스트 커피(post coffee)도 커피 구독 서비스를 제공한다. 포스트 커피는 고객의 취향에 따른 커피를 제공하기 위하여 라이프스타일에 대한 질문을 소비자들에게 계속 던진다. 예를 들어, 언제 커피를 마시고 싶은지?, 커피와 함께 간식을 먹는다면 무엇이 제일 좋은지?, 누구와 같이 커피를 먹고 싶은지? 등에 대한 질문들을 던진다. 레저 소비자들의 라이프스타일에 따라 커피의 종류를 선택하고 직접 로스팅해서 배달해 주기도 한다. 또한 커피 원두를 그대로 보내 줄지, 프렌치 프레스와 같은 기구를 이용하여 추출한 커피 원두를 원하는지에 대한 예민한 질문도 던진다. 포스트 커피는 세계 15개 국가에서 특별히 관리된 고품질의 커피를 조달하여 소비자들에게 공급한다. 포스트 커피의 구독

료는 가장 저렴한 가격이 1개월에 1,480엔(1만 5천원)이다.[273]

한국 사회의 구독 경제는 어떠한가? 영화, 음악, 동영상 등의 콘텐츠 구독 서비스가 팬데믹 시대의 구독 경제의 시발점이 되었다면, 포스트 코로나 시대에는 다양한 형태의 구독 경제 시장이 등장할 가능성이 높다. 주류 구독 서비스로 유명한 '데일리 샷'은 월 9,900원을 내면 제휴가 된 바나 카페에서 매일 첫 잔을 1,000원으로 마실 수 있다. 또한 이 서비스는 가격이 싼 술을 저렴하게 살 수 있는 술 픽업 편의점에서 캔맥주를 교환할 수 있는 멤버십 등으로 다양한 서비스를 제공한다. 2021년 3월 기준으로 데일리 샷은 서울 강남, 이태원, 신촌, 그리고 부산에서 서비스를 운용하며, 대략 550여개의 술집과 제휴를 맺고 있다. 김민욱 데일리샷 대표는 "주류를 취급하는 매장들의 주요 홍보 채널은 전단이다. 그러나 분위기가 좋은 프리미엄 바나 펍을 전단을 가지고 홍보하기에는 힘들다. 점주들은 블로그나 페이스북을 통해 마케팅을 할 수 있으나, 비용이 많이 든다."[274]고 하였다. 이러한 문제를 해결하여 고객과 점주 사이의 가교역할을 한 비즈니스 모델로 데일리샷은 성공하고 있다. 이와 같은 구독 서비스가 우리 사회에서도 계속 등장하고 있다.

팬데믹 이후에 레저 비즈니스를 이전과는 다르게 발전하고 있다. 주목할 점은 라이프스타일 공간의 성장, 특수목적형 관광 상품의 인기 그리고 레저 구독 서비스의 성장이라는 점이다. 이러한 흐름은 포스트 코로나 이후에도 계속 진행될 것으로 보인다.

미래 지향적 레저 산업을 위한 전제

포스트 팬데믹 시대에는 팬데믹으로 고생했던 사람들의 여행과 레저에 대한 욕구가 증가할 것이다. 다음의 사례는 여행에 목말라하는 사람들의 성향을 그대로 나타내고 있다.

"코로나-19 팬데믹으로 지난 2년간 해외여행을 못 갔던 직장인 김희영(33) 씨는 오는 8월 하와이로 여름휴가를 떠날 계획이다. 정부가 '엔데믹(감염병의 풍토병화)' 추진 일환으로 3월 21일 자로 국내외에서 코로나 19 백신 접종을 완료한 해외입국자에 대한 자가 격리(7일)를 면제했기 때문이다. 김 씨는 정부 발표 후 서둘러 항공권을 알아봤지만 이미 가격이 크게 오른 상태였다. 김 씨는 할 수 없이 150만 원을 내고 하와이 왕복 직항 티켓을 끊었다. 김씨는 "점점 해외 항공편이 늘어난다고 해도 억눌렸던 해외여행 수요로 인해 항공권이 더 오를 것 같았다"라며 "그간 해외여행을 가지 못했기 때문에 이 정도 비용은 낼 수 있다"고 말했다."[275]

한국 사회에서 코로나와 함께하는 시대에 레저 비즈니스가 지속적인 발전을 하기 위해서는 다음의 세 가지를 신경을 써야 한다.

첫째, 레저 공간의 '멀티화'를 추구해야 한다. 일본에서 일본 편의점 순위 3위인 '패밀리마트'는 코로나 이전부터 마트 점포 2층에 '피트 앤 고(Fit & Go)'라는 이름의 피트니스 센터를 개설하여 운영하기 시작하였다. 월 7900엔(한화 약 7만 9천원)을 내면 365일 24시간 운동을 할 수 있다.

월 이용료를 이렇게 낮출 수 있는 이유는 여기에 트레이너가 없고 운동 기구를 사용하고 배울 수 있는 어플리케이션을 제공함에 있다. 하루에 평균적으로 90여 명의 회원들이 휘트니스 센터를 이용하고 이들 중 50여 명은 편의점에서 물건을 구매하는 것으로 나타난다. 이와 같은 패밀리마트에 레저 공간의 멀티화 전략은 편의점 상품 판매를 촉진하고 있다. 경영컨설턴트인 정희선은 현재와 같은 변화의 상황에서 '기회'를 찾아야 한다고 말한다.

"일본 편의점을 보면서 고객의 변화를 감지하고 이에 따라 빠르게 전략을 바꾸고 새로운 시도를 하는 것이 중요하다는 것을 새삼 느낍니다. 일본의 편의점 업계는 유통업계에서도 경쟁이 가장 치열한 곳 중 하나입니다. 편의점은 다른 유통 채널과의 경쟁에서 밀리지 않기 위해 소비자들의 변화를 면밀히 관찰합니다. 연령대, 생활 습관, 점포 내 체류시간 등 소비자의 모든 행동을 전략에 반영하죠. 소비자의 변화에 맞추어 상품 구성을 바꾸고, 점포에 레이아웃을 변경하고, 새로운 컨셉의 점포를 만드는 등의 다양한 시도를 하고 있으며, 소비자들의 반응을 확인합니다."[276]

일본 패밀리마트의 편의점과 휘트니스 공간 제공 전략을 한국에서도 고려해 볼 필요가 있다. 도시 내 한정된 공간에서 다양한 여가 활동이 가능하도록 하는 전략이 필요한 때이다.

레저 공간의 멀티화의 다른 예로 일본의 츠타야 서점을 들 수 있다. 츠타야는 책과 음반을 판매하고 DVD도 대여한다. 1983년도에 제 1호점이 개장한 뒤에 일본 전역에 1,500개 이상의 점포를 운영하고 있다.

츠타야가 레저 소비자들의 주목을 받기 시작한 시점은 2011년 도쿄 다이칸야마의 '티 사이트(T site)'라는 복합 상업시설을 개장하면서 부터이다. 2층짜리 3개동을 연결해 놓은 츠타야 서점에는 여가 공간이 상당히 많다. 책, 음반, DVD를 위한 공간 외에도 사람들이 휴식을 취하면서 책을 볼 수 있는 공간들도 있다. 도서관처럼 1인석을 갖춘 스타벅스가 있고, 음료와 술을 파는 '라운지 카페'도 운영된다. 스타벅스나 라운지 카페에서 소비자들은 책을 가져와 언제든지 볼 수 있다. 이곳에 오는 손님들은 편안한 자리를 잡고 책을 즐기고 음악을 들으면서 휴식을 보낸다. 츠타야에서 판매하는 매체는 레저 소비자들에게 휴식과 더불어 일상 속에서의 평온한 기분이다. 서점 공간은 따뜻한 느낌을 주는 목재 선반, 안정적 조명 그리고 여백이 많은 공간 등으로 심리적 안정을 제공한다. 츠타야 서점에 '컨시어지'라고 불리는 직원들이 존재한다. 이들은 여가 소비자에게 맞는 라이프스타일을 발견하도록 도움을 주는 역할을 한다. 이들은 서점에서 단순히 책을 골라주는 직원과는 다른 역할을 수행한다. 이들은 각각의 해당 분야의 전문가들이다. 여행이나 잡지 기자 출신, 재즈 바를 운영했던 사장, 일식 요리 셰프 출신의 컨시어지들이 소비자들한테 도움을 준다. 츠타야 서점의 무네야키 사장은 30년 동안 자신은 책이나 음반을 팔았다고 생각한 적이 없었다고 한다. 사람들한테 라이프스타일을 선택할 수 있는 여가 장소를 만들었고, 여가 소비자들에게 만족을 주기 위하여 책과 음반을 팔았다고 한다.[277] 그는 진정한 장인이다.

둘째, 레저 산업에서 '디지털 트랜스포메이션'을 빠르게 적용해야 한다. 현재 여행 수요자와 공급자 사이의 소통이 주로 스마트폰으로 이루어지고 있다. 이러한 소통 방식에 맞는 레저 산업 분야의 디지털화가 빠르게 진행되어야 한다. 정란수 교수는 팬데믹은 여행 비즈니스의 지형을 바꾸었다고 진단한다.

"코로나 19는 노동집약적인 산업이었던 여행, 레저 산업의 디지털 트랜스포메이션을 가속화했다. 비대면 사회가 되면서 우리는 직접 손안에서 모든 정보를 찾고자 한다. 그간 단체여행 중심의 문화가 개별여행으로 옮겨간 것과도 관련 있다. 또 코로나 19 이후 일상과 여행의 경계가 무너지는 '여행의 일상화'가 만연해졌다. 생활반경 내에서 호캉스를 즐기고, 레저와 여행을 한 번에 누리는 형태가 인기를 얻었다. 이런 변화 속에서 산업 간 경계도 사라졌다. 여행 산업의 아닌 다른 산업군도 도심 내 여행, 레저 수요에 관심을 가졌다. 스페인 유명 신발 '캠퍼'도 호텔을 개발 중이다."[278]

레저 비즈니스 업체인 '와그'에서 프랑스 루브르 박물관의 티켓을 예약하고 결제를 하면 레저 소비자는 모바일 폰으로 QR 코드 티켓을 받는다. 레저 소비자는 박물관에 입장 시에 QR코드를 갖다 대면 입장이 가능하다. 이러한 디지털화는 과거처럼 줄을 서거나, 티켓을 보여 주는 과정을 없애고 있다.[279]

셋째, 차별화된 레저 액티비티 플랫폼 비즈니스가 성장할 수 있는 환경 조성이 필요하다. 토종 스타트업 회사인 '와그'는 선우윤 창업자겸 대표가 2015년에 창업했다. 그는 모바일을 통해 항공권이나 호텔을 편하게 예약할 수 있는 어플리케이션은 존재하나, 여행지에서의 레저 액티비티를 이용할 수 있는 편리한 서비스가 없었다는 데에서 착안해서 창업했다. 그는 전 세계 200여 도시에서 액티비티를 대략 3만여 개를 공급한다. 2016년 이후 여러 기관으로부터 받은 누적 투자금이 370억 원이 넘었다. 와그는 코로나 초기에는 고전했으나, 2021년부터 성공적 플랫폼으로 성장하는 데에는 두 가지 이유가 있다. 첫째로 창업에서 부터 글로벌 서비스를 지향하였다. 이에 영어나 일본어 등으로 어플리케이션을 지원하고 해외 결제가 가능하게 만들었다. 코로나 이전에도 해외에서 사용되는 비중이 90% 이상을 넘었다. 둘째로 와그는 구글 여행 액티비티 검색 및 예약 서비스인 '구글 씽 투 두' 에 정보를 서칭할 수 있는 시스템을 구축하였다. 이를 통하여 소비자들은 구글에서 직접 티켓을 구입할 수 있으며, 구글에서 정보를 찾아 해당 업체 플랫폼으로 들어갈 수 있다. 이와 같은 창업 초기부터 글로벌 소비자를 타겟팅으로 한 와그만의 차별적 전략이 성장 동력으로 작용하였다.

제 2의 와그와 같은 업체가 나오도록 시장이 반응해야 한다. 사회 구성원들이 선호하는 차별적인 플랫폼 회사에 대해서는 대기업의 투자가 이루어져야 하고, 정부의 지원도 필요하다.

코로나 이전의 한국의 레저 업계는 업계에서의 가격 경쟁과 무분별한 상품 출시로 인하여 소비자의 만족에 부응하지 못하는 경우가 많았다. 코로나는 청결과 똑똑한 소비 선택이라는 키워드를 중심으로 재편될 가능성이 높다. 이에 대하여 김성태는 관광 분야의 예를 들어 이렇게 언급한다.

"돌이켜보면 시장의 성장을 있었으나 무분별한 가격 경쟁으로 상품의 질이 낮아지는 경우도 증가했다. 안내와는 다른 숙박시설, 식당, 일정 등은 성장의 이면에서 저가라는 이름으로 일부 업체들과 함께 커온 어두운 이면이었다. 코로나 19 이후의 변화에 대해 언급했던 수많은 리포트가 제시한 것처럼, 포스트 코로나 시대에는 위생, 청결, 안전 등이 모든 선택의 핵심적인 영향 요인으로 작용할 것이 분명하다. 그동안 '저가', '가성비', '가심비'라는 트렌드 키워드들이 '언택트'나 '근거리 여행', '스마트 소비'라는 새로운 키워드로 대체되고 있다."[280]

포스트 코로나 시기에 한국 사회에서 레저 비즈니스가 더욱 발전하기 위해서는 레저 공간의 멀티화, 디지털 트랜스포메이션의 대대적인 적용과 레저 액티비티 플랫폼 비즈니스에 대한 민간 및 공적 영역의 관심과 투자가 필요하다.

THE MIRAGE
LOVE

제8장

여가 소외의 원인, 디지털 디바이드

코로나 팬데믹 이후 사회의 많은 영역들이 디지털화되었다. 이러한 변화 속에서 디지털 리터러시 능력이 부족한 사람들은 디지털 정보격차를 심하게 느끼고 있다. 디지털 정보격차가 사회적으로 중요한 이유는 이는 계층 간의 위화감을 조성하고 사회적 불평등을 심화시킬 수 있기 때문이다. 팬데믹 이후 보편화되기 시작한 일상생활 속 디지털 기술의 보급은 '정보빈자'의 삶을 더욱 어렵게 만들었다.

팬데믹 이후 디지털 정보격차의 발생은 경제적 차이에 근거한다. 이 격차가 줄어들지 않는 이유는 계층 간 경제적 차이가 극복되지 못하기 때문이기도 하다. 디지털 정보격차를 해소하기 위해서는 정부, 사회, 교육기관, 지방자치단체 등의 유기적 노력과 담론 구축이 필요하다. 일상 속에서 키오스크와 무인점포들을 많이 접하게 되었다. 키오스크와 무인점포 등은 이용하지 못하는 사람들의 소외를 심화시키고 있다. 만약 여가 활동을 하면서 디지털 기술의 제약으로 여가의 재미가 반감된다면 그(그녀)는 제약을 경험할 수밖에 없다. 이런 사람은 여가 활동에 제약을 심하게 느껴서 다시 그 여가에 참여하지 못하고 이는 다시 여가 소외로 이어지기도 한다.

디지털 정보격차를 해소하기 위해서는 현황 파악과 교육을 철저하게 시행해야 한다. 한국 사회에서 일반적으로 정보격차를 경험하는 계층으로는 고령층, 장애인, 주부, 다문화가정 구성원, 미취업자 등이다. 이들을 대상으로 한 사회의 관심은 사회를 아름답게 한다.

경제적 차이와 디지털 격차

코로나 이후 세계 경제에서 경제적 차별 경향은 심화되고 있다. 과거 10년 동안 세계 경제는 넘쳐나는 유동성 속에서 자산의 규모가 크게 올랐다. 실질적인 서민경제를 포함한 실물경제는 크게 성장하지 않으면서 자산이 비정상적으로 증가하는 기형적 변화가 진행되었다. 다시 말해서 노동을 통하여 돈을 버는 사람보다는 부동산이나 주식을 투자해서 재산을 증식하는 사람들이 훨씬 증가했다. 코로나 팬데믹 현상은 세계적으로 유동성이 크게 증가되어 세계 경제 혹은 한국 경제에 여러 가지 영향을 미치고 있다. 한국은 1997년 IMF 구제금융 위기를 잘 극복하며 2000년 이후로 순항에 돛을 단 듯이 경제 성장이 진행되었다. 그러는 가운데에 2008년 글로벌 금융 위기는 한국 사회의 성장에 악영향을 미쳤다. 금융위기로 인하여 국가 전체적으로 양적 완화와 낮은 금리 정책이 시행되었다. 이후 10년이 조금 넘도록 양적 완화를 통한 낮은 금리 정책으로 인하여 시중에 많은 돈이 유통되었다. 양적 완화의 부작용이 발생하는 가운데 팬데믹은 한국 사회에 40여 년 만에 가장 높은 인플레이션을 발생시켰다. 이와 같은 경제적 변화는 우리 사회 내에 경제적 하위 계층의 삶을 더욱 고달프게 만들었다.

코로나 팬데믹 이후의 높은 인플레이션과 고금리는 한국 경제 및 사회 구성원들의 삶을 여러 가지로 힘들게 하였다. 경제적 위기는 두 가지 현황에서 나타나고 있다. 첫째, 가계 부채가 한국 경제 위기의 뇌관으로 부상 중이다. 가계 부채와 부동산 거품은 1998년 외환위기 이후 우리 경제의 중요 문제 요인이 되었다. 특히 2014년 박근혜 정부의 대출 확대 정책이 가계 부채를 증가시키는 데에 일조했으며, 문재인 정부의 일관되지 않았던 부동산 정책은 부동산의 거품 현상을 낳았다.

둘째, 물가 상승률이 심상치 않다. 2020년 6월 국내 소비자 물가는 6.0% 올랐다. 이 수치는 2008년 금융위기 이후 가장 높은 상승률이다. 이와 같은 물가 상승률이 코로나 이후 우리 경제 성장의 발목을 잡고 있다. 우리는 수출도 많이 하지만, 수입이 많기에 소비자 물가는 대외적 영향을 많이 받는다. 물가 상승은 부족한 자원이나 원자재를 수입하면서 기인할 확률이 크다. 수입 물가가 오르면 생산자 물가가 오르고 이러한 상승은 소비자 물가에 직접적으로 영향을 미친다.

한국 사회의 금리 인상은 서민 생활에 직접적인 영향을 미친다. 한국은행은 2021년 하반기부터 기준 금리를 조금씩 올리기 시작하였다. 미국 연준이 금리인상 정책을 시행함에 따라 우리의 금리도 높아졌다. 2022년 10월 이후 3.0%가 넘는 수준이 되었다. 2022년 상반기에는 미국 연준이 금리를 올리면서 우리의 금리보다 높아졌으며, 금리 역전 현상이 일어났다. 이에 외국인 자본들이 국내를 빠져나가는 현상이 가속화되었다. 이러한 흐름 속에서 환율 상승, 수입 물가 상승과 고소비자 물가가 이어져 우리의 가계 생활이 어려워지고 있다.

코로나 이후의 디지털 소외 및 여가 차별 현상의 근본은 경제적 차이 때문이다. ≪소득의 미래≫의 저자인 이원재는 모든 사람은 살아가는 동안에 소득의 흑자 구간과 적자 구간을 오가면서 살아간다고 말한다.[281] 한국 사회 구성원의 경우는 일반적으로 태어나면서 28세까지가 소득의 적자 구간이다. 소득 흑자 구간은 29세 부터 58세까지이다. 적자 구간 중에서 가장 비용이 많이 투입되는 나이는 16세로 2,406만 원 정도다. 과거 소득 적자 구간에서의 소득 분배 및 활동은 '개발주의적 분배구조' 에 따라서 이행되었다. 개발주의적 분배구조에 따르면, 국가가 기업을 보호하고, 기업은 남성 노동자를 고용하여 생활이 가능한 임금을 지불한다. 남성 노동자는 한 집안의 가장이다. 기업은 국가로부터 세금 혜택을 받고, 기업은 남성 노동자한테 소득과 더불어 복지를 제공한다. 이와 같은 경제개발 지상주의식 한국의 소득과 분배 시스템은 IMF 구제 금융을 맞이하면서 바뀌었다.

한국 사회에서 개발주의적 분배 구조의 변화가 일어난 이유는 두 가지 때문이다. 첫째, 한 계층으로의 소득이 편중되는 현상이 일어났으며, 이 소득 편중 현상은 과거처럼 남성 노동자 한명이 가족을 부양할 수 없게 만들었다. 현재 한국 사회의 임금 체제는 소득 상위 10%가 전체 소득의 50%를 차지하는 승자 독식 형태이다. 1970년대에서 1990년대까지는 상위 10%가 가져가는 소득 할당 금액은 3분의 1에 불과하였다. 금융 자본, 디지털 중심의 IT 회사의 등장으로 특정 계층의 부의 편중이 심화되고 있다.

둘째, 전통적 가족 구성원 구조의 붕괴가 일어나고 있다. 2017년에 한국 사회에서 1인 가족은 28.6%를 차지하고 있다. 1인 가족 중심으로의 사회 및 가족구조의 재편은 일자리 부족 현상을 낳았다. 많은 일자리에서 정규직 보다는 비정규직의 수가 늘었다.

이와 같은 변화 속에서 소득의 적자 구간으로 유입되는 중장년 이후의 세대들의 경제적 소외 현상이 심화되고 있다. 코로나 이후에 이들 계층은 디지털 소외(이 글에서는 디지털 정보격차와 혼용되어 사용)를 심하게 느끼고 있다. 고정현, 강우진과 이종욱(2021)은 디지털 소외와 정보격차 문제는 한국 사회의 중요 정책 의제로 등장하고 있다고 주장한다.

"2020년 시작된 코로나 19 전염병의 확산은 디지털 정보격차 문제를 다시 핵심정책 의제로 부상시켰다. 전염병의 확산을 차단하기 위해 사회적 거리두기를 시행한 결과 비대면에 의한 접촉인 이른바 언택트(untact) 생활방식이 급속도로 확산되면서 마스크 대란에서 보았듯이 디지털 정보격차 문제는 단순히 생활의 불편이나 경제적 불이익 문제를 넘어 생존을 위협하는 문제로까지 격상되었다. 주민들은 도서관과 주민 이용시설 복지관 등을 통해 무료로 인터넷을 이용하고, 정보화교육을 통해 디지털 역량을 함양하고 서로 도와주며 동기 부여와 자신감을 얻었는데 이러한 시설의 폐쇄 혹은 관련 프로그램의 중단은 디지털 정보에 대한 물리적, 동기적, 기술적, 이용적 접근에 심각한 장애를 초래함으로써 디지털 정보격차 문제를 한층 악화시키게 된 것이다(van Dijk, 2020). 그리하여 코로나 19 대유행을 맞아 디지털 전환이 전면적 급속도로 진행되는 가운데 디지털이 편의제가 아니라 필수제로 되고, 디지털화된 삶이 '새로운 규범'이 되는 현실은 디지털 정보격차 문제를 새롭게 바라보고 이 문제에 대한 시급한 해결을 요구하고 있다."[282]

위 글에서의 핵심은 디지털 정보격차는 바로 "생존을 위협하는 문제"라는 것이다. 코로나 시기에는 비대면 시스템이 정착됨에 따라 디지털화된 삶을 거부하고 살 수 없게 되었다. 이제는 디지털 소외 계층의 삶에 대하여 들여다보아야 할 시기가 되었다. 이러한 관점에서, 서울대 사회학과 서이종 교수는 "은퇴에 대한 강박감을 가진 중년세대, 경제적 여건 때문에 정보 네트워크를 활용할 수 없어 빈곤의 악순환에서 자포자기 하는 빈곤계층, 가정의 일상 현실 속에서 아무런 변화를 느끼지 못하고 낙오되는 주부들, 그리고 신체적 장애로 인하여 정보화의 물결 속에서 사회적 재기가 더욱 좌절되고 있는 장애인들"[283]에서 계층적 소외가 발생한다고 주장한다.

실제 50대 이상은 다른 계층 보다 행정서비스 외에도 금융 기관에서의 모바일 뱅킹 이용률이 현저히 낮다. 2019년 한국은행이 조사한 결과에 따르면, 인터넷이나 모바일을 통해 금융 상품을 구매한 세대별 조사에서 60대는 32.2%, 70대는 8.9%에 불과하였다. 이에 반해 20대와 40대는 10명 중 7명 정도가 인터넷이나 모바일 상품을 이용하고 있다.[284] 노년층이 인터넷이나 모바일 상품을 이용할 수 없다는 것은 경제적으로도 이익을 얻기 힘들다는 것을 의미한다. 인터넷 또는 모바일을 통해서 금융 상품에 가입하는 고객은 은행 측에서 추가적으로 금리 인하나 수수료 할인과 같은 혜택을 제공한다. 온라인상에서 파격적인 금리 우대를 하는 특판 상품을 판매할 때도 인터넷이나 모바일로 판매하는 경우도 많다. 금융 서비스 외에도 온라인 쇼핑에서의 가격 할인과 같은 혜택에서 고령층은 소외되고 있다.

코로나 이후에 비대면 중심 사회가 도래하면서 디지털이 모든 사회 및 여가 활동의 중심되었다. '디지털 정보격차(digital divide)'라는 용어가 처음 등장한 때는 1995년이다. 미국의 여러 신문들이 디지털 정보격차라는 용어가 처음 사용하였다. 이후 디지털 정보격차라는 용어는 학문 영역에서 중요 주제로 자리 잡게 되었다. 디지털 소외나 디지털 정보격차의 초기 의미는 컴퓨터, 또는 초고속 정보통신망에 접근하는 사람과 그렇지 못한 사람의 차이를 뜻하였다. 정보격차의 개념은 정보매체에 대한 접근과 더불어 정보매체에 접근하여 정보를 활용하고 이를 통하여 지식을 창출하는 과정에서의 '차이'를 의미한다. 이에 정보격차는 처음에는 정적 차이를 보이다가 시간이 흐르면서 동적 차이로 흐른다. 초기에 계층 간 정보격차 문제를 해결하지 못하면 디지털 기기가 계속 발전하면서 나중에는 해결하지 못하는 지경에 까지 이르게 된다. 이는 결국 사회 집단 간의 불균형을 확산시킬 수 있다.[285]

디지털 정보격차를 이해하기 위해서는 '디지털 리터러시'라는 개념을 파악해야 한다. 디지털 리터러시는 쉽게 말해서 인터넷이나 모바일 기기를 사용하는데 필요한 기술을 의미하는 것이다. 디지털 리터러시는 인터넷 리터러시, 정보 리터러시, 그리고 미디어 리터러시와 혼용되어 사용되기도 한다.

"인터넷 리터러시는 연결된 자원의 이용과 역할에 대한 지식을 활용하는 것으로 조작적 기술, 형식적 인터넷 기술, 정보 인터넷 기술, 전략적 정보 기술 등을 구성요소로 포함한다. 정보 리터러시는 정보를 윤리적이고 현명하게 사용하도록 이끌고, 적합한 정보를 잘 선택하고 적절한 정보 형태를 채택하는 것을 의미한다. 이는 한 개인이 디지털 환경 하에서 새로운 지식을 적용하고 평가하며 디지털 조작을 통해 데이터와 이미지를 재생산하고 이미지를 읽고 해석할 수 있는 능력을 나타낸다. 반면, 미디어 리터러시는 라디오, 텔레비전과 같은 전통적 의미의 미디어와 함께 인터넷을 포함하는 개념으로 초기에는 정보 리터러시와 동일한 개념으로 사용되었다. 마지막으로, 디지털 리터러시는 전자적 의미로 사용되어, 컴퓨터, 인터넷, 스마트 폰과 같은 정보화 기기의 발전과 맥락을 같이 한다는 점에서 하드웨어와 소프트웨어의 발전에 기반 한다. 정보화 기기, 컴퓨터나 정보 기술의 발달에 따라 포함하는 기술 수준의 차이가 영향을 미친다."[286]

많은 연구자들은 디지털 정보격차를 3차적 수준에서 설명한다. 제 1차적 수준은 정보기기나 망에 대한 접근상의 제약을 의미한다. 디지털 정보의 활용과 수준에서의 차이가 제 2차적 수준의 디지털 정보격차이다. 제 3차적 수준은 디지털 정보의 성과나 혜택 차이를 의미한다. 현재 한국을 비롯한 주요 선진국들의 스마트폰 이용률이 90%를 넘으면서 제 3차적 수준의 디지털 정보격차가 사회적 문제로 등장하고 있다.[287]

코로나 이전부터 키오스크는 식당, 병원 등에서 도입되기 시작하였다. 실제 키오스크를 통한 주문을 하지 못한 노년층의 사연이 화제가 되기도 하였다. 터치스크린 방식의 무인단말기에 익숙하지 않은 어머니가 음식 주문에 실패한 사연이 온라인에서 뜨겁게 달구었다. 2021년 3월 7일 네티즌 A씨가 트위터에 엄마가 햄버거를 드시고 싶어서 집 앞 버거킹에서 주문하려는데 키오스크를 다루지 못해서 20분 동안 고생하시다 그냥 집에 돌아왔다고 적었다. “엄마가 우셨다. 그리고 엄마는 이제 끝났다고 우셨다”고 적었다. 이 트윗은 엄청나게 공유되고 SNS 상에서 논쟁을 낳기도 하였다. 여기에서 핵심적 논쟁은 키오스크 화면이 복잡하다는 것이다. 그리고 터치스크린의 반응이 느려서 노인들에게 불편하다는 점이 지적되었다.[288] 한국 55세 이상의 디지털 정보화 수치는 69.1%에 불과하다.[289] 이 수치가 일반적 고령층이라 할 수 있는 만 65세 이상을 대상으로 했다면 훨씬 낮게 나왔을 것이다. 고령층 안에서도 연령대에 따라 디지털 격차는 계속 벌어지고 있다. 2012년 5월 17일 서울 디지털 재단이 발표한 서울시민 5천 명을 대상으로 한 조사에 따르면 다음과 같다. 55세에서 64세까지의 디지털 정보화 수치는 68.9%

이다. 문제는 65세 이상이다. 65세에서 74세까지는 29.4%, 75세 이상은 13.8%만이 키오스크 이용 경험이 있는 것으로 나타났다. 이들이 키오스크를 사용하지 않는 이유는 대부분이 다음과 같다. '사용 방법을 모르거나, 또는 어려워서'(38.8%), '필요가 없어서'(29.4%), '뒷사람의 눈치가 보여서'(17.8%) 이다.[290]

디지털 격차의 근원은 '경제적 차이'이다. 경제적 취약계층이자 고령층은 디지털 소외를 계속 경험하고 있다. 코로나가 이를 더욱 심화시키고 있다. 디지털 정보격차 문제는 경제적 측면과 밀접한 관련이 있다. 이는 사회구조적 계층 간 불평등을 심화시킬 수 있다. 그렇기에 선진국가들은 이 문제를 해결하려고 많은 노력을 기울인다. 그 이유는 선진국들은 사회 구성원들의 삶의 만족도를 향상시키는데 디지털 정보격차를 줄이는 것은 중요한 과제라는 인식 때문이다. 이러한 관점에서, 고흥석(2017)은 급속하게 발전한 모바일 커뮤니케이션 중심의 디지털 환경이 디지털 격차를 심화시킬 수 있다고 이렇게 언급한다.

"디지털 격차에 문제는 단순히 새로운 미디어를 이용하고 이를 통해 정보를 습득하는 차원의 문제를 넘어 정치, 사회적 이슈로 확장되기도 한다. 예를 들면, 모바일 무선통신 기기를 통해 공공정책과 관련한 정보를 교환하는 사람들은 그렇지 않은 사람들보다 시민으로서 그리고 정치적으로 보다 적극적으로 사회적 이슈에 참여하는 것으로 나타났다. 이는 급속한 모바일 커뮤니케이션 기술이 사람들끼리 서로 연결되어질 수 있거나, 혹은 정보를 얻을 수 있는 새로운 환경을 만들게 되었고 이러한 디지털 환경이 디지털 격차의 차원으로 드러나게 된 것이다. 나아가 이러한 디지털 격차는 도시화가 급격히 진행된 사회에서는 도시와 농촌 간 간극이 더욱 커질 수 있는 가능성이 높다."[291]

고령층에 정보화를 방해하는 요인으로는 외적 요인과 내적 요인이 있다. 전자는 정보화 교육 부족, 제도의 미비, 교육의 열악한 환경 등이다. 후자는 본인의 디지털 기기에 대한 인식 부족, 부정적 태도, 정보와 체제에 대한 부적응, 잘못된 이해 등이다. 노인들의 정보화 교육을 효율적으로 달성하기 위해서는 그들 스스로 정보화 교육이 왜 필요한지에 대하여 인지할 수 있는 기회를 부여해야 한다. 동시에 온라인상에서의 사회적 관계를 구축이 노년의 삶에서 중요하다는 것을 자각하는 기회를 부여해야 한다. 노인들의 온라인을 통한 사회적 관계 구축은 노년 삶의 여가 만족도를 향상시키는데 긍정적이기 때문이다.

임정훈, 이혁준과 이지훈(2020)은 노인들의 디지털 정보격차가 높은 이유에 대하여 세 가지 논점으로 제시하였다. 첫째는 노인들이 일상에서 디지털 활용에 대한 필요성을 인지하지 못해서이다. 스마트폰 보급률이 말해주듯이 노인들의 디지털 기기 활용에 대한 인식은 낮다. 둘째는 노인들의 사회경제적 수준이 높지 않기 때문이다. 스마트 폰을 비롯하여 디지털 기기는 고가이다. 경제적인 수준이 낮은 집단에서 이를 구입하는 데에는 제약이 존재한다. 세 번째는 스마트 폰이 노인들을 위하여 만들어지지 않았기 때문에 사용하는 데에 많은 불편을 느낀다. 글씨체, 기기의 크기, 액정의 불안정성 등은 노인들에게 최적화된 기기라고 볼 수 없다.[292]

고령층들은 실생활에서 필요한 키오스크 사용법, 응급 시에 택시를 호출, 레저 활동의 예약 등에서 스마트폰 사용 방법을 몰라서 힘들어한다. 소득 적자 구간에 있는 사람들을 위한 디지털 정보의 격차를 줄이는 일이 우리 사회의 중요 과제로 등장하고 있다. 지방자치단체도 이와 같은 문제를 인식하고 대응하고 있다. 조푸름 서귀포시청 노인장애인과 공무원은 이렇게 말한다.

"서귀포시는 작년부터 키오스크 사용법과 스마트폰 활용 등 디지털 교육을 받은 어르신들을 노인 일자리로 활용하여 경로당을 찾아다니며 교육하는 어르신 디지털 나눔 사업단을 운영하고 있다. 또한 이달부터 장애인 회관에 키오스크 등 디지털 체험존 운영을 시작하여 올해 하반기에는 서귀포시 노인 복지 지원 센터에도 확대 운영할 계획이다. 키오스크나 스마트폰 사용 교육을 하는 것이 능사는 아닐지라도 아이가 새로운 것을 배우기까지 기다려 주고 다 같이 도와주듯이, 디지털 기기에 취약한 어르신들이 새로운 것을 배워 가는 과정에도 사회적인 배려와 이해가 필요하다고 생각한다." [293]

고령층뿐만이 아니라 장애인도 디지털 기기 사용에 어려움을 겪기는 마찬가지이다. 입모양을 통해서 대화 의미를 파악하는 청각 장애인들이 소리와 관련된 디지털 기기 사용에 어려움을 경험하고, 시각 장애인이나 발달 장애인은 키오스크 사용이 실제적으로는 불가능하다. 이러한 측면에서, 백지연, 장은교와 이진명(2022)은 이렇게 주장한다.

"현재 디지털기기 접근성 확보와 디지털 역량 강화를 위한 국가 차원의 정책적 지원이 활발하게 이루어지고 있으나, 디지털 기기 활용의 맥락 및 디지털 기기 사용 시 경험하는 어려움이 매우 개별적이고 다양하다는 점에서 소비자의 특성에 맞춤화된 정보화 정책의 설계가 요구되는 실정이다. 특히, 현재 디지털 정보화 관련 정책은 노년층, 장애인, 결혼이민자, 농어민 등 특정 대상들을 취약계층으로 설정하여 추진되고 있으나, 일상생활 전반에서 디지털화가 이루어지고 있는 만큼 정책 수요자 관점에서의 정교한 소비자 집단의 구분 및 맞춤화된 정책 개발이 요청된다."[294]

디지털 기기 활용에서의 개인적인 고충과 어려움을 인지하여 개인화된 정책 개발이 요원한 실정이다. 정책 공급자보다는 정책 수요자가 편익을 실감하는 차원에서의 정책이 필요하다. 취약계층 안에서도 디지털 정보를 다루는 데에 있어서 차이가 많이 발생하고 있다. 취약계층이 스스로가 만족할 만한 정책을 개발하기 위해서는 많은 준비 기간과 더불어 사는 삶에 대한 폭넓은 이해가 사회적으로 자주 담론화 되어야 한다.

무인화 그리고 여가 소외

코로나 이후로 무인 매장이 크게 늘었다. 골프용품을 판매하는 골프 매장인 '골프존 마켓'과 온라인 쇼핑몰인 '골핑'을 운영하는 골프존 커머스㈜는 매장 영업시간 제한 없이 라운딩에 필요한 물품을 살 수 있는 24시간 운영되는 무인 매장인, '골프존마켓 장안평점'을 운영하고 있다. 이 매장은 영업시간 내에는 상주하는 직원이 여러 가지 제품에 대한 도움을 주고, 영업시간이 끝난 후에는 무인 출입인증 시스템인 QR 코드를 통해 매장에 출입하고 구입할 수 있다. 카카오나 네이버를 통한 QR 코드를 통해 고객은 매장에서 상품을 자유롭게 구입할 수 있다. 이 곳에서 파는 상품으로는 골프공, 장갑, 기능성 웨어, 거리 측정기, 캐디백, 모자, 파우치 등이다. 골프존 커머스의 장성훈 대표이사는 "24시간 무인매장 도입을 통해 골퍼들이 급하게 골프장 프로샵에서 용품을 구매할 수밖에 없는 그 불편함을 줄여주고, 고객 편의성과 만족성을 더 높일 수 있게 되어서 기쁘게 생각한다."라고 하였다.[295] 이와 같은 무인화는 코로나 이후의 디지털 기술을 통한 레저 마켓의 변화 중 하나이다.

2020년 골프공 생산업체인 '엑스페론'은 비대면 판매가 가능한 오프라인 플랫폼인 '큐빙 4.0'을 만들어 전국의 스크린 골프장, 골프 연습장, 골프장에서 골프공을 판매하였다. 코로나 이전까지만 해도 비대면으로 골프 용품을 판매하는 것이 익숙하지 않았던 골퍼들은 이 업체가 생기면서 비대면 판매의 편리함에 눈을 뜨게 되었다. 골프존 카운티는 '골프존카운티 안성W' 골프장 내에 무인 편의점을 운영하면서 골퍼들한테 많은 인기를 얻었다. 무인 편의점 운영은 인건비를 절약할 수 있고, 골프장 관련 세금을 감면받을 수 있는 혜택이 있다. 무인 편의점을 이용하는 골퍼들은 셀프계산대에서 자기가 필요한 음료수나 음식을 직접 바코드를 찍어 결제한다. 혹시 물건 구입에 어려움이 있으면 캐디의

도움을 받는다.[296]

무인점포가 계속 늘고 있는데 무인점포 관리 문제도 이슈화되고 있다. 신승민 기자(2022년 5월 17일)는 서울 종로구 동숭동의 한 무인 편의점의 관리 문제를 제기하였다. 서울 종로구 동숭동에 한 편의점은 말 그대로 쓰레기 폭탄을 맞은 상태였다고 한다. 무인으로 운영되는 편의점 계산대에는 손님들이 뒤죽박죽 뒤엉켜서 기다리고 있고, 테이블에는 식사하는 손님들로 인산인해를 이루고 있다. 이 와중에 쓰레기통을 치우는 사람이 없기에 쓰레기가 실내에 마구잡이로 쌓여 있었다. 테이블과 의자도 정리가 되지 않아 식사 후 남기고 간 쓰레기가 한가득 있었다. 공연 관람을 위하여 대학로를 자주 방문 방문하는 박 모(22)씨는 이 광경을 보고 이렇게 말하였다. " 공연을 보러 가기 전에 밥 먹을 시간이 없으면 편의점을 자주 가는데, 현재 상태가 너무 더럽다. 손님이 너무나 많은데 알바생을 쓰지 않는 이유가 무엇인지 궁금하다. 또한 편의점 계산대를 옮겨 놓아서 기계에 익숙하지 않는 사람들 같은 경우는 계산을 하는 데에도 시간이 많이 걸린다"고 하였다.[297]

팬데믹 이후에 무인점포가 계속 증가하고 있다. 점포수는 증가하는데 관리 및 청결 유지에는 잘 안 되고 있는 실정이다. 무인점포 운영에는 주인의 철학이 중요하다. 주인이 점포를 어떻게 잘 관리하고 청결하게 할 것인가를 고민해야 한다. 하루에 정기적으로 점포 상황을 확인 하는 일은 필수이다. CCTV만 설치해서는 점포가 청결하게 운영되지 않는다. 동시에 키오스크를 통하여 결제를 하지 못하는 이들에 대한 자세한 안내문 부착은 필수적이다. 디지털 정보격차가 존재하는 상황에서 도심 내의 점포들의 무인화는 또 다른 소외계층을 양상하고 있다.

백지연, 장은교와 이진명(2022)은 디지털 정보격차 수준에 따라서 네 가지의 소비자 유형 집단으로 나누었다. '기기애호형', '능숙활용형', '일반형'과 '디지털 소외형'로 집단은 구분되어진다. 이들은 디지털 소외형은 심리적인 어려움을 많이 경험하는 계층으로 이들에 맞는 특화된 서비스가 필요하다고 언급한다.

"디지털 소외형은 고령층이 다수인 정보취약계층 집단으로 디지털 접근성, 역량, 활용 수준의 모든 면에서 저조하고 디지털 정보격차를 경험할 가능성이 크다. 이들이 기술에 대해 불편감을 높게, 친밀감을 낮게 느낀다는 것은 디지털 기기 이용에 있어 심리적인 부담을 겪고 있다는 점을 의미한다. 따라서 정보기술을 체험할 수 있는 환경을 마련하고 공적인 디지털 조력자의 지원, 정보화 교육 등을 통해 디지털 기기에 대한 심리적 문턱을 낮출 필요가 있다. 또한 일상생활에 필수적인 디지털 서비스를 목록화 하고, 기기 보유 및 이용 역량이 미흡한 디지털소외형 집단들이 이러한 서비스로부터 배제되지 않도록 정책적으로 지원하는 것이 요구된다. 디지털소외형의 다수는 고령층이므로 이들의 신체적, 인지적 특수성을 고려한 고령자 친화적 기기 및 서비스를 제공하는 것 또한 필요하다."[298]

"심리적 문턱"이란 무엇인가? 이는 디지털 기기 및 정보에 대한 두려움과 패닉을 포함한다. 누군가는 디지털 기기 자체에 대하여 거부감을 갖고 있다. 특히 '디지털 소외형' 집단은 누군가의 도움이나 눈높이 교육이 없다면 일상생활 자체가 고역의 연속이 된다.

디지털 정보격차로 인하여 디지털 기기 사용에 어려움을 겪고 있는 계층이 증가하고 한편으로는 스마트폰 중독자도 크게 늘고 있다. '2019년 스마트폰 과의존 실태조사'에 따르면, 전국의 만 3살에서 69세의 스마트폰 이용자 2만 8천 592명 중 20%는 과의존 위험군에 노출된 것으로 나타났다. '스마트폰 과의존증' 이란, 일상에서 스마트폰 이용을 조절하지 못해서 겪게 되는 신체적, 심리적, 그리고 사회적 문제 상태이다. 코로나 이후 스마트폰 사용이 훨씬 증가하였다. 경북 칠곡에 살고 있는 직장인 박모(28)씨는 휴대폰이 손에 없는 시간에는 우울하고 무력하다고 토로한다. 그는 "중독은 아닐 것으로 생각하는데 휴대폰 보는 시간을 줄여야 한다는 생각은 매번 하게 된다"고 말하였다. 휴대폰 중독 증상을 앓고 있는 사람들 대부분은 SNS와 온라인 채팅을 위해서 휴대폰을 사용한다. 그 다음으로 뉴스를 검색하는 데에 많은 시간을 보낸다. 일반적으로 우울하거나 불안한 사람일수록 디지털 의존도가 점차 높아지는 성향을 보인다. 이와 같은 디지털 중독은 체력적으로나 정신건강적으로 좋지 않다.[299]

디지털 정보격차 해결 방안

세계 각국은 코로나 이전부터 디지털 정보격차를 줄이기 위해서 교육에 투자하고 있다.[300] 미국 10대 은행 중 하나인 '캐피탈 원(Capital One Bank)'은 노년층을 대상으로 온라인 강좌를 개설하고 있다. 이 은행은 2016년 8월부터 '레디, 셋, 뱅크'라는 시니어 교육 프로그램을 운영한다. 여기에서 노년층은 60여개의 동영상으로 이루어진 프로그램을 교육받고, 온라인 뱅크를 사용하고 직접적으로 계좌를 관리할 수 있는 금융 관련 교육을 받는다. 여기의 동영상에 등장하는 사회자나 모델들이 시니어 친구이기 때문에 고령자들의 학습 효과가 높다. 독일의 뮌스터시는 노인들을 위한 시민 미디어센터인 '뮌스터 벤노하우스'를 운영한다. 이 센터는 50대 이상의 시민들을 대상으로 하여 학기제 형식으로 프로그램을 운영한다. 기본적으로 컴퓨터와 인터넷 과정을 교육하고, 미디어 프로그램을 학습하도록 하여 고령층이 직접 미디어를 제작하는 능력까지 개발한다. 네덜란드의 ING 은행은 모바일 웹디자이너, 프로그래머, 개발자, 운영자들은 노인이나 장애인들과 같은 디지털 소외계층이 쉽게 디지털에 접근할 수 있게 인도하는 교육을 받는다. 이렇듯 세계적으로 고령층을 위한 디지털 정보격차를 해소하기 위한 노력은 이루어지고 있다. 민동원(2020)은 디지털 정보격차에 대하여 글로벌 관심이 증가하는 이유는 노년층의 경제 문제와도 연결이 되기 때문이다.

"초고령화로 정년 연장, 연금개혁, 노인 연령의 상향과 같은 이슈가 끊임없이 제기되고 있으며, 노동 인구에서 노인이 차지하는 비율 증가 또한 이의 대안적 해결 방안으로 주요 정책적 논의 대상이 되고 있다. 그런데 노년층에 고용 가능성이 유지되기 위해서는 지속적인 새로운 디지털 사용 능력 습득이 요구된다. 문제는 노인들의 ICT 흡수가 다른 그룹보다 뒤떨어진다는 점이다. 따라서 연령으로 인한 디지털 정보격차는 사회적 불균형 해소라는 관점뿐 아니라 노년층의 생존에서 더 나아가 경제의 구조적 문제 해결과도 직결된다."[301]

세계적으로 노년층 인구는 두터워지고 있다. 생존 기간이 증가하는 만큼 고용 가능성은 사회의 핵심의제로 부상할 수밖에 없다. 문제는 팬데믹을 지나면서 대부분의 경제 시스템이 비대면 혹은 디지털 정보를 바탕으로 구축된다는 점이다. 이에 디지털 정보 활용 능력이 부족하면 이로 인한 일자리에서의 소외는 당연하게 발생하게 된다. 이는 고령층과 다른 세대와의 사회적 불평등과 경제적 문제를 발생시킨다.

고흥석은 2014년부터 17년까지 <한국미디어패널조사> 데이터를 바탕으로 하여 전국 17개 도시, 4,382 개 가구와 10,464명에 대한 조사 자료를 분석하였다. 이를 통하여 개인의 사회경제적인 지위는 디지털 격차에 정적인 영향을 미치는 것을 제시하였다. 이는 사회경제적 지위의 차이와 디지털 격차는 큰 관계가 있다는 것을 의미한다. 개인의 삶의 만족도에 대한 분석에서도 삶의 만족도 정도에 디지털 격차는 큰 영향을 미치는 것을 나타났다. 이 말은 개인의 사회경제적인 지위가 높으면 높을수록 디지털 기기와 디지털 정보에 대한 접근, 정보 취득 및 활용이 높다는 것을 의미한다. 이와 같은 접근 및 활용의 용이성은 본인의 업무와 여가 생활에 많은 영향을 미칠 수밖에 없다. 디지털 중심 사회에서 디지털 정보를 적절하게 활용하면 할수록 삶의 만족도는 높아진다. 반대로 삶이 불만족한 계층들은 팬데믹 시대에 비대면 시스템에 접근 및 활용이 어려워 힘들 수밖에 없다.[302]

우리 사회에서는 한국 정보화 진흥원이 운영하는 '배움 나라'가 대표적인 무료 온라인 정보화 교육 시스템이다. 여기에서는 IT 분야를 집중적으로 교육한다. 특히 키오스크를 이용 방법이나 PC 정비와 같은 실생활에 필요한 여러 가지 IT 교육 영상을 제공한다. 이외에 서울시가 운영하는 '50플러스 포털'은 여러 가지 동영상 강의를 통하여 IT와 관련된 교육을 제공한다.

정보격차를 해소하기 위한 정보화교육이 한국 사회에서는 1997년부터 실시되었으며 2001년 온라인 정보화교육으로 확대되어 실시되고 있다. 이 같은 정책은 정보 취약계층에 대한 전반적 접근 수준을 올렸다. 그럼에도 불구하고 고령층의 디지털 정보화 수준은 낮다. 실제 고령층 가구는 일반 국민의 디지털 기기 보유율 83.2% 보다 21.9%가 낮은 61.3%에 불과하다.[303]

새 밀레니엄이 시작되면서부터 정보격차에 대한 화두는 우리사회에 뜨거운 논쟁 대상이었다. 서울대 서이종 교수가 2000년에 발표한 논문에서 정보격차를 해결하는 방법으로 시민 사회의 구성과 참여를 제안하였다. 그의 말을 들어보자.

"시민사회의 활성화를 통하여 밑으로부터 정보 불평등을 해소하여야 한다. 정보기술의 보급과 확산은 시장 및 국가 못지않게 시민사회의 참여하에 이루어져야 한다. 시민들의 자발적인 참여를 유도하고 이를 활성화하여 밑으로부터 그리하여 정보빈자 계층 스스로 정보격차를 줄여 나갈 수 있도록 하는 사회 참여적 방법이 필요하다. 불건전 매체 사용 및 정보 활용의 모니터링, 장애인을 위하고 환경 친화적인 정보매체의 '참여적 설계', 공공 콘텐츠 개발/제공의 제 3섹터 형성 등이 그런 방법에 속한다. 정보화와 정보기술의 확산은 그동안의 타성화 된 정보빈자계층, 즉 '노인', '장애인', '주부' 등이 생활양식과 스타일 자체의 일대 혁신을 통해 가능하며 더 나아가서는 시민사회의 혁신을 통해 가능하기 때문에 정보빈자 계층 스스로가 참여해야 하고 보다 폭넓은 시민사회의 참여도 필요하다. 여기에는 소외계층 자신의 주관적 의식 변화와 함께 이를 촉진하고 지원하는 관련 사회제도 및 관행의 변화도 포함되어야 한다."[304]

디지털 정보격차의 해소는 '시민사회의 혁신'을 통하여 이루어진다. 시민 사회는 계층 문제를 해결하는 중추가 되고 사회 제도 변화를 위한 노력을 꾸준하게 해 나가야한다. 이럴 때에 정보빈자와 정보부자 사이의 계층적 위화감이 형성되지 않는다.

한국 지능정보사회 진흥원이 발표한 '2020년 디지털 정보격차 실태조사'에 따르면, 일반 국민의 정보화 수준을 100점이라고 할 때에 정보 취약계층의 정보화 수준은 72.7 점이었다. 2014년 취약계층의 정보화 지수가 50.1였기에 그 격차는 조금 줄어들었다.[305] 그러나 여전히 고령층을 중심으로 한 정보격차가 크게 존재한다. 코로나 이후로 비대면 서비스가 확대되면서 정보 취약계층들은 코로나와 관련된 정보를 얻는 데에도 힘들었다. 디지털 정보격차에 대한 문제를 해결하기 위해서는 기본적으로 두 가지를 신경 써야 한다. 첫째는 디지털 정보 소외계층에 대한 '눈높이식 정책'이 필요하다. 사회적 그리고 경제적 취약계층은 디지털 기기를 접할 가능성이 적다. 이들이 디지털기기와 정보를 접할 수 있는 무상교육 체제를 빠르게 확립해야 한다. 지역 사회 주민센터나 복지관에서 취약계층을 위한 정보와 교육을 실시해야 한다. 정책 실현을 위해 '디지털 포용법'을 제정하고 확대 실시해야 한다. 민정범은 디지털 포용법이 다른 법안에 우선순위가 밀려 통과되지 못하고 있다고 지적한다. "국회와 정부가 '디지털 포용법'을 마련해 기존 법이 가진 내용을 확대한다는 계획을 세웠다. 해당 법안에서는 사회 모든 구성원의 디지털 역량 함량을 촉진하는 국가 및 사회의 책무, 장애자, 고령자들의 디지털 접근성을 보장하는 국가의 책무 등을 규정하고 디지털 기술의 혜택을 사회의 모든 구성원이 누릴 수 있도록 하는 유망 포용 기술 서비스를 지정 지원할 수 있도록 했다. 그러나 해당 법안은 다른 법안들의 우선순위가 밀려 지난 2021년 1월 발의된 이후 1년 넘게 국회 상임위의 문턱을 넘지 못하고 있다."[306]

정보 취약계층 중 중장년층에 대한 디지털 정보화 교육도 필요하다. 이들은 조만간 노인층으로 계층이 이동한다. 이들이 고령층이 되었을 때에도 정보격차를 느끼지 않도록 사전에 교육을 해야 한다. 베이비붐 세대들을 위한 정보화 교육 방식으로 임정훈, 이혁준과 이지훈(2020)은 이와 같은 교육적 제언을 한다.

"노인 세대와는 다르게 베이비붐 세대는 pc를 비롯한 스마트기기를 이용하는 환경에 자주 노출되어 왔기 때문에 디지털 정보격차를 줄이기 위한 온라인 사회적 영역을 개척할 수 있는 온라인 디지털 환경을 조성해야 한다. 온라인상에서 사회 참여 활동을 할 수 있는 다양한 공간을 만들어 주고 적극적인 의견 표현이 가능한 장을 형성함으로써 온라인 사회적 관계망을 조정할 수 있도록 한다. 현재 대부분의 온라인 사회 참여 공간은 젊은 세대를 중심으로 이루어지고 있어서 베이비붐 세대를 비롯한 노인세대를 위한 PC와 스마트 기기의 직관적인 메뉴 등을 구성하고 온라인 속에서 다양한 세대가 공존할 수 있는 온라인 문화를 만들어 갈 필요가 있다."[307]

둘째는 무인 단말기와 같은 실생활에서 직접 사용하는 기기를 조금 쉽게 만들어야 한다. 한국소비자원에 따르면, 65세 이상 소비자들이 무인 단말기 이용에서 어렵다고 느끼는 이유는 '복잡한 단계' 때문이라고 한다. 2022년에 금융, 행정 및 공항 영역 에서 사용되는 키오스크는 약 14만대 가량이다. 패스트푸드, 식당, 철도, 버스, 의료시설, 영화관 등에서 키오스크 설치가 증가하고 있다. 취약계층이 쉽게 사용할 수 있도록 기기 및 화면을 쉽게 바꾸는 노력이 필요하다. 이러한 맥락에서, 김광일 분당서울대병원 노인병내과 교수는 노인들의 디지털 소외를 극복을 위한 사회적 노력을 이렇게 주장한다.[308] 먼저, 노인들이 스마트폰 이용에 대한 두려움을 벗어날 수 있도록 주위에서 도와줘야 한다. 과거 가전제품의 경우에는 설명서가 제공이 되어서 많은 사람들이 사용 전에 설명서를 꼼꼼히 읽고 사용할 수 있었다. 노인들은 청장년기에 새로운 가전제품은 비싼 것이고 귀한 것이기 때문에 설명서를 잘 읽고 사용해야 된다는 어른들의 가르침에 잘 따랐다. 그러나 요즘에는 설명서를 제공하는 경우가 거의 없다. 혹은 QR 코드와 같은 방식으로 제공이 되기에 설명서를 접하기가 어렵다. 둘째로, 노인들의 신체적, 또는 생리적 특성을 적절히 고려하는 디지털 기기가 개발 되어야 한다. 현재 많은 스마트폰이나 웨어러블 기기들이 노인들이 사용하기에 너무 어렵다. 눈을 쉽게 피로하게 만드는 기기는 노인들이 사용하기 점점 어렵게 만든다. 어플리케이션의 아이콘이나 글자 크기가 너무 작아도 이용하기 힘들어 사용을 힘들게 만드는 요인이 된다. 셋째로, 디지털 기기를 노인들의 건강을 유지하고 질병을 관리하는데 적용할 수 있어야 한다. 노인들이 자신의 건강을 유지하고 질병을 관리하는데 스마트폰이 중요하다고 인식하게 되면 디지털 기기에 대한 심리적 두려움을 없앨 수 있다.

정부는 노인들이 디지털 기계를 쉽게 사용할 수 있는 정책을 만들어야 한다. 노인들이 디지털 기기는 어려운 것이 아니라, 일상에서 쓸 수 있는 것이라는 인식을 할 수 있는 홍보 또는 교육도 같이 이루어져야 한다.

고령층이 젊은 세대 보다 학습 능력은 떨어질 수 있으나, 이들에게 적당한 동기를 부여하고 디지털 정보 교육을 수행하면 좋은 효과가 날 수 있다. 민동원(2020)은 고령층의 디지털 정보 교육에서 '목표 유발'을 하면서 수행하면 효과가 크다는 것을 실험을 통하여 증명하였다.

"노년층에게도 디지털 정보의 보편화에 따라 본인들도 이들 정보에 익숙해져야 한다는 목표가 유발되면 정보를 처리하려는 의도와 처리 후의 성과 예상이 높아진다. 따라서 노년층에게 쉽게 디지털 정보사용을 할 수 있도록 방법을 알려 준다던가 자주 접하게 한다든지 하는 인지적 측면에서의 디지털 문해력 향상뿐만 아니라, 심리적으로도 노년층이 디지털 정보를 본인 스스로가 다가갈 수 있도록 새로운 목표를 설정하거나 내재하고 있는 목표를 파악해 이를 조정하는 것도 노년층의 디지털 정보격차 해소 방법이 될 수 있다. 이는 노년층이 자발적으로 디지털 정보를 접근해 이를 처리하고 사용하게 하는 보다 적극적인 방식의 디지털 정보격차 해소안이 될 수 있을 것이다."[309]

디지털 정보격차에 대해서 많은 사람들의 의견을 내고 있으나, 정보격차가 완전히 없어질 것으로 전망하기는 불가능하다. 정보격차에 대해서 긍정적으로 보는 사람은 정보기술의 발달에 따라서 격차는 줄어들 것으로 예측한다. 사회 문제가 되지 않고 S 모형이론 의해 기술 확산이 격차 문제를 해소할 것으로 진단한다. 이에 반해서 정보격차의 확대를 예측하는 사람들은 사회경제적 지위가 높은 사람들이 사회경제적 지위가 낮은 사람들보다도 더 빠르게 정보를 취득하게 되고, 두 집단 간의 지식의 격차는 계속적으로 증가할 것으로 전망한다. 디지털 환경이 바뀌면서 정보격차에 대한 긍정적 관점과 부정적 관점이 동시에 힘을 얻고 있다[310] 핵심 이슈는 디지털 격차가 단순히 과학 기술적인 차이라고 볼 수 없다는 점이다. 디지털 정보격차는 사회문화의 구조적 문제에서부터 시작하고 그 중심에는 경제적 차이가 작동하고 있다. 이러한 차이는 계층 간 위화감을 조성하기 때문에 정부는 이를 극복하기 위해서 다각적 정책을 개발하고 시행해야 한다. 김학실과 심준섭(2020)은 이렇게 언급한다.

"디지털 격차는 사회계층간 단절을 촉발하는 주요한 원인이 될 수 있다. '디지털 문맹'을 방치하면 세대 간 갈등 요인으로 작용할 가능성이 있다. 디지털 환경은 빠르게 다양해지고 복잡해져 가고 있다. 노인들이 고립된 섬으로 살지 않기 위해서는 디지털 기술을 적절히 이해해야 하고 활용할 수 있어야 한다. 노년층에 대한 디지털 교육의 중요성은 아무리 강조해도 지나치지 않으며 이제는 디지털 소외를 넘어 '디지털 포용'의 사회로 나아가야 한다."[311]

개인적으로는 '디지털 포용'이라는 말을 좋아한다. 디지털 정보 이용에서 격차와 차이를 없애고자 정보 부자가 빈자를 위한 체제를 만들어 가는 것이 디지털 포용의 핵심이다. 디지털 포용은 한 사람의 힘으로만 이루어지지 않는다. 이를 위해서는 정부, 사회, 교육기관, 지방자치단체 등이 합심하여 코로나 팬데믹으로 인하여 힘든 삶을 살아가는 디지털 소외 계층의 아픔을 생각해야 한다.

제9장

새로운 여가 정책에 대한 요구

여가 정책은 사회 구성원들의 삶의 만족도에 많은 영향을 미친다. 코로나 이후 많은 사람들의 주관적 행복도는 하락하였고, 우월감은 반대로 상승하였다. 이 시점에서 여가 정책을 통하여 사회구성원들의 생활 만족도를 높일 수 있는 조치가 필요하다.

여가 정책은 사회 구성원 모두에게 여가 활동을 통해서 여가 만족과 생활 만족을 국가나 공공 기관이 어느 정도 보장하는 것을 전제로 한다. 코로나 이후 경제적 취약계층을 위한 여가 정책의 시행이 중요해졌다. 지역사회에서 이들을 위한 여가 서비스를 적절히 받을 수 있는 정책이 구현되어야 한다.

코로나 시대 여가 정책은 국민들의 정신 건강을 고려하는 정책이 되어야 한다. 이를 통하여 사회구성원들의 여가 제약 정도를 감소하는 시스템을 구축해야한다. 이 시대에 가족과 함께 할 수 있는 여가 활동에

G
引退車両の部材をアップサイクル
RAU-RAU-G
HAITETSU
Osaka
products

대한 전폭적 지원도 필요하다. 또한, 우리 일상에서 보편화된 비대면 여가 활동을 통하여 여가 만족을 활성화시킬 정책도 필요하다.

코로나 팬데믹 시대에는 여가 정책을 통하여 구성원 모두의 행복감을 높일 수 있는 사회가 선진사회라 할 수 있다.

코로나와 여가 정책의 관계

코로나 이후 많은 사회 구성원들은 여가 참여 제약을 경험하고 있다. 사회적 거리두기와 방역 강화로 인하여 실외에서 주기적으로 참여하던 여가 참여에 여러 가지 제약들을 경험하고 있다. 코로나와 더불어 살아가는 가운데에 경험하는 여가 제약을 해결하기 위해서는 개인적인 노력과 더불어 국가적인 정책 시행이 필요하다. 전대미문의 코로나 팬데믹 사태에 우리는 많은 것을 잃었다. 개인이 가능한 영역에서의 여가 참여 노력도 필요하지만 지금 더욱 필요한 것은 여가 정책을 통한 사회 기반 시스템의 재구성이다.

코로나 팬데믹은 우리 사회의 정책의 필요성을 제기하기도 하였다. 사회 구성원들의 사회보장을 어떻게 해야 하는지에 대한 담론을 이끌어내기도 했다. 과거 20년 동안 미루어 왔던 기본 소득과 전 국민 고용보험에 대한 주의 환기의 계기가 되었다.

"기본 소득은 기존 소득보장제도의 사각지대와 낙인효과를 비판하고 보편주의와 단순함을 강조하는 방향에서 개혁을 추동하고 있으며, 재원 조달과 관련해 정률의 노동소득세나 공유부 등 새로운 재원조달 방안을 핵심정책 의제로 부각시키고 있다. 당장에 실현 가능성 측면에서는 한계가 있지만, 그 동안 주목하지 못했던 핵심의제를 공략하고 있다는 점은 매우 큰 강점이라고 평가할 수 있다. 특히 사회보장제도의 재원 문제를 기피해왔던 정치권으로 하여금 본격적으로 이 문제를 논의하게 만든다는 점도 높이 평가할 수 있다.

전 국민 고용보험은 조세 행정에서 소득파악체제를 보다 포괄적으로 현행화 하고, 사회 보험료징수 체제를 혁신함으로써 보편적 사회보험체제 구축에 큰 영향을 미칠 것으로 예상된다. 지금까지 사회보험 사각지대에 남아 있던 많은 인구집단을 포괄하며 사회보험료 징수 기반을 확대함으로써 고용보험 외에도 건강보험, 공적연금(특히 국민 연금), 산재보험, 장기요양보험 등의 사각지대를 해소하고 보장 수준을 높이고 재정적 지속가능성을 높이는 기틀을 마련할 수 있기 때문이다."[312]

위 글의 제시대로, 팬데믹은 한국 사회에서 계속 논의되었던 사회 보장의 패러다임을 바꾸는 기회가 되었다. 여가 정책과 기본 소득 및 전 국민 고용보험 이슈는 서로 연결되어 있다. 여가와 노동은 동전의 양전과 같은 존재이기 때문이다.

여가 정책은 사회 구성원들의 삶의 만족도와 깊은 관련을 갖는다. 많은 국민들이 코로나 이후 '주관적 행복도'는 하락하였으며, '우울감'은 상승하였다. 여유진 복지국가연구단 연구위원에 따르면, 주관적 행복도는 2017년도에 큰 폭의 상승을 보이고 코로나 이후에는 하락하였다. 2021년의 주관적 행복도와 삶의 만족도는 2019년에 비해 0.14점과 0.26점이 낮아졌다. 여유진은 코로나와 같은 재난의 피해를 최소화하기 위해서는 삶의 만족도와 사회적 응집력을 향상시킬 수 있는 체계적 정책 개입이 필요하다고 주장한다. 코로나로 인한 재난 집단이 피해 이전으로 돌아갈 수 있는 금전적, 물리적 그리고 사회 심리적 지원을 해주는 정책이 필요하다.[313] 코로나로 인하여 크고 작은 피해를 입은 사회 구성원들은 코로나 이전 보다 크게 여가 제약을 경험한다. 이들을 위한 여가 정책이 필요한 상황이다. 이러한 맥락에서, 코로나시기에 여가 정책의 필요성에 대하여 윤소영은 이렇게 말하고 있다.

"개인이 여가 활동에 적극적으로 참여하고 이를 지속하는 데에는 혼자서 하기 어려운 상황이 존재한다. 무엇을 해야 할지 모른다거나, 그 방법과 수단을 알지 못하거나, 이용 경험이 없거나, 이용하고 싶어도 돈이나 시간이 없어서 또는 신체적으로 어려움을 겪고 있어서 경험하지 못한 경우가 있다. 이러한 여가 활동의 제약을 경험하고 있는 사람들에게 정책적 지원이 필요한 경우가 많다. 그러나 여가 활동은 모두에게 동일하게 적용하기 어렵고 같은 기준으로 지원하기 어려운 점도 있다. 여가는 개인 취향의 문제이기 때문이다. 각자 자신이 원하는 활동이 다르고 각자 처해 있는 환경이 다르기 때문에 여가에 대한 욕구 자체가 다르다고 볼 수 있다. 그런 점에서 가장 기본적인 지원은 개인이 요구하는 수준에 맞는 정보를 제공하고 그에 대한 지원을 하는 것이다."[314]

지난 20년간 정부 지출에서 복지와 관련된 지출이 크게 증가하지 않았다. 2021년 기준으로 199.7조 원의 사회보장예산(일자리 포함) 중에서 공무원 연금, 주택 기금, 사회복지 지원금에 투입되는 예산을 빼면 전 국민을 대상으로 하는 복지예산은 약 70조 원 정도이다. 그 중에서 기초연금, 아동 수당과 기초생활보장제도에 투입되는 예산은 약 50조 원으로 추산된다. 보편적으로 지급되는 사회수당을 감하면 빈곤층이나 저소득층을 위해 투입되는 재정은 크지 않으며, 증가하지 않고 있다. 현재와 같이 빈곤층과 저소득층을 위한 복지지출이 증가하지 않는 상태에서 코로나 팬데믹 상황은 이들의 삶의 엄청난 제약으로 작용한다. 팬데믹 이후 빈곤층, 고령층과 저소득층을 위한 여가 정책을 구축하고 이들의 여가 향유를 위한 재원조달 방안을 마련해야 한다. 이는 소위 '사회보장세'[315] 와 연계해서 생각할 필요도 있다.

코로나 이후에 피해를 경험하는 이들의 각기 다른 차원의 여가 요구에 대하여 응대하는 일이 우리 사회에서 필요하다. 이를 통하여 코로나로 인하여 심리적인 피해를 경험한 이들을 위한 치유 과정이 만들어져야 한다.

일반적으로 코로나 시기의 여가 정책 대상은 문화, 예술, 체육, 관광, 엔터테인먼트, 취미 그리고 휴식 영역으로 나눌 수 있다. 이와 같은 여가 정책 대상에 대하여 사회구성원들이 효율적으로 즐기고 여가 만족을 극대화하도록 만드는 일이 여가 정책의 목표이다. 코로나 시기의 여가정책의 방향은 두 가지로 볼 수 있다. 첫째는 코로나 시대에 여러 가지 어려움을 경험하는 사회 구성원들의 삶의 질 향상에 초점이 맞추어져야 한다. 코로나는 사회구성원들에게 경제적 위기 또한 발생시키기에 직업이나 일 영역에서의 변화가 일어나고 있다. 자영업자들의 경우에는 코로나로 인하여 일터가 많이 바뀌었다. 팬데믹 이전과 다른 매출, 재료값 상승, 인건비 상승, 고용인 줄이기 등의 경제적인 변화를 경험하고 있는 자영업자들은 원활한 여가 활동을 꿈꾸기조차 힘들다. 둘째는 여가 소외자들의 '여가 권리'를 보장해야 한다. 현대 복지 사회의 중요 특징은 국가의 국민을 위한 역할이다. 선진 복지국가는 국민의 여가 활동을 국민의 권리로 인정해주는 일이다. 우리 사회에서도 최소한의 여가 활동은 국가가 국민의 권리로 인정해야 한다. 특히 코로나 팬데믹 시기에 사회 구성원들의 여가 권리를 인정해 주고 시스템을 만들어 주는 일은 여가 정책이 지향해야할 방향이다.

코로나시기에 여가 정책은 여가가 사치라고 생각하는 사람들에 대한 배려에서 시작되어야 한다. 코로나는 경제적으로 어려운 사람들에게 그렇지 않은 사람보다 더 많은 피해를 입혔다. 이들이 일상에서 여가 제약 수준을 낮추고 여가 만족을 높일 수 있는 방안을 만드는 일이 시급하다.

여가 정책을 통해서 모든 국민은 개인이 선호하는 여가를 즐길 수 있어야 한다. 그렇다면 여가 정책의 범위는 어디로 보아야 하는가? 국민의 여가 참여 실태, 정부와 행정 체제, 공공 및 민간 영역의 여가시설 및 서비스가 여가 정책의 기본적 범위이다. 여가 정책의 세 가지 영역이 유기적으로 관계를 맺고 시행이 될 때에 국민들의 여가 제약은 감소된다. 이 여가 제약은 돈, 시간, 환경 등을 포함한 '구조적 제약'이다. 정책은 시간적, 경제적 그리고 물질적 부족함으로 발생하는 사회구성원들의 제약을 최소화되도록 운영되어야 한다.

한국 사회의 대표적인 여가 정책으로 개념화할 수 있는 것은 '국민여가활성화기본법'(이하 기본법)이다. 이 법은 2015년도에 제정되었으며, 여가에 대한 국민의 권리를 보장하기 위해서 국가에서 마련한 구체적 정책 중 하나로 평가 받는다. 기본법 제 7조는 정부가 여가 활성화 기본계획 및 시행 계획을 수립해야 한다는 당위성을 제시한다. 제 7조에 따르면, 문화체육부장관은 여가 활성화에 관한 중장기 정책 목표와 방향을 설정하고, 이에 따라 기간별 주요 추진 과제를 포함한 여가 활성화 기본계획을 5년마다 수립해야 한다. 이 기본계획에는 여가 활성화 정책의 목표, 방향, 여가 프로그램, 여가 정보, 여가 교육, 여가 시설, 사회적 약자의 여가 활동, 여가 산업, 시설, 감염병 등에 대한 여가 추진 방향이 포함된다. 한국 사회는 2018년 이후 '제 1차 국민여가활성화 기본 계획'(이하 기본 계획)을 확정하였다. 정부, 중앙지자체와 민관의 협치를 통한 여가 기본 구성, 수요자 중심 정책, 사회적 약자에 여가 기회 균등 보장 등의 내용을 담고 있는 8개 추진 전략과 32개의 중점 과제를 발표하고 시행하였다. 1차 기본 계획에서 중요한 점은 행복한 생활을 위하여 '일과 여가의 균형(work-life balance)'에 대한 사회적 중요성 및 실천 방향을 다루었다는 점이다. 1차 기본 계획이 시행되는 가운데에 코로나가 발생하였다. 1차 기본계획에서 다룰 수 없는 감염병과 사회구성원들의 신체적, 정신적 그리고 심리적인 피해가 나타났던 것이다. 팬데믹 이후에 비대면, 디지털 정보격차, 고령층의 여가 소외 등의 1차 기본계획에서 포함할 수 없었던 사회 현상들이 나타나게 되었다. 이에 문체부는 제 2차 기본 계획에서는 코로나 상황을 충분히 반영한 여가 기본 계획을 통하여 사회구성원들의 휴식이 보장되고 행복한 삶을 구현하도록 노력중이다.

기본법의 제 5조 는 '일과 여가의 조화'를 다루고 있다. 제 5조 1항은 "국민은 일과 여가의 조화를 이룰 수 있도록 적절한 수준의 역할을 보장 받아야 한다" 이다. 국민의 일과 여가의 조화가 행복 구성의 중요 요인임을 법으로 규정하였다. 일과 여가의 조화로운 삶이 되기 위해서는 여가 교육, 여가 기술 및 여가 환경 구축에 대한 노력도 필요하다. 일과 여가의 조화로운 삶은 개인의 능력을 통해서 이루어지기 보다는 사회적 체제, 또는 정책을 통하여 구성된다. 이를 위하여 정부는 코로나 시기에 맞는 여가 정책을 구축해야 한다.

코로나 팬데믹 이후에 실내에서 하는 여가는 크게 증가했지만, 실외여가를 상징하는 여행 참여 규모는 크게 줄었다. 이는 여행에 참여하지 못하는 여가 주체자의 삶에도 부정적으로 작용했지만, 한편으로 여행과 관련된 종사자들은 경제적으로 큰 어려움을 겪을 수밖에 없었다. 이웅규와 구정대(2020)은 2020년의 관광산업의 위축을 이렇게 진단한다.

"2019년 12월 기준 1,750만 명의 외국인 관광객이 찾았던 인바운드 시장, 2,871만 명이 해외여행을 떠났던 아웃바운드 시장 모두가 셧다운 상태이고, 간헐적으로 이어지는 국내 관광시장 역시 관광객 방문을 꺼리는 지방정부와 관광지의 분위기로 인해 사실상 휴업 상황이다. 이런 상황에서 대형 여행사들은 순환 무급휴직을 등을 통에 가까스로 위기를 넘기고 있지만 대다수의 영세업자인 여행사들은 문을 닫거나 폐업을 하고 있는 실정이다. 호텔 등 숙박업체들도 피해는 마찬가지인데, 외국인 관광객은 물론 내국인도 여행을 자제하는 실정이다. 특히 부가가치가 높은 영역인 MICE(Meeting, Incentive tour, Convention, Exhibition) 분야도 직격탄을 맞고 있는데, 이는 대규모 회의, 전시, 단체 인센티브 관광 등 군집형 비지니스가 주요 영역이라는 점에서 '사회적 거리두기'로 코로나 19의 위기를 극복해야할 뚜렷한 방안이 없기 때문이다."[316]

여가 참여자의 삶도 힘들지만, 여가 산업 종사자의 생활은 더욱 힘들다. 마켓이 다운되어 있다 보니 산업 분야가 셧다운 되었다. 2년이 지난 후에 어느 정도 좋아졌지만 여가 정책의 차원에서 여가 산업의 종사자들을 보호하는 정책을 이번 기회에 만들 필요가 있다. 이 논점에 대하여 김보영(2021)은 시의적절한 제안을 다음과 같이 한다.

"코로나 19의 위협이 계속되는 가운데 가장 시급한 과제는 물론 당사자와 가족 서비스종사자 모두를 위한 안전한 돌봄을 보장하는 것이다. 더 이상 당사자를 고립시키고, 가족의 부담을 방치하고 종사자의 안전과 생계 위협을 방치하는 방식의 대응이 계속되는 한 그동안 그나마 이루어져 온 사회 서비스 발전과 권리의 퇴행을 피하기는 어려울 것이다. 하지만 이러한 대응은 결국 그동안 우리 삶의 일부로 존재하는 돌봄의 가치를 얼마나 배제해왔고, 인간적인 삶의 일부로 보장되어야 하는 돌봄의 관리가 무시되어 왔는가를 반영하고 있는 것이기도 하다. 그렇기 때문에 그 결과로 나타나는 현재의 사회 서비스 체제의 위험성과 한계가 더 분명하게 드러나고 있는 지금 더 나은 서비스를 위한 전환적 모색이 함께 이루어져야 한다. 이러한 인식의 전환을 위한 논의들이 위기상황을 계기로 활발하게 전개될 때 우리는 일시적인 대응을 넘어 새로운 차원의 사회 서비스 체제를 앞당기는 기회로 만들 수 있을 것이다."[317]

코로나 이후 사회 구성원들의 여가 및 취미 활동에 대한 관심도가 바뀌고 있다. 1차 계획 시기와 다르게 2022년 이후에는 디지털 콘텐츠를 소비하는 여가 활동이 크게 증가하였다. 2차 기본 계획에 따라 여가 정책이 시행되는 시기에는 디지털 기기 소비에 대한 정책이 고려되어야 한다. 2020년 메조미디어가 실시한 '코로나 19 이후, 디지털 라이프의 변화' 결과에 따르면, 평일과 주말 동안 집에 체류하는 시간이 늘었다고 응답한 사람들은 58%와 64%로 나타났다. 평균 12시간에서 16시간 정도 집에서 체류하면서 디지털과 연관된 여가 활동을 하는 사람 수가 계속적으로 증가세에 있다. 코로나 기간 동안 여가 활동 추이를 살펴보면, 문화 활동, 야외 활동, 대인 관계 활동, 외식은 감소하고 있고 영상 콘텐츠 시청이나 집에서 할 수 있는 취미 활 동 참여는 크게 늘었다. 코로나 이후 TV 시청이 증가했다고 응답한 비율은 35% 정도이고, 하루 평균 3시간 이상 텔레비전을 시청하는 비율은 20%로 전년 대비 8% 이상 증가했다. 또한, 동영상 서비스 이용률도 2019년 대비 15%가 증가한 것으로 나타났다.[318]

코로나 이후에 디지털 기기 및 콘텐츠 이용이 증가했다는 것은 사회 구성원들을 위한 '심리적 치유'를 위한 정책이 필요하다는 것을 의미한다. 대면 접촉을 하지 않고 디지털 기기를 통하여 유투브 및 동영상 시청, 문자, sns 등에 몰입하여 여가를 보내는 이들의 심리적 측면을 고려하는 정책이 필요하다. 2021년 11월에 개소한 '경기도 심리지원센터'는 지역 사회 구성원들이 코로나로 인하여 경험하는 심리적 문제를 해결할 수 있는 좋은 공간이다. 지방자치단체가 이와 같은 사회 구성원들을 위한 여러 가지 지원 체제 및 정책을 실행해야 한다.

인천연구원은 2021년도에 '팬데믹 시대 여가실태 변화와 정책적 시사점'이라는 결과보고서를 발표하였다. 이 보고서는 팬데믹 위기에서 어떻게 일상을 회복하고 여가가 일상 회복에서 어떠한 역할을 수행하는 지에 대하여 다루었다. 여기에서는 여가 참여로 코로나 블루 치유, 여가 활성화 기반을 강화하여 팬데믹 시대의 여가 생활 위축 방지 방안을 담고 있다. 인천 시민들은 코로나로 인하여 가장 피해를 본 영역으로 경제적 지출 부담, 미세 먼지, 폭염 및 폭한, 가족 건강 문제보다도 여가 참여의 부정적인 영향이라고 여기고 있다. 이 보고서는 코로나 시기에 필요한 여가 정책으로 디지털 콘텐츠의 질적 향상, 디지털 격차 해소와 감염병 위기 상황에서 안전하게 여가 공간 구성을 들고 있다. 아울러 지자체가 나서서 시민들의 코로나 블루 치유를 위한 여가 프로그램을 개발 및 보급해야 한다고 주장한다.[319]

코로나는 우리에게 새로운 여가 정책에 대한 화두를 던졌다. 코로나 상황에 맞는 여가 정책을 시행하여 국민의 삶의 만족감 향상을 사회의 중요 과제로 두어야 한다. 우선적으로 제 2차 기본 계획을 통하여 코로나 상황에 맞는 국민의 행복한 삶을 위한 여가 정책에 대한 방향이 제시될 필요가 있다.

경제적 취약계층을 위한 여가 정책

2022년 들어서 세계 경제는 글로벌 위기를 맞게 되었다. 코로나 초기에는 미국 정부와 연방준비제도이사회(이하 연준)는 초저금리 기조를 유지했다. 미국은 코로나 팬데믹 이후 미국 경제 문제를 해결하기 위해서 세 가지 재정 정책을 시행했다.[320] 첫째는 무제한 양적 완화의 실시이다. 미국은 2008년 글로벌 금융위기 때에 처음으로 양적 완화를 시행하였다. 금리 인하 와 더불어 중앙은행이 공적, 또는 사적 영역에서 자산을 사들이는 정책을 시행하였다. 둘째는 엄청난 양의 회사채 매입이다. 금융위기로 재무 구조가 약한 기업들에서 제정 문제가 발생하게 되자 연준은 회사채를 공격적으로 매입하여 이들을 살려주었다. 셋째는 통화 스와프를 체결하였다. 통화 스와프 체결은 미국이 상대하는 국가와 서로 통화를 교환하는 것을 말한다. 미국을 비롯해서 여러 국가에서 경제적 위기가 발생하자 달러에 대한 수요가 기하급수적으로 급증하게 되었다. 이에 경제적 신흥국들의 경제적 위기와 달러 부족 현상이 가속화되었다. 이 때에 연준은 신흥 국가들의 통화와 달러를 교환해서 이들 국가들의 유동성을 조절할 수 있는 정책을 시행하였다. 이러한 정책은 신흥국가들의 국가 부도를 막았다. 코로나 팬데믹이 시작되면서 미국 정부와 연준은 2008년 금융위기 때보다 약 2배가 넘는 양적 완화를 시행하였다. 코로나 이후 많은 사람들이 경제적으로 힘들고 특히 자영업자들의 어려움이 증가하자 양적 완화 기조를 유지했다. 양적 완화로 시중에 돈이 많이 풀리자 코로나 초기에는 주식, 암호 화폐, 부동산, NFT, 금등의 자산들이 엄청난 투기 대상으로 부상하기도 했다. 2022년이 시작하면서부터 글로벌 금융 시장에 문제가 생기기 시작하였다. 이와 같은 금융 위기는 미국을 위시한 여러 국가들의 인플레이션으로 이어졌다.

글로벌 금융 위기에서 수출에 의존하는 한국 경제는 힘들 수밖에 없다. 러시아의 우크라이나 침공, 중국의 경제 침체, 원자재 가격의 폭등, 원유 가격의 상승, 곡물 가격의 폭등 등이 우리 경제의 위협 요인이 되었다. 한국 경제가 경기 침체와 인플레이션을 맞으면서 사회 구성원들의 삶도 어려워졌다. 계층별로는 2030세대, 중장년층과 고령층이 위기를 맞게 되었다. 첫째, 2030 세대는 금리 인상으로 자가 주택 구입에서 어려움을 겪고 있다. 금리가 크게 오르다 보니 주택 매입자는 대출 이자에 힘겨워하게 되었다. 또한 '영끌'로 주택을 구입한 젊은 세대들은 부동산 가격의 폭락으로 더욱 힘들게 되었다. 이에 자가 주택 구입을 포기한 사람들도 나타나기 시작하였다. 둘째는 많은 중장년층은 은퇴 시기에 가용 자금의 부족, 대출 이자 가중 및 노년 준비의 어려움을 경험하게 되었다. 코로나는 중장년층의 은퇴 준비에 악영향을 미쳤다. 글로벌 경기가 하락하는 동안 회사 내에서 중장년층은 명예퇴직 1순위가 되었다. 중장년 자영업자들의 삶은 더욱 힘들게 되었다. 인건비 상승, 임대료 상승, 매출 정체, 식자재 등 재료비 상승 등으로 자영업자들의 사업은 암울한 정도였다. 셋째는 코로나는 많은 고령층을 경제적 취약 계층으로 내몰고 있다. 노년 생활의 준비가 되지 못한 고령층은 코로나로 인하여 더욱 어려운 생활을 하고 있다. 글로벌 경제 위기를 인한 한국 경제의 인플레이션 심화 현상은 사회 구성원들의 삶을 힘들게 한다.

특히 이들의 여가 생활에 부정적인 영향을 미치고 있다.

펜데믹 이후에 많은 사람들이 힘들어 하지만 여가 정책을 포함한 한국의 복지 체계가 한 순간에 바뀌기는 힘들다는 지적도 있다.

"코로나 19 팬데믹을 계기로 한국 복지국가가 양적으로나 질적으로 도약할 가능성은 대단히 낮다. 그나마 전 국민 고용보험에 대한 논의가 시작되면서 고용관계에 기초한 사회보험을 소득에 기초한 사회보험으로 전환하려는 시도는 매우 고무적이다. 하지만 논의 진척은 매우 더뎌 코로나 19 팬데믹 국면에서 실행될 가능성은 거의 없다. 상병수당에 대한 논의도 코로나 19 팬데믹을 계기로 제기되고 있다. 그러나 이 또한 2021년 연구용역, 2022년 취약계층에 대한 시범사업 순으로 계획하고 있어, 실제로 실행까지는 넘어야할 산이 너무 많다. 더욱이 사회복지정책에 관점에서 복지국가의 전환을 논하는 것은 논의를 매우 제한적인 프레임에 가두는 것이다. 1차 분배체재로서 성장체제와 2차 분배체제로서 복지체제가 완벽하게 조응하는 관계를 갖는다고 할 수는 없지만, 둘은 밀접한 연관관계를 갖고 있다. 자본주의의 다양성 논의와 복지체제 논의를 종합하려고 시도하는 이유도 바로 이 때문이다."[321]

여가 정책의 구현을 복지국가 실현의 측면에서 본다면 사회 구성원들이 만족할 만한 여가 정책의 실현은 갈 길이 멀어 보인다. 팬데믹으로 인한 생활이 힘들어진 계층들에 대한 정책적인 고려는 선택이 아닌 필수가 되었다. 팬데믹은 우리에게 성장과 분배 모두가 중요하다는 것을 2년여 동안 보여주었다.

코로나는 가정 구성원들의 생활 만족도에도 영향을 미쳤다. 한국 사회에서는 코로나 이전부터 외벌이로 4인 가구를 부양하기는 힘들었다. 코로나 이후 맞벌이 가정에서의 중요 이슈는 '일-가정 양립' 문제이다. 이는 직장과 가정에서 역할상의 어려움 없이 모두 잘하는 상태를 의미한다. 코로나 이후 일과 가정의 양립이 이슈화되는 이유는 고강도 사회적 거리두기로 인하여 아이들의 교육 시설 사용의 제약, 장기적 휴원이나 휴교, 돌봄 서비스의 이용 불가능 등이 맞벌이 가정의 어려움으로 작용하였기 때문이다. 코로나로 인하여 재택근무가 시행되면서 약간의 가정 내 혼란이 일어났다. 과거에는 일은 직장에서 발생하는 것이고, 자녀 돌봄은 가정이나 지역 사회 교육 공간에서 이루어졌다. 그러나 재택근무 이후 일과 돌봄이 동시적으로 한 공간에서 발생하면서 맞벌이 부부는 갈등을 맞기도 하였다. 최보윤 외(2022)는 코로나 이후 맞벌이 부부의 일-가정 양립은 개인이 단독으로 참여해서 이루어지기보다 부부가 시간, 공간, 가용 자원을 공동으로 사용하여 경험에 영향을 미치는 과정이라고 말한다. 최보윤 외(2002)의 연구는 코로나와 같은 재난은 아내에게 부정적 영향을 더 미치고, 아내의 우울증을 가중시키고, 삶의 만족도를 낮춘다고 하였다. 이러한 일련의 과정으로 남편이 지각하는 배우자로 부터의 지지가 감소하고, 남편의 우울은 증가한다. "이에 추후 코로나 19 상황 혹은 다른 재난 상황에서도 맞벌이 부부에게 나타나는 심리적인 특성을 고려하여 일-가정 양립을 돕기 위해 실질적인 외부 서비스 이용, 경제적 안정 혹은 여성들에게 주어지는 돌봄 노동의 과부하를 줄일 수 있는 방법을 찾을 필요가 있다."[322] "실질적인 외부 서비스"를 구축하는 일이 바로 여가 정책의 방향이다.

현재 경제적인 취약계층인 고령층을 위한 여가 정책의 시행은 시급하다. 고령층이 주로 이용하는 경로당이나 노인복지관 등의 여가 공간을 정리하여 이들이 적절하게 이용할 수 있는 정보 제공 및 네트워크 구축을 위한 시스템이 만들어져야 한다. 지역 사회 시설에서 고령층을 위한 여가 서비스를 적절히 받을 수 있는 체제를 만들고 이들이 좋아하는 여가 활동 및 학습 프로그램들을 구체화해야 한다. 디지털 정보격차를 줄이기 위하여 노인들의 사이버 여가 교육 프로그램을 개설하여 실시하고, 노인 방송 채널 송출을 통하여 재미있는 프로그램도 제공해야 한다. 이들을 위한 여가 정책은 고령층의 여가 교육과 더불어 실시될 필요가 있다.

남궁은하(2021)는 노인이 코로나 19로 인하여 일상, 경제, 건강 등의 영역에서 어떠한 경험을 했는지에 대하여 2020년 노인실태조사 결과를 분석하였다. 이 조사는 2020년 10월 6일 부터 25일까지 전국 65세 이상 총 3,000명의 노인을 대상으로 하였다. 이 조사 결과는 코로나로 인하여 불안, 염려, 우울 등의 부정적 멘탈 상태를 경험하는 노인들의 증가를 제시했다. 또한 경제적 어려움을 경험하는 노인들에 대한 지원 정책의 필요성도 나타났다. 노인 일자리 배정, 코로나로 인한 경제적 손실 지원 방안과 더불어 여가 활동에 대한 지원 정책이 필요한 것으로 나타났다. 아울러 이들의 정신 건강을 위한 정책적인 고려가 필요하다고 남궁은하는 이렇게 언급한다.

"일상생활에서 방역지침에 따라 외부 활동이 감소하고 집안 활동이 증가하는 경향은 예상할 수 있었다. 단, 외부 사교활동이나 가족, 친지와의 대면 만남이 감소한 비율 대비 가족, 친지와의 전화, 문자 등을 통한 비대면 연락은 크게 증가하지 않은 것으로 나타나, 가까운 사람들과의 연락 및 교류 감소로 인한 외로움 등 정서적 문제에 대한 사회적인 고려가 필요해 보인다."[323]

고령층을 위한 여가 정책의 시행은 여가 교육과 병행해야 한다. 여가 교육이 이루어지지 않은 상태에서의 고령층 여가 정책은 실효를 거두기 힘들다. 코로나 시대 고령층의 여가 교육 필요성에 대하여 이루다 기자는 이렇게 말하고 있다.[324]

"이번 코로나 사태로 인하여 우리는 많은 것을 잃은 반면, 또 많은 교훈을 얻기도 했다. 한 개인이나 집단의 문제가 전체 지역 사회 혹은 국가의 문제로 어떻게 확대 되는지, 노인들의 안전이 다른 세대 안전과 어떻게 관련되는지, 사회 구성원 한 사람 한 사람의 책임감과 협력이 얼마나 중요한지 등 앞으로 다가올 초고령사회에 대비하기 위하여 실물 복지에 대한 대비도 중요하겠지만, 그 못지않게 다가올 초고령사회의 가치에 부합하는 새로운 여가 교육이 중요하다."

지자체의 고령층을 위한 눈높이식의 여가 정책은 이들의 삶의 질을 높인다. 인천 중구가 운영하는 '어르신 쌈지 놀이터'는 지역 사회 고령층을 위한 최적의 여가 공간이다. 어르신 쌈지 놀이터는 지난 2018년도에 처음으로 탑동 소공원에서 시작되었으며, 21년까지 총 5곳이 운영되고 있다. 이 곳은 노인복지관과 연계되어 가죽 공예 교실, 원예 프로그램 체험 등 고령층이 좋아하는 여가 프로그램을 실시한다. 어르신 쌈지 놀이터는 개소 이후 약 3천 명 이상의 고령층이 프로그램에 참여했고, 구청장이 실시한 자체평가에서도 지역사회 주민들의 만족도가 매우 높은 것으로 나타났다. 코로나로 인하여 많은 경로당이 휴관하고 있다. 이 시기에 이와 같은 야외 프로그램 중심의 어르신을 위한 놀이터는 고령층에게 여가 참여 기회를 확대한다.

경제적 취약계층 중에서 고령층은 여가 정책의 사각 지대에 놓여있다. 이들을 위한 여가 정책을 시행하여 노년의 삶을 행복하게 보낼 수 있는 기반을 정부와 지자체가 만들어야 한다. 이를 위해서는 윤홍식은 한국 사회의 "권력 자원" 구축도 필요하다고 언급한다.

"코로나 19 위기는 패러다임을 전환시킬 수 있지만, 그 전환이 대다수 평범한 사람들에게 항상 긍정적인 것이 아닐 수도 있다. 패러다임 전환이 평범한 사람들의 삶에 긍정적 영향을 미치기 위해서는 평범한 사람들의 이해를 대변하는 정치적 주체들이 강력한 권력 자원을 형성해야 한다. 물론 그 권력자원은 노조 조직률과 좌파 정당의 의석수만을 이야기하는 것은 아니다. 패러다임 전환을 요구하는 시민사회의 강력하고 지속적인 여론의 흐름과 운동 또한 전통적 권력 자원을 대신 할 수도 있다. 이렇게 보면 코로나 19 팬데믹 이후 한국 복지국가에서 패러다임 전환이 일어날 수 있을지는 유보적이다. 긍정적인 측면과 부정적인 측면이 둘 다 상존하기 때문이다. 긍정적인 측면에서는 사회경제적 위기에 대응하기 위해 국가의 역할을 강화해야 한다는 여론이 큰 흐름으로 형성되었다는 것이고, 부정적인 측면으로는 한국의 정치 구조가 여전히 보수 정당과 자유주의 정당이 양당 구도로 형성되어 있다는 점이다."[325]

행복한 삶을 위하여

코로나 시기의 행복한 삶의 초석은 만족스러운 여가 경험에서 부터 나온다. 이를 위하여 정부와 사회 기관들은 구성원들의 여가 만족을 위하여 노력해야 한다. 문체부는 일과 여가의 조화를 추구하는 직장을 선발하여 인증해주는 제도를 실시하고 있다. 2012년부터 '여가친화 인증제도'를 도입하였다. 이후 293개 기관이나 기업이 여가친화 조직으로 인증을 받았다. 2021년의 경우에는 남경엔지니어링, 넵튠, 에듀윌 그리고 헨켈코리아가 문체부 장관상을 수상하였다. 남경엔지니어링의 경우는 직원들이 여가 시간을 확보하도록 매달 마지막 주 금요일 날은 조기퇴근제를 실시하였다. 자격증 취득 시에는 여가 비용을 지원할 수 있는 제도도 실시하였다. 넵튠은 주 35시간 근무 캠페인을 진행하였으며, 시간 단위 휴가제 등으로 근무 시간을 줄여 나가는 여가 체제를 도입하였다. 헨켈코리아는 유연근무제를 시행하여 직원들이 여가와 취미 활동을 자유롭게 즐길 수 있도록 비용을 지원하였다. 이와 같은 사업장들은 조직 구성원들의 여가 활동을 보장하고 지원하는 공로를 인정받아 여가친화 인증제도와 장관상을 받았다. 문체부는 인증 기업이나 기관에 금리우대 혜택을 제공하거나, 정부 사업 공모 시에 가점을 부과하는 등 중소기업들이 혜택을 받을 수 있는 정책을 시행하고 있다. 직장인들을 대상으로 한 여가친화 인증제도는 직장 문화를 바꾸는 데에 중요한 역할을 한다고 평가받는다.[326]

여가친화 인증제도와 같이 정부가 나서서 여가를 보장하는 정책을 시행해 나가는 것은 우리 사회에 작은 변화를 일으키게 된다. 국민들의 행복을 위한 관점에서의 코로나 시대의 여가 정책은 세 가지를 지향해야 한다.

첫째, 코로나 시대 여가 정책은 국민들의 정신 건강에 신경을 쓰도록 개발 및 시행되어야 한다. 코로나는 사람과의 관계 맺기를 힘들게 하여 여가 활동의 만족감을 낮추었다. 코로나 이후 청년들의 우울 변화에 대한 연구를 수행한 배정희(2022)에 따르면, 코로나 이후에 청년들의 우울 수준은 유의미하게 증가하였다. 2019년 코로나 발생 전보다 2020년 1년차와 2021년 2년차에 청년들의 우울 수준이 계속 증가한 것으로 나타났다. 이들은 취업 여부에 따라 우울 수준의 격차가 더 벌어졌다. 2019년 취업자의 우울 수준(3.721)과 비취업자의 우울 수준(4.098)로 격차는 0.377이었다. 코로나 이후 취업자의 우울 수준은 0.295정도로 완만한 상승을 보였다. 그러나 비취업자의 우울 수준은 매년 0.878씩 아주 빠르게 상승하였다. 결국 코로나 2년차에는 취업자와 비취업자 간의 우울 수준 격차는 약 4배 정도가 되었다. 이러한 상황에 대하여 배정희는 "악화된 청년들의 정신 건강 문제에 대응하기 위해서는 정부의 개입"[327]이 필요하다고 주장하고 있다.

아동, 청소년, 청년, 중장년, 노년기 계층에 맞는 정신 건강 향상을 위한 여가 정책이 필요하다. 지역 사회 중심으로 각 연령 계층이 선호하는 실내 및 실외 여가 활동을 제약 없이 즐길 수 있는 체제를 만들어야 한다. 방역과 안전을 고려하여 각 계층들을 위한 여가 공간을 조성하는 정책이 필요하다. 박재명, 김두한과 신미애(2021)은 야외에서 달리기와 같은 신체 활동 참여를 안전하게 하고 참여를 독려하기 위하여 이와 같은 제안을 한다.

"지역 공원 내, 방역 수집을 강화한 달리기 구역의 제공이다. 공원 내 달리기 운동을 편리하게 실시할 수 있는 장소를 지정하고 동 시간 입장객 수를 제한하면서 입장객의 출입 정보를 관리할 수 있는 시설을 지자체에서 제공하는 것이다. 실외활동에서는 감염률이 실내보다 현저히 떨어진다 하여도 코로나 19 감염증 발생 이후 실외에서 걷기 및 달리기 운동을 하는 경우가 감소했다. 달리기 운동 자체는 실외에서 할 경우 본인 스스로에게는 크게 불편함이 없으나 운동하고 있는 주민과 마주하는 일반 보행자들은 불편할 수도 있는 문제이다."[328]

둘째, 가족 구성원들이 만족할 만한 여가 정책을 고안해야 한다. 코로나 이전 우리 사회에서 가족 중심의 여가 활동의 빈도는 낮았다. 코로나 이후에 타인과의 접촉이 금해지자 오히려 가족과의 여가 활동이 증가하게 되었다. 가족 단위의 캠핑 시설이나 리조트에 많은 가족들이 방문하였다. 그러나 대부분의 가족들은 여가 활동에서 만족하지 못하고 있다. 코로나 이후 가족들은 가정 내에서 기존과는 다른 경험을 하게 되었다. 강선경과 최윤(2021)은 코로나 이후 가족생활에 대한 포토보이스연구를 수행하였다. 그들은 코로나로 인하여 가족들은 일상에 어떠한 변화를 경험하는 지에 대하여 관찰하였다. 원격 수업, 사회적 거리두기로 인하여 집에서 주로 생활하고 있는 초, 중등학생 32명을 연구참여자로 하여 그들의 일상에서 찍은 사진, 문자, SNS 구술 자료들을 분석하였다. 이 연구를 통하여 연구자들은 '돌봄 정책'을 재구성해야 한다고 주장한다.

"코로나 19로 아동들은 집에서 생활하는 시간이 늘어나고 또래보다는 부모나 조부모, 형제자매 등 가족과 일상을 보내고 소통하는 가족관계 중심의 생활이 급증하게 되었다. 코로나 이전과는 다르게 가족들과 일상을 함께 공유하는 시간이 늘어나다 보니 가족과의 상호작용 또한 늘어나게 되었다. 하지만 가족과 보내는 시간이 늘어나는 것이 누구에게나 즐겁고 유쾌한 것만은 아니었으며, 시간과 장소 등 모든 것을 공유하고 함께해야 하는 경험은 되려 부정적인 관계로 발전하기도 하였다. 미증유의 위기인 코로나 19 앞에서 가족은 시행착오를 겪으며 전례 없는 도전을 하고 있으며, 그 과정에서 발생하는 경제적 어려움, 일자리 손실, 이동제한, 자녀 돌봄 등의 여러 일상의 문제들은 결국 자녀에게 신체적, 정신적 학대로 이어질 가능성을 높이고 있다."[329]

혼자보다는 가족이 함께할 수 있는 여건을 여가 정책을 통하여 만들어야 한다. 2022년 3월 24일 발표한 통계청 자료에 따르면, 2020년 여가 시간에 '혼자서 보내는 사람'의 비중은 63.6%로 전년보다 3.6%가 증가하였다. 여가를 혼자 보낸다고 응답한 사람의 비중은 2019년에 54% 였는데, 2020년에는 60%로 증가하였다. 코로나가 확산되면서 혼자서 여가를 보내는 사람들의 비중은 계속 증가한다. 혼자 여가를 보내기 보다는 가족과 함께 여가를 보낼 수 있는 여가 프로그램이 정책적으로 지역 사회에 만들어져야 한다.[330]

셋째, 비대면 여가 활동과 관련된 여가 만족과 문제 해결이 가능한 여가 정책이 구축되어야 한다. 코로나 이후 사회적 거리두기와 대면 활동의 제약으로 인하여 온라인 기반 비대면 여가 활동이 보편화되었다. 온라인 중심의 여가 활동은 공간적, 시간적 제약이 없기에 인기를 얻었다. 문제는 집에서 나오지 않고 계속 실내에서 혼자 하는 온라인 여가 활동은 심리적으로 문제를 잉태할 수 있다. 청소년과 청년들 층에는 게임 중독이나 온라인을 통한 인터넷 중독 같은 현상이 일어나지 않는 여가 정책을 시행해야 한다. 중장년층을 위해서는 디지털 콘텐츠를 개발하여 교육과 더불어 만족을 줄 수 있는 콘텐츠 개발이 선행되어야 한다. 고령층의 경우에는 정보격차에서 문제가 발생하고 있기에 온라인 기반 여가 활동에서의 참여 제약을 없앨 수 있는 정책이 필요하다. 김보영(2021)은 '디지컬라이제이션(Digicalization)'이라는 재미있는 용어를 주장하며 정책적으로 디지털화와 지역화의 융합을 제안한다.

"디지털화와 지역화를 결합한 디지컬라이제이션(Digicalization)은 성곽도시 시대에 디지털화의 불가피성을 인식하면서도 그로 인한 격차와 몰인간화의 보완제로서 지역의 중요성을 재인식하는 비전이다. 디지털화로 인해 심화되는 독점으로 인한 획일화, 격차로 인한 고립화를 극복할 수 있는 지점으로서의 지역은 또 다른 다양성을 만들어 내고 또 다른 연결성을 회복할 수 있는 공간이 된다. 그리고 그 다양성에 기초한 혁신을 디지털화로 다른 지역과 세계로 확산시키고 익명성 속에서 열어지는 신뢰를 재구축하며, 작은 네트워크 안에서 강화되는 개개인의 효능감을 확장하여 디지털화의 미래를 더 긍정적인 방향으로 이끌 수 있다는 것이다. 지역을 기반으로 하는 관계와 공동체가 디지털 기술과 결합할 때 디지털화는 디스토피아의 경로가 아닌 유토피아를 위한 도구가 될 수 있다."[331]

여가 정책 시행에서도 계층화와 지역화를 충분하게 고려한 후에 디지털화로의 채색이 필요하다. 이를 통하여 사회구성원들의 효능감을 높이고 디지털화를 통하여 여가 참여에서의 제약을 극복하는 방향에서의 여가 정책은 우리 삶의 만족도를 높여줄 수 있다.

코로나가 우리에게 주는 정책적인 함의는 무엇일까? 코로나는 여가 정책적으로는 그동안 신경 쓰지 못했던 '더불어 즐기는 여가'를 생각할 여백을 제공하고 있다. 이와 같은 관점에서, 이웅규와 구정대(2020)는 우리의 관광 정책이 나아갈 방향을 이렇게 언급한다.

"코로나 19가 우리 사회와 인류에게 던진 키워드가 공존(共存)이라는 사실이다. 지구촌은 하나라는 사실에 기본을 두어 코로나 19 등의 감염병의 위기에 함께 대처하고 솔루션을 공유하며 극복 이후에 평온함을 그 과실로 함께 나누어야 한다는 교훈이다. 더불어 우리에게는 우리의 관광 현실을 '자각'하게 해주는 역할도 했다. 코로나 19가 인류에게 조건도 예외도 없는 새로운 변화를 요구하고 있다. 이는 도태와 불편함의 문제가 아니라 생존과 직결되어 문제를 제기했기 때문이다. 이와 같은 상황에 관광산업을 적용시키는 과정은 결코 쉽지는 않을 것이나 반드시 부정적일 수만은 없다는 점에서 혁신적인 관광정책이 필요한 시점이다"[332]

레저 산업 분야의 공급자와 수요자 모두의 생존과 관련되기에 문제 해결을 위해 노력해야 한다. 이러한 측면에서 본다면, 여가 정책은 특정한 부서가 전담해서 할 수 있는 정책은 아니다. 여가는 문화체육관광부를 비롯하여 많은 유관 기관들이 협업을 통하여 정책을 만들고 국민들의 행복을 위한 시행책을 개발해야 한다. 각 부서들이 유기적으로 정책을 연구할 수 있는 소위 '정책 협의체'도 필요하다. 이를 통하여 정부는 계층별, 성별, 지역별, 경제적 차이 등에 따른 적절한 여가 정책을 발전시켜야 한다. 동시에 지방자치단체와 중앙정부가 유기적으로 여가 활동 활성화를 위한 정책을 공동으로 개발하고 시행하고 계속적인 모니터링도 필요하다.

UZUMAKI NARUTO
東京
未来
"切って貼る"
THE GHOST IN THE SHELL
原点
21世紀の民俗学
人間の未来
THE ORIGIN

에필로그 I

"삶은 행복과 고통의 씨실과 날실로 직조된 피륙 같은 것"

우리네 삶을 제대로 묘사한 이 시어처럼 우리 인생은 행복과 고통의 변증법이다. 코로나 19는 우리에게 수많은 고통을 주고 이를 극복하는 가운데에 행복 또한 안겨주고 있다. 이 서책을 썼던 2년 동안 나는 코로나라는 화마(火魔)가 할퀴고 간 일상 변화를 다양하게 목격하였다. 책의 편집이 거의 끝나는 시점에 나는 우리의 코로나에 대한 경각심이 무디어지고 있음을 발견하였다. 우리는 이미 봉쇄 조치로 인하여 세계적으로 1억 명 이상이 심각한 궁핍 상태를 경험한 것을 잊은 듯하다. 우리는 코로나가 완전히 종식되지 않았음을 상기해야 한다. 미디어의 한쪽에서는 엔데믹 시대의 인파가 넘치는 바닷가를 보여주고, 다른 쪽에서는 코로나 재확산을 우려하는 장면을 내보낸다. 이와 같은 과도기 상황에서 우리는 어떻게 코로나와 더불어 살아야 하나? 탈고 시점에서의 나의 화두는 바로 이 문제였다.

2023년 6월 1일 질병청은 코로나 경보 수준을 '심각'에서 '경계'로 하향 조정하였다. 이후 한국 사회는 본격적으로 코로나 엔데믹 시대에 접어들게 되었다. 7월에는 엔데믹 상황이 무색하게 하루 확진자 수가 6만 명까지 치솟았다. 이러한 흐름 속에서, 코로나 경계 단계의 시대에는 코로나 발생 초기와 다른 양상들이 나타나고 있다. 사회구성원들의 강제적으로 억압된 여가 욕구가 주체할 수 없을 정도로 터지고 있기도 하다. 이러한 측면에서 여가와 관련된 몇 가지 이야기들을 하고자 한다.

Scene #1: 한국 사회의 대표 공연, 싸이의 '흠뻑쇼'

엔데믹에 접어들자마자 코로나 초기에는 상상도 할 수 없을 공연들이 열리고 있다. 이러한 공연 중 백미(白眉)는 가수 싸이(PSY) 공연이다. 2023년 올림픽 주경기장에서 열렸던 공연의 경우에 약 9만여 명의 팬들이 공연을 즐겼다. 이제 싸이의 흠뻑쇼는 MZ 세대가 좋아하는 대표적인 문화상품이 되었다. 7월 초에는 프로야구 경기와 싸이 공연으로 잠실종합운동장에만 대략 11만 명 이상의 관중들이 운집하였다. 코로나 시국에 믿어지지 않는 인파이다.

싸이 공연이 의미하는 바는 무엇인가? 첫째, 싸이의 공연은 글로벌 트렌드를 따르고 있다. 외국의 유명 아티스트들의 공연은 관객과 함께

하는 퍼포먼스가 주를 이룬다. 이들 공연에 견주어도 손색이 없는 싸이 공연은 한국 엔터테인먼트 역량이 세계적 수준이라는 것을 증명한다. 2023년 5월 디즈니 플러스가 공개한 '싸이 흠뻑쇼 2022'는 전국 도시에서 35만 명의 관객들이 흠뻑쇼를 즐기는 모습을 소개했다. 2011년부터 시작된 이 흠뻑쇼는 싸이가 월드컵 거리 응원을 보고 착안하고 시도한 거대 페스티벌이다. 이 쇼의 핵심은 관객들이 물을 맞으며 공연을 즐기는 것이다. 싸이는 이 공연에 대해 "가수 싸이가 무대에서 걱정 없이 놀 수 있게 연출자 박재상(싸이의 본명)은 집요하게 고통스러운 준비 시간을 갖는다"라고 했다 (동아일보, 2023년 5월 10일).

둘째, 싸이 공연은 젊은이들의 '해방구'이다. 코로나에 짓눌려진 일상에서 그들은 싸이 공연에서 해방감을 맛볼 수 있었다. 사회적 거리두기 시기에 우리의 젊은이들은 이와 같은 공연을 그리워했다. 포스트 코로나 시기에 이 공연은 더욱 인기를 얻을 가능성이 크다. 엔데믹 시기에 흠뻑쇼가 대표적 공연 문화로 자리 잡은 이유는 이 해방감에 대한 관객들의 욕구를 실현해 주었기 때문이라고 생각한다.

싸이 공연에서의 중요 구성원은 바로 '관객'이다. 이들은 싸이가 준비해 둔 마당에서 아티스트 보다 더 신나게 뛰고 노래를 한다. 공연을 직접 즐긴 이들은 이 공연은 돈이 전혀 아깝지 않다고 이구동성으로 말한다. 그 이유는 이 공연은 관객들이 재미있게 놀 수 있는 최고의 무대를 제공하기 때문이다. 아티스트와 관객이 세상 시름을 잊고 즐길 수 있는 할 수 있는 '흠뻑쇼'는 엔데믹 시대의 상징적인 여가 문화로 자리를 잡게 되었다.

Scene #2: 워케이션의 정착

코로나 팬데믹 이후 많은 기업은 근무에서의 변화를 꾀하고 있다. 실제 팬데믹 시기에 자주 하던 비대면 업무는 어느 정도 효과를 인정받았다. 우리 사회에 비대면 근무는 또 다른 직장 문화로 자리를 잡고 있다. 아래 사례들은 기업들의 근무 환경 변화를 나타낸다(매일경제, 2023년 7월 27일).

1) 오비맥주는 2022년 11월부터 '근무지 자율선택제'를 시행하였다. 안전한 원격 근무가 가능한 환경이라면 국내외 어디든지 상관없이 일할 수 있는 유연 근무제도를 채택하였다. 김종주 오비맥주 부문장은 "해외 출장길에 현지에서 좀 더 머물며 여가를 즐기고 싶다면 휴가를 붙여 쓸 수도 있다"라고 하였다. 현장 영업직과 기술직을 제외한 오비맥주 직원들은 연간 총 25일간 업무 장소를 자율적으로 정해 일할 수 있다. 2023년 6월 기준으로 오비맥주의 사무직 직원 중 82%가 이 제도를 활용했다.

2) LG유플러스는 2023년 1월부터 강원도 강릉 안목해변과 경기도 광주 곤지암리조트에서 최대 일주일간을 머물며 일할 수 있는 휴양지 원격근무제를 도입했다. 회사가 마련한 강릉과 광주의 호텔과 리조트에 머물면서 낮에는 업무공간으로 출근해 일하고, 퇴근 후에는 자기만의 시간을 가질 수 있다. 개인 휴가를 사용하는 것이 아닌, 다른 근무지

에서 출퇴근을 유지하는 이와 같은 워케이션 제도를 시행 중이다.

3) 네이버는 2023년 5월 도쿄에 워케이션 프로그램을 오픈했다. 이를 통해 도쿄 메로구 지역에 있는 베이스캠프에서 일할 수 있는 프로그램을 시행했다. 2022년 12월부터 23년 3월까지 파일럿 프로그램을 운영해서 총 80여 명의 직원들이 이 프로그램을 경험했다고 한다. 이 프로그램에 참여한 직원들의 만족도는 높은 것으로 나타났다.

위의 세 가지 사례는 소위 '워케이션'의 적용을 소개하고 있다. 워케이션이란, 일과 여과의 혼합된 상태를 말한다. 코로나 이전에 '워라밸'이 MZ 세대의 중요 화두였다면, 코로나 이후에는 워케이션이 중요 현상으로 떠오르고 있다. 팬데믹 시기에 많은 조직 구성원들은 재택근무, 또는 원격 근무에서 간단한 노트북만 있으면 시공간을 초월한 근무가 가능하다는 것을 경험했다. 중요한 점은 이러한 새로운 근무 형태의 높은 성취도와 만족도였다. 엔데믹 시대에 접어들면서는 휴식이 가능한 공간에서 근무하고, 정해진 일을 마치면 자신만의 여가를 탐닉하는 사람들이 늘고 있다.

코로나 이전에 '블레이저'라는 단어는 존재하였다. 이는 비즈니스와 레저의 합성어이다. 블레이저는 주로 해외 출장을 갈 때 일정 앞뒤로 휴가를 붙여서 여가를 즐기는 형태를 의미하였다. 현재의 워케이션은 기존 사무실이 아닌, 여가가 가능한 근무지에서 일을 할 수 있다는 특징이 있다. 이와 같은 근무 공간의 조정은 직원들의 창의성 향상에 큰 도움을 준다. 나를 포함해서 많은 여가 연구자들은 자율적인 여가 공간은 인간의 창의성을 향상시킨다고 믿는다.

엔데믹 시대에 워케이션은 여러 기업으로 확산되는 추세이다. 워케이션이 빠르게 확산하는 이유는 디지털 트랜스포메이션에 근거한다. 이제는 조직 구성원들이 노트북이나 태블릿 PC와 같은 기기로 장소 제약 없이 언제든지 회의나 업무에 참석할 수 있게 되었다. 추후에는 특정 회사의 복지 상태를 가늠하는 척도로 근무지의 자율선택제 여부가 고려될 가능성도 있다.

Scene #3: 봇물 터진 해외여행

코로나 초기에는 해외여행 자체가 불가능했다. 출구가 없는 상황이었다.

해외여행의 드라마틱한 변화는 2023년부터 시작되었다. 2023년 1분기에 해외로 떠난 한국 사람들은 약 500만 명으로 추산된다. 이는 2022년 동기보다 12배 가량(약 41만 명)이 증가한 것이다. 한국 사회구성원들은 엔데믹 시대에 들어서자마자 해외여행에 돈을 쓰기 시작한 것이다. 동남아나 일본의 경우에는 항공권을 구하기 어려울 정도로 인기를 얻었다. 엔데믹 이후 고물가와 코로나 재확산의 우려에도 불구하고 주변에는 해외여행을 계획한 사람이 많다. 이들은 '더는 못 참아 여행족'이다. 이들은 약 3년 동안의 억제된 해외여행의 욕구보다 중요한 것이 없다고 생각한다.

나는 엔데믹 이후 해외여행이 갑자기 증가한 이유를 두 가지로 생각해 보았다. 첫째는 코로나 이전부터 우리 사회구성원들에게 해외여행은 개인의 중요한 여가 활동이 되었다. 우리 사회구성원들에게 해외여행은 단순히 외국에 나간다는 의미가 아니다. 타지를 여행한다는 것은 내 삶의 지평을 넓히는 일이다. 일상에서 경험하지 못했던 일들에 노출되면서 우리는 환희를 느낀다. 나 또한 엔데믹 시기에 접어들면서 바로 오사카로 여행을 떠났다. 그곳에서 머물며 이 책 원고의 탈고 작업을 수행했다. 일상과 다른 곳에서는 왠지 모르는 신비한 힘을 느낀다. 틀에 박힌 터전에서 벗어나 한적한 주택가 한켠의 꽃망울을 보고 이국의 정취를 느낀다. 이러한 신비한 경험은 일상으로 돌아온 나를 더욱 열심히 살게 한다.

둘째는 해외여행은 우리 '뇌'에 행복한 기억을 남긴다. 코로나 초기에 우리는 행복한 기억이 별로 없었다. 방역, 거리두기, 통제, 마스크 강제, 손씻기, 봉쇄 등의 행위 속에서 우리는 행복할 수 없었다. 해외여행은 이와 반대되는 자유와 재미 경험으로 가득차 있다. 나는 가끔 올라오는 구글 포토 상의 해외 여행지 사진을 보면서 많은 웃음을 지었다. 이 사진은 비엔나의 노천카페에서 즐겼던 카페 라떼 마실 때의 기분을, 도쿄의 시원한 소바를 즐겼던 때를, 방콕에서의 지인들과의 유쾌한 라운딩을 떠올리게 했다. 이러한 소소한 행복 기억의 많은 부분이 해외여행으로 채워지곤 한다. 그렇기에 우리는 그토록 자유로운 해외여행을 기다리지 않았을까?

이번 여름에도 해외여행을 나가는 사람들로 공항은 문전성시를 이루고 있다. 이들은 고물가와 코로나 재확산에 대한 우려보다 여행을 통해 더 많은 것을 얻을 수 있다는 것을 알고 있다.

해외여행이 크게 증가한 이유는 경험의 중요성 때문이다. 우리가 목말라하는 행복한 경험을 위해서 해외여행을 하는 사람들은 계속 증가할 것이다.

Scene #4: 폭발적인 아웃도어 스포츠 참여 증가

엔데믹 이후 아웃도어 여가 활동을 하는 사람들이 증가하고 있다. 특히 실외에서 마스크 의무 착용이 해제된 이후부터 야외에 나가는 사람들은 더욱 늘었다. 이러한 여가 참여자들의 여가 참여 성향에 따라 한국 아웃도어 브랜드 상위 9개 사(노스페이스, 디스커버리 익스페디션, K2, 코오롱스포츠, 네파, 블랙야크, 아이더, 컬럼비아, 밀레)의 매출은 엔데믹 이후 크게 증가하였다. 이들의 매출은 2020년 대비 평균 11.5% 정도가 증가하였다. 특히 노스페이스는 37.8%, 코오롱스포츠는 26.8%의 엄청난 성장세를 보인다(한국섬유신문, 2023년 4월 13일).

좀 더 구체적으로 엔데믹 이후에도 아웃도어 스포츠 참여가 인기를 얻는 이유는 두 가지로 살펴볼 수 있다. 첫째, 사회적 거리두기 시기에 야외 여가 활동에 참여했던 사람들은 좋은 심리적인 경험을 많이 했다. 야외에서 사람이 없는 곳에서는 마스크를 벗거나, 걸으면서 일상에서의 답답함을 털어버릴 수 있었다. 나도 팬데믹 시기에 가까운 산을 자주 갔다. 나는 방학 때마다 사람들이 많지 않은 평일 오전에 등산하며 기분 좋은 경험을 많이 할 수 있었다. 강제적인 사회적 거리두기가 필요한 시기에 야외 하이킹은 나에게 단비와 같았다.

둘째, 아웃도어 브랜드들의 소비자 입맛에 맞는 마케팅도 한몫했다. 팬데믹 시기 동안 많은 아웃도어 브랜드들은 소비자들의 욕구에 맞는 다양한 제품을 선보였다. 이 제품들은 실외와 일상 모두에서 착용 가능하다. 아웃도어 관련 회사들은 야외 활동이 증가함에 따라 멀티 복장과 신발을 출시하기도 했다. 이러한 회사들의 제품 출시로 따른 '아웃도어룩'은 일상과 아웃도어의 경계를 뛰어넘었다. 이들의 코로나 동안 기술혁신, 매력적인 디자인과 다양한 마케팅은 레저 소비자들의 지갑을 열게 하였다. 이들 브랜드 중 노스페이스는 리우 하계올림픽, 평창 동계올림픽, 도쿄 하계올림픽과 베이징 동계올림픽 등 글로벌 스포츠 이벤트에서 국가대표의 공식 단복을 제공했다. 이와 같은 한국 국가대표팀의 후원사로서의 이미지 또한 레저 소비자들에게 신뢰를 주었다고 생각한다.

다시 서두에 소개한 시어를 음미해보고자 한다. 우리의 삶은 행복과 고통의 두 실이 있어야만 엮어질 수 있다. 행복만 존재하는 삶은 없다. 행복이 존재하기 위해서는 고통을 '어떻게' 극복했는지에 대한 스토리가 필요하다. 그 스토리를 통해서 나의 행복감은 성장하기 때문이다. 그렇게 본다면 코로나는 우리에게 결코 고통만을 준 바이러스가 아니다. 코로나는 우리에서 삶을 어떻게 살아야 하는지에 대한 해답도 요구하였다.

코로나 팬데믹 시기에 심리적으로 나를 힘들게 한 것은 '자기 결정권'의 상실이었다. 내가 하고 싶은 여가 활동이 억제되는 상황에서 나의 선택은 거의 없었다. 자기 결정권이 없다는 것은 자유감의 부재를 의미한다. 내가 운동에 몰입하면서 느꼈던 그 희열은 온데간데없어졌다. 코로나 초기에 여가 활동을 통해 다시 한번 그 열락(悅樂)을 경험하고자 했지만, 이는 불가능했다. 사회 통제 안에서 나는 무력했다. 나뿐이 아니라 좋아하는 여가 경험이 통제되는 시대를 살아가는 우리 모두의 삶은 힘들어졌다. 탈고 시기에 그동안 썼던 글을 읽어 보니 삶이 팍팍했을 때 썼던 글과 사회적 거리두기가 완화되었을 시기에 썼던 글은 완연하게 다르다는 것을 알게 되었다.

지금은 내가 원하는 여가 활동에서 몰입감을 자주 느낀다. 그리고 그 여가를 동하여 자주 감탄사를 남발하는 삶을 살고 있다.

이 책은 코로나 시대를 사는 나, 우리 그리고 국가의 모습을 담담하게 그려내고자 했다. 이를 통하여 나는 코로나와 더불어 보내고 있는 우리들의 '의미 있는 경험'을 기록해내고자 했다.

그 과정은 나를 크게 성장시켰다고 고백한다.

에필로그 Ⅱ

2020년 1월에 나는 일본 북해도 지역을 여행하고 있었다. 간간이 식당 텔레비전에서 보도되고 있는 우한 폐렴이라고 불리는 감기 증상에 대하여 나는 크게 신경을 쓰지 않았다. 약 일주일간의 여행을 잘 마치고 한국에 돌아왔다. 한국에 오고 며칠 지나지 않아 이 바이러스는 온갖 뉴스의 중심에 있게 되었다.

북해도를 여행할 때에도 내가 이 주제를 가지고 책을 쓰리라고는 꿈에도 생각하지 않았다. 그러다가 지인 중 한 명이 코로나에 감염되고 힘들어 하는 모습을 보고 이 주제에 대하여 기록으로 남길 결심을 하게 되었다. 2년여 동안 나는 코로나가 인간의 행복의 근원인 여가를 어떻게 억압하고, 사회구성원의 삶을 통제하는지에 대하여 탐구하였다.

학문을 하는 이의 책무(責務)는 사회 현상에 대하여 '질문'을 던져야 한다고 생각한다. 나는 해답을 찾을 만한 능력은 없다. 내가 하고 싶었던 바는 코로나와 여가 사이에 벌어지고 있는 많은 현상에 대하여 나

스스로가 질문을 던지는 일이었다. 그 과정에서 많은 나보다 뛰어난 학자들의 연구물도 참고하고 그들의 이야기 또한 귀 기울였다.

이제 엔데믹 시대로 접어들고 있다. 코로나와 함께 살아야 하는 시대가 된 것이다. 글을 다듬는 중에 만났던 많은 분들은 코로나라는 '인생의 뜻밖의 복병'에 대하여 좌절하지 않고 열심히 살아가고 있다. 그들이 전해준 코로나 시대의 여가 이야기는 이 책을 마무리 지을 수 있는 중요한 동인(動因)이 되었다.

이번 책 작업은 그 어느 때 보다 나를 성장시켰다고 고백하고 싶다.

감사할 따름이다.

참고문헌

BBC 뉴스(2019.12.19). **회식: 일본 회식문화 '노미카이'가 바뀌고 있는 이유.**

KBS 다큐 인사이트 팀(2021). **팬데믹 머니**. 파주: 리더스북.

Lucas Mearian(2022.2.28). **'블레저'에 부상?... 출장에 미래를 엿보다**. CIO Korea.

강동웅, 황규인(2022.4.1). **'보는 스포츠' 프로야구, '하는 스포츠' 열광 MZ 세대에 외면 당해**. 동아일보.

강민호(2018). **변하는 것과 변하지 않는 것.** 서울: 턴어라운드.

강선경, 최윤(2021). 코로나 19 이후 변화한 가족의 일상 생활에 대한 포토보이스 연구. **한국가족복지학, 58**(3), 313-345.

강윤경(2017.9.9). [마이더스] **"말걸지 마세요" 침묵이 반가운 고객들**. 연합뉴스.

고정현, 강우진, 이종욱(2021). 디지털 정보격차 관련 국내 연구 동향 분석. **한국도서관정보학회지. 52**(4). 179-203.

고흥석(2017). 디지털 격차와 삶에 대한 만족도에 관한 연구: 세대별, 사회경제적지위, 도시- 농촌간 비교를 중심으로. **한국콘텐츠학회논문지. 17**(5), 633-641.

교육부(2022.2.8). **교육 디지털 전환에 1조 5577억 투입… 미래 지능형 환경 구현**. 대한민국 정책브리핑.

국민일보(2011.3.10). **키오스크 주문 못 해 20분 헤맨 엄마, 결국 우셨습니다.**

권예은(2020.3.31). **집에 있으면 뭐하지?... 재택근무 직장인 90% 취미 생활 관심**. 플레이플러스.

권혜림(2021.10.18). **"출근 할 수 없는 몸 됐다" 재택 종료 조짐에 떨고 있는 직장인들**. 중앙일보.

김가연(2020.8.25). **코로나 19가 가져온 직장생활의 변화 3가지**. 잡코리아.
김경일(2021). **적정한 삶**. 서울: 진성북스.
김경집(2020.6.18). **[김경집의 통찰력 강의] 코로나 19와 공간의 재해석**. 한국일보.
김광일(2022.1.10). **[백세시대 금요칼럼] 디지털소외를 극복하기 위한 방법**. 백세시대.
김난도(2020). **마켓컬리 인사이트**. 파주: 다산북스.
김난도(2020). **트렌드 코리아 2021**. 서울: 미래의 창.
김난도 외(2019). **트렌드 코리아 2020**. 서울: 미래의 창.
김난도 외(2021). **트렌드 코리아 2022**. 서울: 미래의 창.
김대희(2021). 코로나 19로 인한 프로스포츠 위기, 극복 방안은 무엇인가?. **스포츠 현안과 진단, 14**, 1-5.
김도균(2021.9). **스마트 스타디움, 비대면이벤트로 위드 코로나 준비하는 프로구단**. 나라 경제(KDI 경제정보센터), 9월호.
김미란(2021.7.7). **[코로나 19 와 교육 사각지대2] 학교는 태블릿을 줬지만 아이는 배울 수 없었다**. 더스쿠프.
김민수(2021). 코로나 시대, 주변국 국제이벤트에 따른 스포츠관광의 회고와 전망. **한국관광정책, 85**, 55-59.
김병규(2020). **노브랜드 시대의 브랜드 전략**. 서울: 미래의 창.
김보경(2021). **코로나 19의 시대, 사회서비스의 정책적 과제와 비전에 대한 탐색**. 비판사회정책.
김상균(2020). **메타버스**. 화성: 플랜비디자인.
김상근(2020). **삶이 축제가 된다면**. 서울: 시공사.
김성일(2020). **사회적 거리두기에 나타난 감염 불안과 공포의 변이**. 문화과학.
김성태(2020). 코로나 19 이후 여행시장 변화와 전망. **한국관광정책, 81**, 70-73.
김성환(2022.4.21). **국민체육진흥공단, '키핏'과 장애인 맞춤형 비대면 스포츠

강좌 개설. 아시아투데이.
김승직(2020.10.12). **신라, 롯데 등 대형 호텔들 코로나 19에 '언택트' 서비스로 활로 모색**. 소비자가 만드는 신문.
김용섭(2020). **라이프 트렌드 2021**. 서울: 부키.
김용섭(2020). **언컨택트**. 서울: 퍼블리온.
김재섭(2021.11.8). **한-싱가포르 하늘길, '트래블 버블'로 넓어진다**. 한겨레.
김정욱(2021.11.2). **기업들, 코로나 종식 해도 재택근무는 계속**. 서울경제.
김정운(2019). **바닷가 작업실에서는 전혀 다른 시간이 흐른다**. 파주: 21세기북스.
김정환(2021.5.3). **"난 오늘 재텔 근무" 워커힐 호텔앤리조트 '워캉스 패키지'**. 뉴시스.
김지선(2020.5.25). **고령자 '디지털 소외' 심각… 고령층, 디지털 교육 더 늦출 수 없다**. 인천 시니어 뉴스.
김지섭(2021.7.30). **스벅, 코로나 호황 비법은?... 커피에 디지털을 진하게 타다**. 조선일보.
김지수(2021). **2월의 마지막 수업**. 파주: 열림원.
김지윤(2020). **내 권리는 희생하고 싶지 않습니다**. 서울: 알에이치코리아.
김지은(2022.1.20). **코로나 19 교육 정책 "적절하다" 1년 새 44.5% →18.9%**. 한겨레.
김철수(2018). **작고 멋진 발견**. 서울: 더 퀘스트.
김태주(2021.6.4). **대학생 69%가 "비대면 수업이 좋다"**. 조선일보.
김하영(2020). **뭐든 다 배달합니다**. 서울: 메디치.
김학실, 심준섭(2020). 노인의 디지털 리터러시와 사회활동. **정책분석평가학회보**. 30(2), 153-180.
김현정(2021.12.1). **디지털 라이프에 스며드셨습니까?**, 사이언스타임즈.
김형철(2015). **철학의 힘**. 서울: 위즈덤하우스.
남궁은하(2021.10.). **코로나 19로 인한 노인 생활의 변화와 정책 과제**. 보건복지포럼.
남상우(2011.9.). **포스트 코로나 스포츠, 무엇을 고민해야 하는가?**. 나라경제. KDI 경제정보센터.
남상우(2020). 포스트 코로나 사회, 스포츠, 스포츠사회학. **한국스포츠사회학회지.** 33(4), 1-18.
노대명(2021). **코로나 팬데믹 이후, 한국 사회보장의 과제**. 한국사회복지정책학회 춘계학술대회자료집.
동아일보(2021.2.22). **남 일 아닌 '코로나 우울'... 1년간 심리상담 138만건.**
롤프 젤린(2018). **예민함이라는 무기**(유영미 역). 서울: 나무생각.
류종은(2016.5.2). **직장인 선후배 관계 '상명하복' 불편… "후배 잘못 책임지는 선배 최고"** .전자신문.
리처드 볼드윈, 베아트리스 베더 디 마우로(2020). **세계 석학들이 내다본 코로나 경제 전쟁**. 서울:매일경제신문사.
말콤 글래드웰(2014). **다윗과 골리앗**(선대인 역). 파주: 21세기북스.
매일경제(2020.12.17). **일도 하고 영화도 즐기고… '집콕 가전' 수요급증.**
무라카미 하루키(2020). **일인칭 단수.**(홍은주 역). 파주: 문학동네.
문보경(2022.3.21). **"미래 교육은 시작됐다" 에듀테크 ,디지털 전략 수립에 민관 머리 맞댄다**. 전자신문 .
문현경(2020.11.8). **예적금 깨고, 식물 키우고… 코로나가 받고 1인 가구의 삶.** 중앙일보.
문화체육관광부(2021.6.8). **문체부, 비대면 스포츠 시장 육성… 인력 1,800명 키운다**. 정책브리핑.
민동원(2020). 노년층 소비자의 디지털 정보격차 완화를 위한 심리적 접근: 사회경제적 선택이론의 관점에서. **디지털 융복합연구.** 18(3). 133-138.
민정범(2022.3.2). **디지털 격차가 드리운 소외의 그림자**. 홍대신문.
민종우, 지윤호(2022). 포스트 코로나 시대의 캠핑레저산업 서비스 고도화 방안. **한국관광레저학회지.** 34(1), 469-489.

박경수(2020). **언택트 비즈니스**. 서울: 포르체.

박남기(2021). 포스트 코로나 시대 교육 새 패러다임 탐색. **한국초등교육.** **32**(2). 17-32.

박소영(2021.8.29). **역대급 전염병 코로나가 깊숙히 침투한 프로야구**. 중앙일보.

박수지,박강수(2011.11.1). **"쌓인 회식비 써야지" 상사 한마디에 재택 도중 곳곳서 '후유'**. 한겨레.

박영규, 김수정(2020.9.6). **소외, 과몰입… 디지털 만능 시대 영혼을 지켜라.** 대구신문.

박용선(2021.6.3). **MZ 세대가 일하는 법**. 조건비즈.

박용철(2012). **감정연습**. 서울: 추수밭.

박재명, 김두한, 신미애(2021). 포스트코로나 시대의 생활체육 달리기운동의 활성화 방안. Sports Science, 39(3), 331-336.

박정규(2021.8.2). **직장인 41% "코로나 19 이후 사내소통 더 어려워져"**. 뉴시스.

박종하(2011). **틀을 깨라**. 서울: 해냄.

박주영(2021.11.18). **인천연구원, 시민 삶의 회복을 위한 여가 정책 필요**. 뉴스피크.

박주호(2021). 코로나 시대 미국 스포츠산업의 위기와 기회. **스포츠과학**, 157, 75-80.

박지영(2011. 9. 19). **언택트, 올인룸, 숲세권 뜬다… 포스트코로나 주거 공간도 바뀐다**. 뉴데일리경제.

박현정(2021.12.23). **80년생 은행원도 짐싼다… 은행권, '평생직장' 붕괴**. 컨슈머타임스.

박현정, 남미우(2021). 코로나 19가 소비자의 뷰티 분야 카타르시스 소비에 미치는 영향. **한국 과학예술융합학회**, 39(1), 151-164.

배정희(2022). 코로나 19 전후 청년 우울 변화 궤적과 영향 요인. **한국복지패**

널 학술대회논문집**, 15, 21-45.
배철현(2019). **정적**. 파주: 21세기북스.
백일현(2021.7.28). **MZ 세대 10명 중 6명, "조직문화 불안해하면 짐 쌀 준비한 다"**. 중앙일보.
백일현(2021.7.21). **코로나로 직장 선호도 변화, 1위 카카오 18위 대한항공**. 중앙일보.
백종현(2021.4.20). **코로나 불황에도 161억 흑자 냈다… '깜놀' 야놀자 3가지 비결**. 중앙일보.
백지연, 장은교, 이진명(2022). 디지털 정보격차 수준에 따른 소비자유형 연구. **디지털 융복합연구**. 20(4). 193-202.
변은샘(2021.7.15). **'주거공간'을 '여가공간'으로… 코로나 수혜직종은 인테리어**. 부산일보.
브레네 브라운(2016). **마음가면**(안진이 역). 서울: 길벗.
새라 케슬러(2019). **직장이 없는 시대가 온다**(김고명 역). 서울: 더 퀘스트.
서이종(2000). 디지털 정보격차의 구조화와 사회문제화. **정보화 사회**. 2, 68-87.
설진성(2020.7.13). **[코로나 시대 학교너머] 코로나 체제, 학교 교육은 무엇인가**. 에듀인뉴스.
손시은(2021). 코로나 블루 치유 프로그램의 현황과 과제: 글쓰기 칭의 가능성을 중심으로. **마음공부**. 2, 93-118.
송덕순(2021.12.29). **[교육이 미래다] 위드 코로나 시대, 최우선 교육과 제로 '사회성 회복' 꼽혀**. 중앙일보.
송명규(2021.5.27). **아이온컴즈, 국내외 스포츠 ICT 활성화 나서**. 투데이에너지.
송민정(2020). 포스트 코로나 시대 미디어의 미래 변화: 디지털변혁 성공 요소로 본 넷플릭스와 디즈니플러스의 대응 연구. **한국방송학회 학술대회 논문집**. 6, 105-107.

송희경, 강명구(2022). 코로나 19 대유행과 축구 시장 트렌드 변화: 유럽 4대 리그를 중심으로. **한국스포츠학회지**, 20(1), 673-686.

스포츠큐(2020.6.2). **[스잡알 기고3] 4차 산업 혁명과 스포츠 일자리, 대학 체육의 현주소**.

신성연(2021.4.19). **낯선 바이러스와 레저스포츠 동행, 어떻게 준비할 것인가**. 대한민국 정책브리핑.

신소연(2021.2.18). **코로나라 식사 같이하기도 좀… 점심배달 나선 구내식당**. 헤럴드.

신승민(2022.5.17). **[무인점포 가보니] '쓰레기 폭탄, 소비자 불만 폭발'… 왜 증가할까?** .세이프 타임즈.

신승희(2021.1.10). **성인남녀 52.6%, 코로나 19이후 개인공간 꾸미는 일에 대한 관심 증가**. 베리타스.

신용식(2020). 무엇을 위한 호소인가: 산업부 기자의 자영업자 취재기. **방송기자**, 57, 26-28.

심보선(2019). **그 쪽의 풍경은 환한가**. 파주: 문학동네.

심재희(2021.2.9). **2021년 스포츠뉴딜 발표, 코로나 시국에 스포츠산업이 나아가야 할 길**. 한스경제.

안세진(2021.12.2). **'어디서 모이고 어떻게 살까'… 팬데믹 이후 주거공간의 변화**. 쿠키뉴스.

안승진(2021.4.6). **서울 시민 3명중 1명 '코로나 블루 겪어'**. 세계일보.

안은별(2017). **IMF 키즈의 생애**. 서울: 코난북스.

안정호(2020.9.25). **'랜선 콘서트' '실내에서 야외로'… 코로나가 바꾼 추석 안방 극장**. Pd 저널.

에릭 부스(2009). **일상, 그 매혹적인 예술**(강주헌 역). 서울: 에코의 서재.

여유진(2022). 코로나 19 발생 전후 삶의 만족도와 사회통합 인식의 변화. **보건복지**, 418, 1-8.

연합뉴스(2020.12.14). **코로나 끝나면 하고 싶은 여가 활동 여행, 문화, 사교순.**

우승우, 이승윤, 차상우(2019). **디지털 시대와 노는 법.** 서울: 북스톤.

원제(2019). **질문이 멈춰지면 스스로 답이 된다.** 서울: 불광출판사.

윤소영(2021). 포스트코로나 시대에 50+ 세대 여가 정책은 어떻게 변해야 하는가?. [50+ 리포트 2021], **서울시 50플러스재단.** 3(27).

윤준탁(2021.6.24). **[트랜 D] 무인화 시대의 미래 '키오스크'.** 중앙일보.

윤홍식(2021). 코로나 19 팬데믹과 한국 복지국가의 패러다임 전환. **한국사회복지정책학회 춘계학술대회자료집.**

이다비(2022.4.13). **여행, 레저 판이 바뀐다… 개인, 다양성, 유연성, 야외 활동 추구.** 조선비즈.

이다비(2022.4.21). **올 2분기는 팬데믹 이후 여행, 레저 산업 선점을 위한 분수령.** 조선비즈.

이다비(2022.4.22). **데이터로 신수요 잡고, 고객 보충 더니 팬데믹에도 최대실적.** 조선비즈

이다비(2022.4.23). **전 세계 공략 토종 스타트업, 여행 레저 디지털 전환에 올인.** 조선비즈.

이랑주(2021). **좋아보이는 것들의 비밀.** 서울: 지와인.

이루자(2020.6.15). **기고/ 포스트코로나 시대의 노인여가.** 시정일보.

이민아(2022.3.24). **코로나 2년차… 국민 60% "혼자 영화 보낸다", 골프장 이용율만 상승.** 조선비즈.

이상민(2022.1.5). **회식은 줄고 비대면은 늘고… 변하는 직장 문화.** 매경헬스.

이상서(2017.6.8). **한국 음주문화에 혁명적 변화… "회식에 가느니 혼술하겠다".** 연합뉴스.

이선목(2021.7.19). **비즈니스, 가족 레저 다 잡는다… 국내 첫 '힐튼 가든 인' 가보니.** 조선비즈.

이성택(2018.5.30). **"술 잘 마셔야 일잘하는 직원" 폭음 부추기는 기업 문화.**

한국일보.
이소연(2022.4.20). **20대 여성 골프장 방문 코로나 이후 6배 증가**. 조선비즈.
이순임(2021.1.11). **애프터 코로나, 올해 주목해야 할 5가지 소비자 트렌드**. 반론보도 닷컴.
이승열(2021.8.27). **'서초형 교육 안전망' 구축… 코로나 19 교육 공백 해소**. 시정일보.
이시형(2010). **세로토닌하라**. 서울: 중앙북스.
이예슬, 신범철, 정양순(2021). 코로나 19에 따른 학교 교육에서의 패러독스 현상. **교육학연구**, 59(1), 131-165.
이용익(2022.2.23). **코로나로 프로스포츠 '어휴'**. Mk뉴스.
이웅규, 구정대(2020). 포스트 코로나에 대응하는 정부의 혁신적인 관광정책 연구. **관광학연구**. 44(7), 87-106.
이원재(2019). **소득의 미래**. 서울: 어크로스.
이위재, 김승범(2021.11.19). **재택근무를 어쩌나… 위드 코루나 시대 직장인이 속마음은?**. 조선일보.
이재은(2020.3.4). **독서실인가요?... LG 구내식당 테이블에 가리막 설치 "코로나 예방"**. 조선 비즈.
이정현(2021.2.17). **조사로 본 코로나 19와 교육 격차, 그 실태와 과제**. 월간 교육정책포럼.
이준영(2020). **코로나가 시장을 바꾼다**. 파주: 21세기북스.
이진우(2020). **코로나의 철학적 도전: 안전인가 아니면 자유인가?**. 철학과 현실.
이태동(2021.10.1). **NFL을 아마존에서 본다고? 코로나가 흔든 스포츠 산업**. 조선일보. Weekly Biz.
임승규 외(2020). **포스트 코로나**. 서울: 한빛비즈.
임영묵(2021). **K-를 생각한다**. 서울:사이드웨이.
임정훈, 이혁준, 이지훈(2020). 장,노년층의 디지털 정보격차 영향 요인: 베이비붐 세대와 노인세대의 비교를 중심으로. **한국콘텐츠학회논문집. 20**(9), 475-485.

임춘호(2021.11.22). **문체부, 일과 여가의 조화, 균형 추구하는 직장 110곳 인증.** 중소기업 뉴스.

임홍택(2018). **90년생이 온다**. 서울: 웨일북.

장유진(2017.3.2). **미 스포츠 부는 VR 바람 “가상현실로 실전훈련”**. MBC 뉴스.

장주영(2021. 0.21). **위드 코로나 시대… 주거, 일자리, 여가공간 통합 가속화.** 중앙일보.

전북도민일보(2021.7.6). **코로나 시대 인사법**. 오피니언.

전승엽(2020.9.21). **서구는 코로나 통제에 격렬 저항… 아시아 국가들은 잠잠, 왜?**, 연합 뉴스.

정기환(2021.10.28). **여가 액티비티 플랫폼 프립, 위드 코로나 시대에 맞는 액티비티 중심 여행상품으로 무장**. 디스커버리 뉴스.

정도언(2009). **프로이트의 의자**. 서울: 인플루엔셜.

정문영(2022.5.27.). **ICT, 스포츠의 결합… 팬과 소통하는 SKT 오픈 2022**. 서울경제.

정상원(2022.3.8). **해양 레저업계는 정말 ‘코로나’ 때문에 호황일까?.** 현대 해양.

정영재(2019). **2만원의 철학**. 서울: 중앙북스.

정원숙(2021.9.). **학습결손 보완, 심리, 정서지원 등으로 교육 결손 해소 노력할 것**. 나라경제, KDI 경제정보센터.

정의식(2021.12.31). **코로나 19로 문화향유 여가 활동의 비대면화 가속.** 이치저널.

정지원, 유지은, 원충렬(2017). **맥락을 팔아라**. 서울: 미래의 창.

정찬필(2022.6.29). **골프존 커머스, 무인매장 ‘골프존마켓 장한평점’신규오픈.** 레저신문.

정형철(2020). **코로나 시대, 아이들은 왜 학교에 가야하는가.** 오늘의 교육, 56호.

정희선(2019). **라이프스타일 판매 중.** 서울: 미래엔.

정희선(2021). **사지 않고 삽니다.** 서울: 미래의 창.

제레드 다이아몬드(2016). **제레드 다이아몬드의 나와 세계**(강주헌 역). 파주: 김영사.

조선일보(2020.6.10). **독채형 펜션이 뜬다, 코로나 시대 새 여가트렌드.**

조선일보(2020.6.10). **성인 10명중 7명 "코로나 이후 여가시간 늘어".**

조푸름(2022.6.12). **디지털 격차 해소, 친절이 답이다**. 헤드라인 제주.

주정훈(2021). **코로나 19 시대 격차 담론, 어떻게 할 것인가?.** 서울 교육 이슈 페이퍼. 제 4호(통권 제 33호).

중부일보(2022.5.9). **[사설] 고령층 디지털 격차 해소 정책 필요하다.**

천민아(2021.10.25). **[위드 코로나 이제는 뉴노멀] 초중고 등교율 80% 육박… 학부모들 "대면도 비대면도 걱정"**. 서울경제.

최경은, 김형종(2020). 코로나 19에 따른 관광시장 전망. **한국관광정책. 80**, 30–38.

최명희, 김보라(2020). **지금 팔리는 것들의 비밀**. 파주: 리더스북.

최보윤, 방지원, 유성경, 김수영(2022). 코로나 19전후 맞벌이 부부의 일–가정 양립 경험 변화와 부부 우울과 삶의 만족에 대한 연구. **한국가족관계학회지, 27**(1), 3–32.

최상현(2020.3.16). **코로나 19로 프로스포츠 비상 무관중, 연기 속출해 돈줄 막힌 1500조 스포츠 산업.** 이코노미조선.

최영환(2021). COViD–19 팬데믹 시대의 스포츠산업 트렌드 변화와 의미. **한국스포츠학회지, 19**(4), 93–103.

최인철(2007). **프레임: 나를 바꾸는 심리학의 지혜**. 파주: 21세기북스.

최인철(2018). **굿라이프**. 파주: 21세기북스.

최인철(2021). **아주 보통의 행복**. 파주: 21세기북스.

최재천 외(2020). **코로나 사피엔스**. 서울: 인플루엔셜.

최주연(2016). **불안해도 괜찮아**. 서울: 소울메이트.

최준석(2019). **나는 과학책으로 세상을 다시 배웠다**. 서울: 바다출판사.

케이앤뉴스(2020.8.19). **코로나 종식 후 '블렌디드 러닝'이 대세로 자리잡을 것.**

한국경제신문 코로나 특별취재팀(2020). **코로나 빅뱅, 뒤바뀐 미래**. 서울: 한국경제신문.

한근태(2020). **고수의 몸이야기**. 서울: 미래의 창.

한만석(2019). 초등학교 여가교육 현황분석을 통한 여가교육 방향제시. **서울교육대학교 한국초등교육, 30**(1), 129-143.

한종훈(2022.4.26). **국내 프로스포츠 '관중 몰이' 기지개 활짝.** 매일일보.

한진(2014.12.2). **회식문화, 이렇게 바꿔 보세요**. 중앙일보.

함명환, 남윤호(2021). 포스트 코로나 시대 생활스포츠지도자의 역할과 과제. **한국체육학회지, 60**(5), 55-63.

허정원(2021.5.24). **"여가 늘어도 문화생활 못 해 답답"... '코로나 블루'에 시민 행복도 10.8%하락**. 중앙일보.

허태균(2012). **가끔은 제정신**. 서울: 쌤앤파커스.

홍주희(2017.4.7). **말 많은 택시 기사 짜증났나요? 일 "침묵택시' 도입**. 중앙일보.

황규호(2020). 포스트 코로나 시대 국가교육과정의 과제. **교육과정연구. 38**(4), 83-106.

황민규 (2020.9.3). **코로나에 텅빈 축구장, AI, VR 기술로 함성 소리내는 가상 관객 채운다.** 조선비즈.

황민규(2020.10.9.). **언택트 시대가 혼란스러운 고령층... '소외계층. 지역 격차 커진다'**. 조선비즈.

황선환, 김매이, 박수정(2017). 국민여가활성화를 위한 여가교육정책 제안. **여가학연구, 15**(3), 43-53.

황해은, 전정환(2022). 고령층의 디지털 정보격차 현상에 대한 동향 분석. **산업혁신연구. 38**(1). 261-284.

미주

1 김성일(2020). 사회적 거리두기에 나타난 감염 불안과 공포의 변이. 문화과학, 103. p.80.

2 임영묵(2021). K-를 생각한다. 서울:사이드웨이. p.11.

3 한국경제신문 코로나 특별취재팀(2020). 코로나 빅뱅, 뒤바뀐 미래. 서울: 한국경제신문. p.37.

4 임영묵(2021). K-를 생각한다. 서울:사이드웨이. p.128.

5 최인철(2021). 아주 보통의 행복. 파주: 21세기북스. p.75.

6 최인철(2021). 아주 보통의 행복. 파주: 21세기북스. p.26.

7 이진우(2020). 코로나의 철학적 도전: 안전인가 아니면 자유인가?. 철학과 현실. 126, p.70.

8 임영묵(2021).K-를 생각한다. 서울: 사이드웨이. p.117.

9 김용섭(2020). 언컨택트. 서울; 퍼블리온. p.72.

10 김성일(2020). 사회적 거리두기에 나타난 감염 불안과 공포의 변이. 문화과학, 103. p.80.

11 한국경제신문 코로나 특별취재팀(2020). 코로나 빅뱅, 뒤바뀐 미래. 서울: 한국경제신문. p.45.

12 한국경제신문 코로나 특별취재팀(2020). 코로나 빅뱅, 뒤바뀐 미래. 서울: 한국경제신문. p.39.

13 최재천 외(2020). 코로나 사피엔스. 서울: 인플루엔셜. p.33.

14 이진우(2020). 코로나의 철학적 도전: 안전인가 아니면 자유인가?. 철학과 현실. 126, p.81.

15 김용섭(2020). 언컨택트. 서울: 퍼블리온, p.69.

16 김용섭(2020). 언컨택트. 서울: 퍼블리온, pp.68-69.

17 김용섭(2020). 언컨택트. 서울: 퍼블리온, p.163.

18 동아일보(2021년 2월 22일). 남 일 아닌 '코로나 우울'... 1년간 심리상담 138만 건.

19 안승진(2021년 4월 6일). 서울 시민 3명중 1명 '코로나 블루 겪어'. 세계일보.

20 신용식(2020). 무엇을 위한 호소인가: 산업부 기자의 자영업자 취재기. 방송기자. 57, p.28.

21 김하영(2020). 뭐든 다 배달합니다. 서울: 메디치. p.6.

22 김하영(2020). 뭐든 다 배달합니다. 서울: 메디치. p.54.

23 정도언(2009). 프로이트의 의자. 서울: 인플루언셜. p.95.

24 최주연(2016). 불안해도 괜찮아. 서울: 소울메이트. p.21.

25 박용철(2012). 감정연습. 서울: 추수밭. pp.239-240.

26 브레네 브라운(2016). 마음가면(안진이 역). 서울: 길벗. p.43.

27 김지윤(2020). 내 권리는 희생하고 싶지 않습니다. 서울: 알에이치코리아. p.140.

28 김하영(2020). 뭐든 다 배달합니다. 서울: 메디치. p.209.

29 새라 케슬러(2019). 직장이 없는 시대가 온다(김고명 역). 서울: 더 퀘스트.p.27.

30 김하영(2020). 뭐든 다 배달합니다. 서울: 메디치. p.205.

31 안은별(2017). IMF 키즈의 생애. 서울: 코난북스. p.8.

32 안은별(2017). IMF 키즈의 생애. 서울: 코난북스. p.9.

33 허태균(2012). 가끔은 제정신. 서울: 쌤앤파커스. pp.130-132.

34 한근태(2020). 고수의 몸이야기. 서울: 미래의 창. p.15.

35 김지윤(2020). 내 권리는 희생하고 싶지 않습니다. 서울: 알에이치코리아. p.134.

36 허태균(2012). 가끔은 제정신. 서울: 쌤앤파커스. pp.170-171.

37 김정운(2019). 바닷가 작업실에서는 전혀 다른 시간이 흐른다. 파주: 21세기북스. p.83.

38 김정운(2019). 바닷가 작업실에서는 전혀 다른 시간이 흐른다. 파주: 21세기북스. p.79.

39 배철현(2019). 2019). 정적. 파주: 21세기북스. p.146.

40 허태균(2012). 가끔은 제정신. 서울: 쌤앤파커스. p.164.

41 김경일(2021). 적정한 삶. 서울: 진성북스. p.81.

42 손시은(2021). 코로나 블루 치유 프로그램의 현황과 과제: 글쓰기 칭의 가능성을 중심으로. 마음공부. 2, p.97.

43 김경일(2021). 적정한 삶. 서울: 진성북스. pp.63-64.

44 김성일(2020). 사회적 거리두기에 나타난 감염 불안과 공포의 변이. 문화과학, 103. p.91.

45 김경일(2021). 적정한 삶. 서울: 진성북스. pp.354-355.

46 조선일보(2020년 6월 10일). 성인 10명중 7명 "코로나 이후 여가시간 늘어".

47 한근태(2020). 고수의 몸이야기. 서울: 미래의 창. .p.19.

48 한근태(2020). 고수의 몸이야기. 서울: 미래의 창. .p.151.

49 이시형(2010). 세로토닌하라. 서울: 중앙북스. p.13.

50 김경일(2021). 적정한 삶. 서울: 진성북스. p.156.

51 손시은(2021). 코로나 블루 치유 프로그램의 현황과 과제: 글쓰기 칭의 가능성을 중심으로. 마음공부. 2, p.96.

52 무라카미 하루키(2020). 일인칭 단수.(홍은주 역). 파주: 문학동네. p. 132.

53 박용철(2012). 감정연습. 서울: 추수밭. p.61.

54 박용철(2012). 감정연습. 서울: 추수밭. pp.249-250.

55 조선일보(2020년 6월 10일). 독채형 펜션이 뜬다, 코로나 시대 새 여가트렌드.

56 김난도(2020). 트렌드 코리아 2021. 서울: 미래의 창. p.299.

57 강민호(2018). 변하는 것과 변하지 않는 것. 서울: 턴어라운드. pp.104-105.

58 황민규(2020년 10월 9일). 언택트 시대가 혼란스러운 고령층... "소외계층. 지역 격차 커진다". 조선비즈.

59 황민규(2020년 10월 9일). 언택트 시대가 혼란스러운 고령층... "소외계층. 지역 격차 커진다". 조선비즈.

60 제레드 다이아몬드(2016). 제레드 다이아몬드의 나와 세계(강주헌 역). 파주: 김영사. pp.124-125.

61 에릭 부스(2009). 일상, 그 매혹적인 예술(강주헌 역). 서울: 에코의 서재. pp.23-24.

62 임승규 외(2020). 포스트 코로나. 서울: 한빛비즈. p.198.

63 김정운(2019). 바닷가 작업실에서는 전혀 다른 시간이 흐른다. 파주: 21세기북스. pp.9-10.

64 김정운(2019). 바닷가 작업실에서는 전혀 다른 시간이 흐른다. 파주: 21세기북스. p.12.

65 우승우, 이승윤, 차상우(2019). 디지털 시대와 노는 법. 서울: 북스톤. pp.87-90.

66 우승우, 이승윤, 차상우(2019). 디지털 시대와 노는 법. 서울: 북스톤. p.91.

67 우승우, 이승윤, 차상우(2019). 디지털 시대와 노는 법. 서울: 북스톤. pp.104-106.

68 최명희, 김보라(2020). 지금 팔리는 것들의 비밀. 파주: 리더스북. p.129.

69 송민정(2020). 포스트 코로나 시대 미디어의 미래 변화: 디지털변혁 성공 요소로 본 넷플릭스와 디즈니플러스의 대응 연구. 한국방송학회 학술대회논문집. No. 6, p.106.

70 김병규(2020). 노브랜드 시대의 브랜드 전략. 서울: 미래의 창. pp. 76-80.

71 송민정(2020). 포스트 코로나 시대 미디어의 미래 변화: 디지털변혁 성공 요소로 본 넷플릭스와 디즈니플러스의 대응 연구. 한국방송학회 학술대회논문집. No. 6, p.105.

72 김상균(2020). 메타버스. 화성: 플랜비디자인. p.11.

73 정도언(2009). 프로이트의 의자. 서울: 인플루엔셜. p.44.

74 롤프 젤린(2018). 예민함이라는 무기(유영미 역). 서울: 나무생각. p.66.

75 최준석(2019). 나는 과학책으로 세상을 다시 배웠다. 서울: 바다출판사. p.380.

76 최명희, 김보라(2020). 지금 팔리는 것들의 비밀. 파주: 리더스북. p.91.

77 말콤 글래드웰(2014). 다윗과 골리앗(선대인 역). 파주: 21세기북스. p.20.

78 제레드 다이아몬드(2016). 제레드 다이아몬드의 나와 세계(강주헌 역). 파주: 김영사. p.143.

79 최명희, 김보라(2020). 지금 팔리는 것들의 비밀. 파주: 리더스북. pp.150-151.

80 임홍택(2018). 90년생이 온다. 서울: 웨일북. p.245.

81 임홍택(2018). 90년생이 온다. 서울: 웨일북. p.302.

82 김병규(2020). 노브랜드 시대의 브랜드 전략. 서울: 미래의 창. p. 114.

83 최명희, 김보라(2020). 지금 팔리는 것들의 비밀. 파주: 리더스북. pp.123-124.

84 김병규(2020). 노브랜드 시대의 브랜드 전략. 서울: 미래의 창. pp. 182-184.

85 강민호(2018). 변하는 것과 변하지 않는 것. 서울: 턴어라운드. pp.163-164.

86 강민호(2018). 변하는 것과 변하지 않는 것. 서울: 턴어라운드. p.251.

87 김난도(2020). 마켓컬리 인사이트. 파주: 다산북스. p.105.

88 김상균(2020). 메타버스. 화성: 플랜비디자인. pp.137-138.

89 이준영(2020). 코로나가 시장을 바꾼다. 파주: 21세기북스. pp.39-40.

90 최명희, 김보라(2020). 지금 팔리는 것들의 비밀. 파주: 리더스북. pp.156-157.

91 최명희, 김보라(2020). 지금 팔리는 것들의 비밀. 파주: 리더스북. p.135.

92 최명희, 김보라(2020). 지금 팔리는 것들의 비밀. 파주: 리더스북. pp.49-50.

93 임홍택(2018). 90년생이 온다. 서울: 웨일북. p.88.

94 우승우, 이승윤, 차상우(2019). 디지털 시대와 노는 법. 서울: 북스톤. p.174.

95 임홍택(2018). 90년생이 온다. 서울: 웨일북. p.248.

96 임승규외(2020). 포스트 코로나. 서울: 한빛비즈. p.199.

97 강민호(2018). 변하는 것과 변하지 않는 것. 서울: 턴어라운드. p.120.
98 김철수(2018). 작고 멋진 발견. 서울: 더 퀘스트. p.34.
99 최명희, 김보라(2020). 지금 팔리는 것들의 비밀. 파주: 리더스북. p.62.
100 최명희, 김보라(2020). 지금 팔리는 것들의 비밀. 파주: 리더스북. p.137-138.
101 최명희, 김보라(2020). 지금 팔리는 것들의 비밀. 파주: 리더스북. p.235.
102 최명희, 김보라(2020). 지금 팔리는 것들의 비밀. 파주: 리더스북. pp.140-141.
103 임홍택(2018). 90년생이 온다. 서울: 웨일북. p.253.
104 김난도(2020). 마켓컬리 인사이트. 파주: 다산북스. p.80.
105 최명희, 김보라(2020). 지금 팔리는 것들의 비밀. 파주: 리더스북. p.129.
106 임홍택(2018). 90년생이 온다. 서울: 웨일북. p.268.
107 김난도(2020). 트렌드 코리아 2021. 서울: 미래의 창. p.284.
108 김난도(2020). 트렌드 코리아 2021. 서울: 미래의 창. p.285.
109 김난도(2020). 트렌드 코리아 2021. 서울: 미래의 창. p.287.
110 최재천 외(2020). 코로나 사피엔스. 서울: 인플루엔셜. p.76.
111 김용섭(2020). 언컨택트. 서울: 퍼블리온. p.238.
112 안정호(2020.9.25). '랜선 콘서트' '실내에서 야외로'... 코로나가 바꾼 추석 안방 극장. Pd 저널.
113 김승직(2020.10.12). 신라, 롯데 등 대형 호텔들 코로나 19에 '언택트' 서비스로 활로 모색. 소비자가 만드는 신문.
114 백종현(2021.4.20). 코로나 불황에도 161억 흑자 냈다… '깜놀' 야놀자 3가지 비결. 중앙일보.
115 백종현(2021.4.20). 코로나 불황에도 161억 흑자 냈다… '깜놀' 야놀자 3가지 비결. 중앙일보.
116 윤준탁(2021.6.24). [트랜 D] 무인화 시대의 미래 '키오스크'. 중앙일보.
117 이준영(2020). 코로나가 시장을 바꾼다. 파주: 21세기북스. p.186.
118 리처드 볼드윈, 베아트리스 베더 디 마우로(2020). 세계 석학들이 내다본 코로나 경제 전쟁. 서울: 매일경제신문사. pp.44-45.
119 전북도민일보(2021.7.6). 코로나 시대 인사법. 오피니언.
120 김난도외(2021). 트렌드 코리아 2022. 서울: 미래의 창. p. 52.
121 김난도외(2019). 트렌드 코리아 2020. 서울: 미래의 창. pp. 268-269.
122 강민호(2018). 변하는 것과 변하지 않는 것. 서울: 턴어라운드. p.83.

123 김난도외(2021). 트렌드 코리아 2022. 서울: 미래의 창. pp. 341-342.
124 김태주(2021.6.4). 대학생 69%가 "비대면 수업이 좋다". 조선일보.
125 김난도외(2021). 트렌드 코리아 2022. 서울: 미래의 창. pp. 99-100.
126 김지섭(2021.7.30). 스벅, 코로나 호황 비법은?... 커피에 디지털을 진하게 타다. 조선일보.
127 이준영(2020). 코로나가 시장을 바꾼다. 파주: 21세기북스. p.32.
128 김재섭(2021.11.8). 한-싱가포르 하늘길, '트래블 버블'로 넓어진다. 한겨레.
129 김용섭(2020). 라이프 트렌드 2021. 서울: 부키. p.65.
130 최인철(2021). 아주 보통의 행복. 파주: 21세기 북스. p.55.
131 최인철(2018). 굿라이프. 파주: 21세기북스. pp.143-144.
132 김용섭(2020). 라이프 트렌드 2021. 서울: 부키. p.145.
133 김용섭(2020). 라이프 트렌드 2021. 서울: 부키. p.210.
134 최인철(2018). 굿라이프. 파주: 21세기북스. pp.118-120.
135 전승엽(2020.9.21). 서구는 코로나 통제에 격렬 저항… 아시아 국가들은 잠잠, 왜?, 연합 뉴스.
136 최인철(2021). 아주 보통의 행복. 파주: 21세기 북스. p.24.
137 심보선(2019). 그 쪽의 풍경은 환한가. 파주: 문학동네. p. 44.
138 홍주희(2017.4.7). 말 많은 택시 기사 짜증났나요? 일 "침묵택시" 도입. 중앙일보.
139 강윤경(2017.9.9). [마이더스] "말걸지 마세요" 침묵이 반가운 고객들. 연합뉴스.
140 이진우(2020). 코로나의 철학적 도전: 안전인가 아니면 자유인가?. 철학과 현실. 126, p.79.
141 원제(2019). 질문이 멈춰지면 스스로 답이 된다. 서울: 불광출판사. p.137.
142 최인철(2007). 프레임: 나를 바꾸는 심리학의 지혜. 파주: 21세기북스. p.127.
143 최인철(2021). 아주 보통의 행복. 파주: 21세기북스. p.261.
144 최인철(2018). 굿라이프. 파주: 21세기북스. p.132.
145 김형철(2015). 철학의 힘. 서울: 위즈덤하우스. pp.61-63.
146 김난도외(2021). 트렌드 코리아 2022. 서울: 미래의 창. p. 262.
147 김상근(2020). 삶이 축제가 된다면. 서울: 시공사. pp.12-13.
148 박현정(2021.12.23). 80년생 은행원도 짐싼다… 은행권, '평생직장' 붕괴. 컨슈머타임스.
149 박경수(2020). 언택트 비즈니스. 서울: 포르체. p.240.

150 박종하(2011). 틀을 깨라. 서울: 해냄. p.220.

151 백일현(2021.7.21). 코로나로 직장 선호도 변화, 1위 카카오 18위 대한항공. 중앙일보.

152 류종은(2016.5.2). 직장인 선후배 관계 '상명하복' 불편… "후배 잘못 책임지는 선배 최고" .전자신문.

153 이상서(2017.6.8). 한국 음주문화에 혁명적 변화… "회식에 가느니 혼술하겠다". 연합뉴스.

154 한진(2014.12.2). 회식문화, 이렇게 바꿔 보세요. 중앙일보.

155 이성택(2018.5.30). "술 잘 마셔야 일잘하는 직원" 폭음 부추기는 기업 문화. 한국일보.

156 BBC 뉴스(2019.12.19). 회식: 일본 회식문화 '노미카이'가 바뀌고 있는 이유.

157 이상민(2022.1.5). 회식은 줄고 비대면은 늘고… 변하는 직장 문화. 매경헬스.

158 이재은(2020.3.4). 독서실인가요?... LG 구내식당 테이블에 가림막 설치 "코로나 예방". 조선 비즈.

159 신소연(2021.2.18). 코로나라 식사 같이하기도 좀… 점심배달 나선 구내식당. 헤럴드.

160 박용선(2021.6.3.). MZ 세대가 일하는 법. 조건비즈.

161 백일현(2021.7.28). MZ 세대 10명 중 6명, "조직문화 불안해하면 '짐 쌀 준비한다'". 중앙일보.

162 김가연(2020.8.25). 코로나 19가 가져온 직장생활의 변화 3가지. 잡코리아.

163 이위재, 김승범(2021.11.19). 재택근무를 어쩌나… 위드 코루나 시대 직장인이 속마음은?. 조선일보.

164 권혜림(2021. 10. 18). "출근 할 수 없는 몸 됐다" 재택 종료 조짐에 떨고 있는 직장인들. 중앙일보.

165 박정규(2021.8.2). 직장인 41% "코로나 19 이후 사내소통 더 어려워져". 뉴시스.

166 박수지, 박강수(2011.11.1). 쌓인 회식비 써야지" 상사 한마디에 재택 도중 곳곳서' 후유'. 한겨레.

167 김정욱(2021.11. 2). 기업들, 코로나 종식 해도 재택근무는 계속. 서울경제.

168 박경수(2020). 언택트 비즈니스. 서울: 포르체. p.185.

169 허정원(2021.5.24). "여가 늘어도 문화생활 못 해 답답"... '코로나 블루'에 시민 행복도 10.8% 하락. 중앙일보.

170 정의식(2021.12.31). 코로나 19로 문화향유 여가 활동의 비대면화 가속. 이치저널.

171 권예은(2020.3.31). 집에 있으면 뭐하지?... 재택근무 직장인 90% 취미 생활 관심. 플레이플러스.

172 매일경제(2020.12.17). 일도 하고 영화도 즐기고… '집콕 가전' 수요급증.

173 문현경(2020.11.8). 예적금 깨고, 식물 키우고… 코로나가 받고 1인 가구의 삶. 중앙일보.

174 김정환(2021.5.3). "난 오늘 재텔 근무" 워커힐 호텔앤리조트 '워캉스 패키지'. 뉴시스.

175 임승규 외(2020). 포스트 코로나. 서울: 한빛비즈. p.8.

176 박경수(2020). 언택트 비즈니스. 서울: 포르체. p.246.

177 김정운(2019). 바닷가 작업실에서는 전혀 다른 시간이 흐른다. 파주: 21세기북스. p.206.

178 장주영(2021.10.21). 위드 코로나 시대… 주거, 일자리, 여가공간 통합 가속화. 중앙일보.

179 김경집(2020.6.18). [김경집의 통찰력 강의] 코로나 19와 공간의 재해석. 한국일보.

180 안세진(2021.12.2.). '어디서 모이고 어떻게 살까'... 팬데믹 이후 주거공간의 변화. 쿠키뉴스.

181 변은샘(2021.7.15). '주거공간'을 '여가공간'으로… 코로나 수혜직종은 인테리어. 부산일보.

182 신승희(2021.1.10). 성인남녀 52.6%, 코로나 19이후 개인공간 꾸미는 일에 대한 관심 증가. 베리타스.

183 박지영(2011.9.19). 언택트, 올인룸, 숲세권 뜬다… 포스트코로나 주거 공간도 바뀐다. 뉴데일리경제.

184 박경수(2020). 언택트 비즈니스. 서울: 포르체. p.30.

185 박소영(2021.8.29). 역대급 전염병 코로나가 깊숙히 침투한 프로야구. 중앙일보.

186 이용익(2022.2.23). 코로나로 프로스포츠 '어휴'. Mk뉴스.

187 김대희(2021). 코로나 19로 인한 프로스포츠 위기, 극복 방안은 무엇인가?. 스포츠 현안과 진단, 14, 1-5.

188 김민수(2021). 코로나 시대, 주변국 국제이벤트에 따른 스포츠관광의 회고와 전망. 한국관광정책, 85, 55-59.

189 이태동(2021.10.1). NFL을 아마존에서 본다고? 코로나가 흔든 스포츠 산업. 조선일보. Weekly Biz.

190 이태동(2021.10.1). NFL을 아마존에서 본다고? 코로나가 흔든 스포츠 산업. 조선일보. Weekly Biz.

191 최상현(2020.3.16). 코로나 19로 프로스포츠 비상 무관중, 연기 속출해 돈줄 막힌 1500조 스포츠 산업. 이코노미조선.

192 송희경, 강명구(2022). 코로나 19 대유행과 축구 시장 트렌드 변화: 유럽 4대 리그를 중심으로. 한국스포츠학회지, 20(1), p.675.

193 최상현(2020.3.16). 코로나 19로 프로스포츠 비상 무관중, 연기 속출해 돈줄 막힌 1500조 스포츠 산업. 이코노미조선.

194 이태동(2021.10.1). NFL을 아마존에서 본다고? 코로나가 흔든 스포츠 산업. 조선일보. Weekly Biz.

195 강동웅, 황규인(2022.4.1). '보는 스포츠' 프로야구, '하는 스포츠' 열광 MZ 세대에 외면 당해. 동아일보.

196 한종훈(2022.4.26). 국내 프로스포츠 '관중 몰이' 기지개 활짝. 매일일보.

197 송희경, 강명구(2022). 코로나 19 대유행과 축구 시장 트렌드 변화: 유럽 4대 리그를 중심으로. 한국스포츠학회지, 20(1), p.685.

198 김도균(2021.9). 스마트 스타디움, 비대면이벤트로 위드 코로나 준비하는 프로구단. 나라 경제(KDI 경제정보센터), 9월호.

199 장유진(2017.3.2). 미 스포츠 부는 VR 바람 "가상현실로 실전훈련". MBC 뉴스.

200 스포츠큐(2020.6.2). [스잡알 기고3] 4차 산업 혁명과 스포츠 일자리, 대학 체육의 현주소.

201 황민규 (2020.9.3). 코로나에 텅빈 축구장, AI, VR 기술로 함성 소리내는 가상관객 채운다. 조선비즈.

202 정문영(2022.5.27). ICT, 스포츠의 결합... 팬과 소통하는 SKT 오픈 2022. 서울경제.

203 황민규 (2020.9.3). 코로나에 텅빈 축구장, AI, VR 기술로 함성 소리내는 가상관객 채운다. 조선비즈.

204 이순임(2021.1.11). 애프터 코로나, 올해 주목해야 할 5가지 소비자 트렌드. 반론보도 닷컴.

205 정영재(2019). 2만원의 철학.서울: 중앙북스. p.111.

206 최영환(2021). COViD-19 팬데믹 시대의 스포츠산업 트렌드 변화와 의미. 한국스포츠학회지, 19(4), 93-103.

207 심재희(2021.2.9). 2021년 스포츠뉴딜 발표, 코로나 시국에 스포츠산업이 나아가야 할 길. 한스경제.

208 김대희(2021). 코로나 19로 인한 프로스포츠 위기, 극복 방안은 무엇인가?. 스포츠 현안과 진단, 14, 1-5.

209 연합뉴스(2020.12.14). 코로나 끝나면 하고 싶은 여가 활동 여행, 문화, 사교순.

210 김지수(2021). 2월의 마지막 수업. 파주: 열림원. pp.153-154.

211 남상우(2011.9.). 포스트 코로나 스포츠, 무엇을 고민해야 하는가?. 나라경제. KDI 경제정보센터.

212 문화체육관광부(2021.6.8). 문체부, 비대면 스포츠 시장 육성… 인력 1,800명 키운다. 정책브리핑.

213 김성환(2022.4.21). 국민체육진흥공단, '키핏'과 장애인 맞춤형 비대면 스포츠 강좌 개설. 아시아투데이.

214 송명규(2021.5.27). 아이온컴즈, 국내외 스포츠 ICT 활성화 나서. 투데이에너지.

215 스포츠큐(2020.6.2). [스잡알 기고3] 4차 산업 혁명과 스포츠 일자리, 대학 체육의 현주소.

216 박주호(2021). 코로나 시대 미국 스포츠산업의 위기와 기회. 스포츠과학, 157, 75-80.

217 이랑주(2021). 좋아보이는 것들의 비밀. 서울: 지와인. pp.291-292.

218 황규호(2020). 포스트 코로나 시대 국가교육과정의 과제. 교육과정연구. 38(4), p.85.

219 정형철(2020). 코로나 시대, 아이들은 왜 학교에 가야하는가. 오늘의 교육. 56호.

220 이예슬, 신범철, 정양순(2021). 코로나 19에 따른 학교 교육에서의 패러독스 현상. 교육학연구, 59(1), p.134.

221 송덕순(2021.12.29). [교육이 미래다] 위드 코로나 시대, 최우선 교육과 제로 '사회성 회복' 꼽혀. 중앙일보.

222 설진성(2020.7.13). [코로나 시대 학교너머] 코로나 체제, 학교 교육은 무엇인가. 에듀인뉴스.

223 김지은(2022.1.20). 코로나 19 교육 정책 "적절하다" 1년 새 44.5% →18.9%. 한겨레.

224 이정현(2021.2.17). 조사로 본 코로나 19와 교육 격차, 그 실태와 과제. 월간 교육정책포럼.

225 천민아(2021.10.25). [위드 코로나 이제는 뉴노멀] 초중고 등교율 80% 육박… 학부모들 "대면도 비대면도 걱정". 서울경제.

226 김미란(2021.7.7). [코로나 19 와 교육 사각지대2] 학교는 태블릿을 줬지만 아이는 배울 수 없었다. 더스쿠프 .

227 설진성(2020.7.13). [코로나 시대 학교너머] 코로나 체제, 학교 교육은 무엇인가. 에듀인뉴스.

228 박남기(2021). 포스트 코로나 시대 교육 새 패러다임 탐색. 서울교육대학교 한국초등교육. 32(2), p.20.

229 교육부(2022.2.8). 교육 디지털 전환에 1조 5577억 투입… 미래 지능형 환경 구현. 대한민국 정책브리핑.

230 문보경(2022.3.21). "미래 교육은 시작됐다" 에듀테크 ,디지털 전략 수립에 민관 머리 맞댄다. 전자신문 .

231 케이앤뉴스(2020.8.19). 코로나 종식 후 '블렌디드 러닝'이 대세로 자리잡을 것.

232 황규호(2020). 포스트 코로나 시대 국가교육과정의 과제. 교육과정연구. 38(4), p. 89.

233 정원숙(2021.9.). 학습결손 보완, 심리, 정서지원 등으로 교육 결손 해소 노력할 것. 나라경제, KDI 경제정보센터.

234 박남기(2021). 포스트 코로나 시대 교육 새 패러다임 탐색. 서울교육대학교 한국초등교육. 32(2), p.21.

235 이승열(2021.8 27). '서초형 교육 안전망' 구축… 코로나 19 교육 공백 해소. 시정일보.

236 한만석(2019). 초등학교 여가교육 현황분석을 통한 여가교육 방향제시. 서울교육대학교 한국초등교육, 30(1), p.140.

237 이예슬, 신범철, 정양순(2021). 코로나 19에 따른 학교 교육에서의 패러독스 현상. 교육학연구, 59(1), p.157.

238 설진성(2020.7.13). [코로나 시대 학교너머] 코로나 체제, 학교 교육은 무엇인가. 에듀인뉴스.

239 한만석(2019). 초등학교 여가교육 현황분석을 통한 여가교육 방향제시. 서울교육대학교 한국초등교육, 30(1), p.130.

240 황선환, 김매이, 박수정(2017). 국민여가활성화를 위한 여가교육정책 제안. 여가학연구, 15(3), p.49.

241 정형철(2020). 코로나 시대, 아이들은 왜 학교에 가야하는가. 오늘의 교육, 56호.

242 박남기(2021). 포스트 코로나 시대, 학교 교육이 나아갈 길. 서울교육, 봄호.

243 김미란(2021.7.7). [코로나 19 와 교육 사각지대2] 학교는 태블릿을 줬지만 아이는 배울 수 없었다. 더스쿠프 .

244 박남기(2021). 포스트 코로나 시대 교육 새 패러다임 탐색. 서울교육대학교 한국초등교육. 32(2), p.26.

245 황선환, 김매이, 박수정(2017). 국민여가활성화를 위한 여가교육정책 제안. 여가학연구, 15(3), p.51.

246 함명환, 남윤호(2021). 포스트코로나 시대 생활스포츠지도자의 역할과 과제. 한국체육학회지, 60(5), p.60.

247 이예슬, 신범철, 정양순(2021). 코로나 19에 따른 학교 교육에서의 패러독스 현상. 교육학연구, 59(1), p.158.

248 주정훈(2021). 코로나 19 시대 격차 담론, 어떻게 할 것인가?. 서울 교육 이슈페이퍼. 제 4호(통권 제 33호).

249 남상우(2020). 포스트 코로나 사회, 스포츠, 스포츠사회학. 한국스포츠사회학회지. 33(4), p.15.

250 신성연(2021.4.19). 낯선 바이러스와 레저스포츠 동행, 어떻게 준비할 것인가. 대한민국 정책브리핑.

251 정상원(2022. 3. 8). 해양 레저업계는 정말 '코로나' 때문에 호황일까?. 현대 해양.

252 최경은, 김형종(2020). 코로나 19에 따른 관광시장 전망. 한국관광정책. 80, 30-38.

253 Lucas Mearian(2022.2.28). '블레저'에 부상?... 출장에 미래를 엿보다. CIO Korea.

254 김성태(2020). 코로나 19 이후 여행시장 변화와 전망. 한국관광정책. 81, p.70.

255 이선목(2021.7.19). 비즈니스, 가족 레저 다 잡는다… 국내 첫 '힐튼 가든 인' 가보니. 조선비즈.

256 최경은, 김형종(2020). 코로나 19에 따른 관광시장 전망. 한국관광정책. 80, p.34.

257 이다비(2022.4.13). 여행, 레저 판이 바뀐다… 개인, 다양성, 유연성, 야외 활동 추구. 조선비즈.

258 이소연(2022.4.20). 20대 여성 골프장 방문 코로나 이후 6배 증가. 조선비즈.

259 이소연(2022.4.20). 20대 여성 골프장 방문 코로나 이후 6배 증가. 조선비즈.

260 이다비(2022.4.13). 여행, 레저 판이 바뀐다… 개인, 다양성, 유연성, 야외 활동 추구. 조선비즈.

261 민종우, 지윤호(2022). 포스트 코로나 시대의 캠핑레저산업 서비스 고도화 방안. 한국관광레저학회지. 34(1), 469-489.

262 최영환(2021). COVID-19 팬데믹 시대의 스포츠 산업 트렌드 변화와 의미. 한국스포츠학회지. 19(4), p.101.

263 정희선(2021). 사지 않고 삽니다. 서울: 미래의 창.p.168.

264 최영환(2021). COVID-19 팬데믹 시대의 스포츠 산업 트렌드 변화와 의미. 한국스포츠학회지. 19(4), 93-103.

265 정희선(2019). 라이프스타일 판매 중. 서울: 미래엔. p.63.

266 정희선(2019). 라이프스타일 판매 중. 서울: 미래엔. pp.248-249.

267 정기환(2021.10.28). 여가 액티비티 플랫폼 프립, 위드 코로나 시대에 맞는 액티비티 중심 여행상품으로 무장. 디스커버리 뉴스.

268 이다비(2022.4.22). 데이터로 신수요 잡고, 고객 보충 더니 팬데믹에도 최대 실적. 조선비즈

269 박현정, 남미우(2021). 코로나 19가 소비자의 뷰티 분야 카타르시스 소비에 미치는 영향. 한국 과학예술융합학회. 151-164.

270 이다비(2022.4.23). 전 세계 공략 토종 스타트업, 여행 레저 디지털 전환에 올인. 조선비즈.

271 정희선(2021). 사지 않고 삽니다. 서울: 미래의 창. pp.52-60.

272 정희선(2021). 사지 않고 삽니다. 서울: 미래의 창.pp.60-61.

273 정희선(2021). 사지 않고 삽니다. 서울: 미래의 창.

274 정희선(2021). 사지 않고 삽니다. 서울: 미래의 창. p.221.

275 이다비(2022.4.13). 여행, 레저 판이 바뀐다··· 개인, 다양성, 유연성, 야외 활동 추구. 조선비즈.

276 정희선(2019). 라이프스타일 판매 중. 서울: 미래엔. p.140.

277 정지원, 유지은, 원충렬(2017). 맥락을 팔아라. 서울: 미래의 창. pp.216-217.

278 이다비(2022.4.21). 올 2분기는 팬데믹 이후 여행, 레저 산업 선점을 위한 분수령. 조선비즈.

279 이다비(2022.4.23). 전 세계 공략 토종 스타트업, 여행 레저 디지털 전환에 올인. 조선비즈.

280 김성태(2020). 코로나 19 이후 여행시장 변화와 전망. 한국관광정책. 81, p.71.

281 이원재(2019). 소득의 미래. 서울: 어크로스.

282 고정현, 강우진, 이종욱(2021). 디지털 정보격차 관련 국내 연구 동향 분석. 한국 도서관, 정보학회지. 52(4). p. 180.

283 서이종(2000). 디지털 정보격차의 구조화와 사회문제화. 정보화 사회. 2호. p.69.

284 김지선(2020.5.25). 고령자 '디지털 소외' 심각··· 고령층, 디지털 교육 더 늦출 수 없다. 인천 시니어 뉴스.

285 서이종(2000). 디지털 정보격차의 구조화와 사회문제화. 정보화 사회. 2호. p.70.

286 김학실, 심준섭(2020). 노인의 디지털 리터러시와 사회활동. 정책분석평가학회보. 30(2), p.156.

287 고정현, 강우진, 이종욱(2021). 디지털 정보격차 관련 국내 연구 동향 분석. 한국 도서관, 정보학회지. 52(4). p. 181.

288 국민일보(2011.3.10). 키오스크 주문 못 해 20분 헤맨 엄마, 결국 우셨습니다.

289 중부일보(2022.5.9). [사설] 고령층 디지털 격차 해소 정책 필요하다.

290 조푸름(2022.6.12). 디지털 격차 해소, 친절이 답이다. 헤드라인 제주.
291 고흥석(2017). 디지털 격차와 삶에 대한 만족도에 관한 연구: 세대별, 사회경제적지위, 도시- 농촌간 비교를 중심으로. 한국콘텐츠학회논문지. 17(5).p.635.
292 임정훈, 이혁준, 이지훈(2020). 장, 노년층의 디지털 정보격차 영향 요인: 베이비붐세대와 노인세대의 비교를 중심으로. 한국콘텐츠학회논문집. 20(9), p.476.
293 조푸름(2022.6.12). 디지털 격차 해소, 친절이 답이다. 헤드라인 제주.
294 백지연, 장은교, 이진명(2022). 디지털 정보격차 수준에 따른 소비자유형 연구. 디지털 융복합연구. 20(4). p. 194
295 정찬필(2022.6.29). 골프존 커머스, 무인매장 '골프존마켓 장한평점' 신규오픈. 레저신문.
296 정찬필(2022.6.29). 골프존 커머스, 무인매장 '골프존마켓 장한평점' 신규오픈. 레저신문.
297 신승민(2022.5.17). [무인점포 가보니] '쓰레기 폭탄, 소비자 불만 폭발'... 왜 증가할까? .세이프 타임즈.
298 백지연, 장은교, 이진명(2022). 디지털 정보격차 수준에 따른 소비자유형 연구. 디지털 융복합연구. 20(4). p. 200.
299 박영규, 김수정(2020.9.6). 소외, 과몰입… 디지털 만능 시대 영혼을 지켜라. 대구신문.
300 김지선(2020.5.25). 고령자 '디지털 소외' 심각… 고령층, 디지털 교육 더 늦출 수 없다. 인천 시니어 뉴스.
301 민동원(2020). 노년층 소비자의 디지털 정보격차 완화를 위한 심리적 접근: 사회경제적 선택이론의 관점에서. 디지털 융복합연구. 18(3). p. 134.
302 고흥석(2017). 디지털 격차와 삶에 대한 만족도에 관한 연구: 세대별, 사회경제적지위, 도시- 농촌간 비교를 중심으로. 한국콘텐츠학회논문지. 17(5).p.639.
303 황해은, 전정환(2022). 고령층의 디지털 정보격차 현상에 대한 동향 분석. 산업혁신연구. 38(1). 261-284.
304 서이종(2000). 디지털 정보격차의 구조화와 사회문제화. 정보화 사회. 2호. p.83.
305 민정범(2022.3.2). 디지털 격차가 드리운 소외의 그림자. 홍대신문.
306 민정범(2022.3.2). 디지털 격차가 드리운 소외의 그림자. 홍대신문.
307 임정훈, 이혁준, 이지훈(2020). 장,노년층의 디지털 정보격차 영향 요인: 베이비붐세대와 노인세대의 비교를 중심으로. 한국콘텐츠학회논문집. 20(9), p.483.
308 김광일(2022.1.10). [백세시대 금요칼럼] 디지털소외를 극복하기 위한 방법. 백세시대.
309 민동원(2020). 노년층 소비자의 디지털 정보격차 완화를 위한 심리적 접근: 사회경

제적 선택이론의 관점에서. 디지털 융복합연구. 18(3). p. 137.

310 김학실, 심준섭(2020). 노인의 디지털 리터러시와 사회활동. 정책분석평가학회보. 30(2), p.157.

311 김학실, 심준섭(2020). 노인의 디지털 리터러시와 사회활동. 정책분석평가학회보. 30(2), p.174.

312 노대명(2021). 코로나 팬데믹 이후, 한국 사회보장의 과제. 한국사회복지정책학회 춘계학술대회자료집. pp.169-170.

313 여유진(2022). 코로나 19 발생 전후 삶의 만족도와 사회통합 인식의 변화. 보건복지, 418호, 1-8.

314 윤소영(2021). 포스트코로나 시대에 50+ 세대 여가 정책은 어떻게 변해야 하는가?. [50+ 리포트 2021], 3(27), 서울시 50플러스재단.

315 노대명(2021). 코로나 팬데믹 이후, 한국 사회보장의 과제. 한국사회복지정책학회 춘계학술대회자료집. p.173.

316 이웅규, 구정대(2020). 포스트 코로나에 대응하는 정부의 혁신적인 관광정책 연구. 관광학연구. 44(7), p. 89.

317 김보경(2021). 코로나 19의 시대, 사회서비스의 정책적 과제와 비전에 대한 탐색. 비판사회정책. p.65.

318 김현정(2021.12.1). 디지털 라이프에 스며드셨습니까?, 사이언스타임즈.

319 박주영(2021.11.18). 인천연구원, 시민 삶의 회복을 위한 여가정책 필요. 뉴스피크.

320 KBS 다큐 인사이트 팀(2021). 팬데믹 머니. 파주: 리더스북. pp. 74-75.

321 윤홍식(2021). 코로나 19 팬데믹과 한국 복지국가의 패러다임 전환. 한국사회복지정책학회 춘계학술대회자료집. p.182.

322 최보윤, 방지원, 유성경, 김수영(2022). 코로나 19전후 맞벌이 부부의 일-가정 양립 경험 변화와 부부 우울과 삶의 만족에 대한 연구. 한국가족관계학회지, 27(1), p.24.

323 남궁은하(2021.10.). 코로나 19로 인한 노인 생활의 변화와 정책 과제. 보건복지포럼, p.82.

324 이루자(2020.6.15). 기고/ 포스트코로나 시대의 노인여가. 시정일보.

325 윤홍식(2021). 코로나 19 팬데믹과 한국 복지국가의 패러다임 전환. 한국사회복지정책학회 춘계학술대회자료집. p.195.

326 임춘호(2021.11.22). 문체부, 일과 여가의 조화, 균형 추구하는 직장 110곳 인증. 중소기업 뉴스.

327 배정희(2022). 코로나 19 전후 청년 우울 변화 궤적과 영향 요인. 한국복지패널 학술대회논문집, 15, p.38.

328 박재명, 김두한, 신미애(2021). 포스트코로나 시대의 생활체육 달리기운동의 활성화 방안. Sports Science, 39(3), p. 335.

329 강선경, 최윤(2021). 코로나 19 이후 변화한 가족의 일상 생활에 대한 포토보이스 연구. 한국가족복지학, 58(3), p.338.

330 이민아(2022.3.24). 코로나 2년차… 국민 60% "혼자 영화 보낸다", 골프장 이용율만 상승. 조선비즈.

331 김보경(2021). 코로나 19의 시대, 사회서비스의 정책적 과제와 비전에 대한 탐색. 비판사회정책. p.59.

332 이웅규, 구정대(2020). 포스트 코로나에 대응하는 정부의 혁신적인 관광정책 연구. 관광학연구. 44(7), p. 98.

코로나 시대의 여가 담론

발행 2023년 11월 24일 1판 1쇄

저자 이철원 **펴낸곳** 청송미디어 **주소** 서울시 서대문구 연세로 50 **전화** 02)2123-3380~2
팩스 02)2123-8673 **등록** 2016년 5월 9일 (제25100-2016-37호) **인쇄** 네오프린텍(주)
ISBN 979-11-89042-14-1 (03690)

값 20,000원

http://press.yonsei.ac.kr ysup@yonsei.ac.kr

청송미디어는 연세대학교 출판문화원의 패밀리브랜드입니다.